Kolekcija
PEČAT

Urednik
JOVICA AĆIN

Elejn Pejgels
POREKLO SATANE

ELEJN PEJGELS

POREKLO SATANE

S engleskog preveo
ZORAN MINDEROVIĆ

RAD

Sari i Dejvidu, s ljubavlju

SADRŽAJ

	Uvod	9
I	Jevanđelje po Marku i Jevrejski rat	19
II	Društvena istorija Satane: .... Od hebrejske Biblije do Jevanđelja	54
III	Matejeva kampanja protiv Fariseja: .... Đavo je raspoređen	84
IV	Luka i Jovan polažu pravo na nasleđe: .... Jaz se širi	112
V	Satanino zemaljsko carstvo: .... Hrišćani protiv pagana	138
VI	Unutrašnji neprijatelj: .... Demonizacija jeretika	177
	Zaključak	209
	Napomene	215
	Pogovor	239

Uvod

Kada je, 1988. godine, moj muž, s kim sam provela dvadeset godina u braku, poginuo u planinarskoj nesreći, postala sam svesna da, poput mnogih ožalošćenih, živim u prisustvu nevidljivog bića, i sa živim osećanjem prisustva preminule osobe. Tokom godina koje se usledile, počela sam da se pitam kako su razne religijske tradicije davale oblik nevidljivom svetu i kako su naše imaginativne percepcije nevidljivog sveta povezane s našim raznolikim reakcijama na ljude oko nas, na događaje i na svet prirode. Takođe sam razmišljala o tome kako su ljudi u grčkoj, jevrejskoj i hrišćanskoj tradiciji izlazili na kraj s nesrećom i tugom. Grčki pisci, od Homera do Sofokla, pripisivali su takve događaje sudbini i usudu – silama hirovitim i ravnodušnim prema ljudskoj dobrobiti – kao što su i sile prirode (što i jeste naš termin za te sile).

U zapadnom, antičkom svetu, čiji sam ja istoričar, mnogi – možda većina – pretpostavljali su da je vasiona nastanjena nevidljivim bićima s velikim uticajem na vidljivi svet i njegove ljudske stanovnike. Stari Egipćani, Grci i Rimljani zamišljali su raznolike bogove, boginje i viša bića, dok su neki Jevreji i hrišćani, naizgled monoteisti, sve više govorili o anđelima, nebeskim božjim glasnicima; drugi su govorili o palim anđelima i demonima. To je naročito bio slučaj od prvog veke nove ere.

Prelazak od paganstva u judejstvo ili hrišćanstvo značio je, shvatila sam, transformaciju čovekove percepcije nevidljivog sveta. Do današnjeg dana, hrišćansko krštenje zahteva da čovek svečano „odbaci đavola i sva njegova dela" i da prihvati isterivanje đavola. Paganin je bio kršten tek pošto je priznao da su sva viša bića, koja je ranije sa strahom poštovao kao božanstva, u stvari samo „demoni" – neprijateljska bića koja ratuju protiv jednog Boga dobrote i pravde i protiv njegovih armija anđela. Postajući Jevrejin ili hrišćanin, paganin je polarizovao i moralizovao svoj pogled na vasionu. Jevrejski teolog Martin Buber smatra je da je moralizovanje vasione jedno od velikih dostignuća jevrejske tradicije koje je kasnije predato i hrišćanima i muslimanima.[1] *Prva Knjiga Postanja*, na primer, tvrdi da vulkani ne bi uništili gradove Sodomu i Gomoru da svi njihovi stanovnici – svi stanovnici na koje je mislio pripovedač, to jest odrasli muškarci – nisu bili zli, „mladi i stari, do poslednjeg čoveka" (*Postanje*, 19:4). Kad sam počela da pišem ovu knjigu pretpostavljala sam da su se jevrejske i hrišćanske percepcije nevidljivih bića ticale moralizovanja prirodne vasione, kao što je Buber tvrdio, i nastojanja da ljudi tumače događaje počevši od bolesti do prirodnih nesreća kao izraze „božje volje" ili kao božanski sud o ljudskom grehu. Ali moje istraživanje me je odvelo u neočekivane pravce, i otkrilo mnogo složeniju sliku. Hrišćani kao što je Mučenik Justin (140 n.e.), jedan od „otaca crkve", pripisuju nesreću ne „božjoj volji" već Sataninoj zloćudnosti. Njegov učenik Tatijan prihvata nesreću u prirodnom svetu, uključujući katastrofe, za koje Bog nudi utehu, ali retko čudotvornu intervenciju. Kako sam nastavljala da proučavam jevrejske i hrišćanske opise anđela i palih anđela, otkrila sam da su se oni manje odnosili na svet prirode kao celinu nego na posebni svet ljudskih odnosa.

Ponovo čitajući biblijske i vanbiblijske opise anđela doznala sam najpre ono što su mnogi istraživači istakli: da, dok se anđeli često pojavljuju u hebrejskoj Bibliji, Satane i drugih palih anđela i demonskih bića tamo nema. Ali, među nekim jevrejskim grupama iz prvog veka, među kojima su se isticali eseni (koji su sebe smatrali saveznicima anđela) i Isusovi sledbenici, figura koja se naziva imenima Satana, Belzebub i Belijal, takođe je počela da dolazi u centar pažnje. Dok se u *Jevanđelju po Marku* anđeli spominju samo u uvodu (1:13) i u poslednjim stihovima originalnog rukopisa (16:5–7), Marko odstupa od ortodoksne jevrejske tradicije time što uvodi „đavola" u presudni početak Jevanđelja i karakteriše Isusovu misiju kao, između ostalog, neprestanu borbu između božjeg duha i demona koji očigledno pripadaju Sataninom „carstvu" (videti *Jevanđelje po Marku*, 3:23–27). Takve vizije su unete u hrišćansku tradiciju i služe, između ostalog, da hrišćanima potvrde njihovo poistovećivanje sa Bogom i da demonizuju njihove protivnike – najpre druge Jevreje, zatim pagane, a kasnije hrišćane disidente nazvane jereticima. To je tema ove knjige.

Naglašavati ovaj element Jevanđelja *Novog zaveta* ne znači, naravno, da je to njihova prevashodna tema. „Zar Jevanđelja nisu o ljubavi?" uzviknuo mi je jedan prijatelj dok smo vodili diskusiju o ovoj knjizi. Naravno da *jesu*, ali pošto priča koju ona saopštavaju sadrži izdaju i ubijanje, u njima su takođe uključeni elementi neprijateljstva koji bude demonske predstave. Ova knjiga obrađuje tu temu.

Ono što nas fascinira kad je reč o Satani jeste način na koji on izražava osobine koje su izvan sfere koju obično definišemo kao ljudsku. Satana budi nešto različito od pohlepe, zavisti, požude i besa, koje mi poistovećujemo s našim najgorim najgonima. I nešto drukčije od ideje zverstva, koja ljudskim bićima pripisuje sličnost sa zverima.

Hiljadugodišnja tradicija karakteriše Satanu sasvim drukčije: kao duh. U početku on je bio jedan od božjih anđela; ali on je pao. Danas je on otvoreni pobunjenik protiv Boga, i u svom frustriranom besu on odražava aspekte naših sopstvenih sukoba s drugima. Mnogi ljudi su tvrdili da su ga u izvesnim periodima viđali ovaploćenog u pojedincima i grupama koje su se činile opsednute jakom duhovnom strašću,

strašću koja zahvata čak i naše bolje osobine, kao sto su snaga, inteligencija i odanost, pretvarajući ih u sile uništenja i uživajući u nanošenju bola. Zlo u svom najgorem obliku kao da poseduje element natprirodnog – mi ga užasnuto prepoznajemo, kao paklenu suprotnost onoga što Martin Buber definiše kao „potpuno drugo," to jest Bog. Ipak, istorijski govoreći, Satana, zajedno s paklenom sabraćom kao sto su Belijal i Mastema (čije hebrejsko ime znači „mržnja") nije nastao ni iz čega. Naprotiv, kao što ćemo videti, satanske figure su izronile iz haosa Palestine prvog veka nove ere, gde je hrišćanski pokret počeo svoj rast. Ne želim da ponavljam objavljena istraživanja. Književni istoričar Nil Forsit u svojoj izvanrednoj, nedavno objavljenoj knjizi *Stari neprijatelj* (*The Old Enemy*) podrobno je proučio literarni i kulturni kontekst figure Satane;[2] Valter Vink, psihoanalitičar Karl Gustav Jung i neki njihovi sledbenici proučavali su teološki i psihološki kontekst figure Satane.[3] Džefri Barton Rasl i drugi pokušali su da istraže paralele između predstava figura Satane, egipatskog boga Seta i zle zoroastrijske sile Ahrimana.[4] Mene, međutim, interesuju naročito *društvene* implikacije figure Satane: praksa je, u našim religijskim tradicijama, da se prizove figura Satane kako bi se definisali ljudski sukobi i okarakterisali neprijatelji.

Stoga pozivam čitaoca da shvati Satanu kao odraz naše samopercepcije i percepcije onih koje nazivamo „drugima." Moglo bi se reći da je Satana napravio neku vrstu profesije od uloge „drugog"; tako Satana negativno definiše ono sto mi smatramo ljudskim. Društvena i kulturna praksa definisanja izvesnih ljudi kao „drugih" stara je verovatno koliko i samo čovečanstvo. Antropolog Robert Redfild tvrdi da se pogled na svet mnogih naroda sastoji od dva para binarnih suprotnosti: ljudsko/neljudsko i mi/oni.[5] Ta dva para su često povezana, kao što primećuje Džonatan Z. Smit, tako da „mi" biva izjednačeno s „ljudskim," a „oni" s „neljudskim."[6] Razliku između „nas" i „njih" nalazimo na našim najranijim istorijskim spomenicima, na drevnim sumerskim i akadskim tablicama, kao i u jeziku i kulturi naroda širom sveta. Takve razlike podrazumevaju, ponekad privlačnost, možda češće odbojnost – ili istovremeno i jedno i drugo. Staroegipatska reč za Egipćanina je jednostavno „čovek"; grčka za ne-Grke, „varvarin," podražava guturalno mucanje onih koji ne govore grčki – pošto oni govore nerazgovetno, Grci ih zovu *barbaroi*.

Ipak ova opšta praksa nazivanja svoga naroda ljudskim i „odljuđivanja" drugih ne mora da znači da je ljudskost drugih osporena ili dovedena u sumnju. Često, kao što Vilijem Grin ističe, oni koji tako etiketiraju sebe i druge konstruišu neku vrstu karikature koja im pomaže da definišu i učvrste identitet soptvene grupe:

> Društvo ne otkriva samo svoje druge, ono ih stvara, time što bira, izoluje i naglašava jedan aspekt života drugog i time simboliše njihovu različitost.[7]

Sukob između grupa naravno nije ništa novo. Ono što je možda novo u zapadnoj hrišcanskoj tradiciji, kao što ćemo videti, jeste činjenica da upotrebljavajući Satana da predstavimo neprijatelje mi dajemo sukobu specijalno moralno i religijsko tumačenje. Prema tom tumačenju, mi smo na Božjoj strani, a „oni" su Božji – i naši – neprijatelji. Ljudi koji su prihvatili ovo gledište bili su podsticani da veruju, kao sto je Isus upozorio svoje sledbenike, da „Kogod vas ubije misliće da je učinio uslugu Bogu" (*Jovan*, 16:2). Takvo moralno tumačenje sukoba pokazalo se izvanredno delotvornim za učvršćenje identiteta hrišćanskih grupa kroz celu zapadnu istoriju; ta istorija takođe svedoči da to tumačenje može opravdati mržnju, čak i masovno ubijanje.

Istraživački rad za ovu knjigu naterao me je da uočim neke uznemirujuće aspekte hrišćanstva. Tokom poslednjih nekoliko godina, ponovo čitajući Jevanđelja, zapanjilo me je kako njihova vizija natprirodne borbe istovremeno izražava fundamentalni sukob i daje mu kosmičke dimenzije. Otkrila sam pukotine u hrišćanskoj tradiciji koje dosežu do samog osnivanja hrišćanskog pokreta, pukotine koje su omogućile demonizaciju drugih tokom cele istorije hrišćanstva. Dok sam pisala ovu knjigu često sam se prisećala izraza Serena Kjerkegora: „Nesvesna veza je moćnija od svesne."

Na primer, gotovo dve hiljade godina mnogi hrišćani slepo veruju da su Jevreji ubili Isusa, da su Rimljani bili samo njihovi nevoljni izvršitelji, i da to baca krivicu ne samo na izvršioce (kao što Matej tvrdi) nego i na sve njihove potomke.[8] Vekovima, mnogobrojni hrišćani su, slušajući Jevanđelja, prihvatali, zajedno sa Isusovim sasvim suprotnim tvrdnjama, vezu između snaga zla i Isusovih jevrejskih neprijatelja. Bilo da su nepismeni ili ljudi rafinirane kulture, oni koji su slušali priče iz Jevanđelja, ili ih gledali ilustrovane u svojim crkvama, obično su pretpostavljali da su istorijski tačne i religijski ispravne.

Naročito od devetnaestog veka, sve veći broj stručnjaka primenjivao je metode književne i istorijske analize na Jevanđelja – takozvana viša kritika. Njihova kritička analiza pokazala je da su autori *Jevanđelja po Mateju* i *Luki* koristili *Jevanđelje po Marku* kao izvor za konstrukciju sopstvenih proširenih jevanđelja. Mnogi stručnjaci su mislili da je Marko istorijski najpouzdaniji zato što mu je stil najjednostavniji, a i zato što je njegovo jevanđelje, od svih, istorijski najbliže Isusovom vremenu. Ali istorijska tačnost možda nije bila najpreča briga jevanđelista. Dalja analiza pokazala je kako su delovi tekstova iz pisanja proroka i psalmi jevrejske Biblije utkani u priče Jevanđelja. Barnabas Lindars i drugi sugerišu da su hrišćanski pisci često proširivali delove biblijskih tekstova pretvarajući ih u cele epizode, što je „dokazivalo," na zadovoljstvo mnogih vernika, da su događaji koje su predvideli proroci bili potvrđeni Isusovim dolaskom.[9]

Oni koji su prihvatili takvu analizu sada shvataju, po rečima Džejmsa Robinsona, da je Markovo Jevanđelje „sve drugo osim direktne istorijske naracije," i da bi se pre moglo reći da je to teološka rasprava u obliku istorijske biografije.[10] Priznajući da su autori *Jevanđelja po Mateju* i *Luki* revidirali Marka na više načina, stručnjaci su pokušali da razdvoje izvorne materijale iz ranije tradicije – kazivanja, anegdote i parabole – od teksta koji bi tumač dodao. Neki su se nadali da će prodreti kroz razne opise događaja i obelodaniti „istorijskog Isusa," otkrivajući njegove autentične reči i dela u perifernim opisima. Ali, drugi su se protivili onome što je Albert Švajcer nazivao „potragom za istorijskim Isusom"[11], ističući da je najranije jevanđelje bilo napisano više od jedne generacije posle Isusove smrti, a ostala gotovo dve generacije kasnije, i da je odvajanje „autentičnog" materijala u jevanđeljima u stvari nemoguće u odsustvu nezavisnih dokaza. U međuvremenu, mnogi drugi istraživači uveli su istorijske dokaze iz *Mišne*, starog arhiva jevrejske tradicije, iz ostalih jevrejskih izvora, kao i iz rimske istorije, zakona i administrativnih procedura.[12] Jedno od glavnih pitanja koje je proizišlo iz ovih kritičkih studija bilo je: Koja je istorijska osnova, ako je uopšte ima, tvrdnje koju nalazimo u Jevanđeljima da su Jevreji odgovorni za Isusovu smrt. Ovo je pitanje od vitalnog interesa upravo zbog tvrdnje, u Jevanđeljima, da je Satana lično inspirisao Hristovo ubistvo. Jedna grupa stručnjaka je skrenula pažnju na činjenicu da se opisi procedura Sanhedrina u *Mišni* ne slažu sa opisima Isusovog „sudskog procesa pred Sanhedrinom" u jevanđeljima, dovodeći stoga u pitanje tačnost opisa u *Jevanđeljima po Marku* i *Mateju*. Sajmon Bernfild izjavio je 1910. godine da je „ceo sudski proces pred Sanhedrinom izmišljotina kasnijeg datuma,"[13] mišljenje koje je nedavno prihvaćeno u krugovima hrišćanskih književnih tumača.[14] Imajući u vidu da su optužbe protiv Isusa i oblik pogubljenja tipično rimski, mnogi stručnjaci, a i Pol Vinter u svojoj uticajnoj knjizi *O suđenju Isusu*, tvrdili su da su Rimljani ubili Isusa iz političkih, a ne religijskih, razloga.[15] Drugi, od nedavno i stručnjak za rimsku istoriju Fergus Miler, poklonili su više poverenja opisima u *Jevanđeljima po Luki* i *Jovanu*, prema kojima je Sanhedrin saslušao izveštaj o Isusu i nije održao nikakvo suđenje.[16]

Međutim, nedavno je jedna grupa stručnjaka obnovila raspravu kako bi pokazala da, po rečima Jozefa Blinclera,

> svako ko se poduhvati da analizira suđenje Isusu kao istorijski i pravni događaj, *rekonstruišući ga prema pričama iz jevanđelja* mora prihvatiti zaključak do kojeg su došli rani hrišćanski propovednici, naime, da glavnu odgovornost snose Jevreji (kurziv dodao autor).[17]

Ali, stručnjaci koji su mnogo skeptičniji kad je reč o istorijskoj prihvatljivosti tih opisa naglašavaju rimsku odgovornost za Isusovo ubistvo, odgovornost koju su, po njima, pisci jevanđelja težili da umanje da ne bi izazvali Rimljane posle neuspelog jevrejskog rata protiv Rima.[18]

Prihvatam kao radnu hipotezu da je Isus ubijen zbog aktivnosti koja je smatrana antidržavnom – verovatno zbog izazivanja javnih demonstracija i što je, kako se po svoj prilici verovalo, tvrdio da je „kralj Jevreja." Međutim, među svojim narodom Isus je smatran radikalnim prorokom čije je javno učenje, iako popularno među masama, ljutilo i plašilo izvesne jevrejske vođe, naročito vođe Hrama, koji su verovatno omogućili njegovo hvatanje i hapšenje.

No ova knjiga nije prvenstveno pokušaj da otkrijem „šta se stvarno dogodilo" – još manje da ubedim čitaoca u ovu ili ma koju verziju onoga što „se dogodilo" – jer, ukratko, po strani od izloženenog scenarija, smatram da su izvori suviše fragmentarni i suviše otvoreni za razna tumačenja da bi se na to pitanje mogao dati defintivan odgovor. Umesto toga, želim da pokažem kako jevanđelja daju sliku Isusovog pokreta koji je nastao iz posleratnog frakcionaštva kasnog prvog veka. Novozavetni autori oblikuju svoju naraciju prema određenim okolnostima, primenjujući priču o Isusu na neposrednu istorijsku situaciju, poistovećujući se sa Isusom i učenicima i definišući svoje protivnike kao Isusove neprijatelje. Da bi potvrdila svoju tezu, služila sam se, mogobrojnim novim radovima istoričara i književnih kritičara, u kojima se raspravlja (uz česta neslaganja) o tome kako su se Isusovi sledbenici odvojili od ostatka jevrejske zajednice.

U ovoj knjizi, toj raspravi dodajem nešto novo – nešto što nazivam društvenom istorijom Satane. Drugim rečima, pokazujem kako su opisi Isusa, njegovih zastupnika i neprijatelja usklađeni s natprirodnom dramom, borbom između Božjeg duha i Satane, koju pisci koriste da kako bi protumačili sopstvenu naraciju o Isusu. I pošto se hrišćani, čitajući jevanđelja, tipično poistovećju sa Hristovim učenicima, oni, već nekih dve hiljade godina, postovećuju svoje protivnike, bilo da su Jevreji, pagani ili jeretici, sa silama zla, i samim tim sa Satanom.

I

Jevanđelje po Marku i Jevrejski rat

Pobuna protiv Rima izbila je među palestinskim Jevrejima 66. godine n.e. Jevrejski vojnici, koje su vođe pobuna regrutovale među seoskim stanovništvom, borili su se oružjem koje im je bilo pri ruci. Ali, kad se pobuna proširila na varoši i gradove, jevrejsko stanovništvo se podelilo. Neki su odbili da se bore. U Jerusalimu, sveštenička partija i njeni saveznici među gradskim stanovništvom, pokušali su da sačuvaju mir s Rimom. Mnogi od onih koji su se pridružili pobuni bili su ubeđeni da je Bog na njihovoj strani: svi su bili nepokolebljivo rešeni da oslobode svoju zemlju od strane vladavine. Posle tri godine rata, budući car Vespazijan i njegov sin, budući car Tit, marširali su na Jerusalim s vojskom od šezdeset hiljada dobro obučenih i opremljenih pešaka i konjicom i opseli grad.

Nekih dvadeset godina kasnije, Josif ben Matijas – poznatiji po svom romanizovanom imenu Josif Flavije – koji je služio kao guverner Galileje pre no što se pridružio borbi protiv Rima, opisao je ono što on naziva „ne samo najveći rat našeg vremena, već jedan od najvećih od svih zabeleženih ratova"[1] Josif nam je jedini pouzdan svedok tih događaja. Drugi opisi rata nisu sačuvani. Upečatljiv istoričar, Josif je takođe pristrasan. Rođen u bogatoj svešteničkoj porodici kraljevskog porekla, Josif je putovao u Rim kad mu je bilo dvadeset šest godina – dve godine pre rata – da interveniše kod cara Nerona za nekolicinu uhapšenih jevrejskih sveštenika. Rimsko bogatstvo i vojna sila ostavili su utisak na mladića, koji je uspeo da se upozna s jednim od Neronovih omiljenih glumaca – koji je bio Jevrejin i, preko njega, s Neronovom ženom Popejom. Popeja je obećala da mu pomogne u njegovoj misiji, i Josif se vratio u Palestinu. Tamo, kaže on su svojoj autobiografiji,

> Video sam da su revolucionarni pokreti već bili počeli, i da je vladalo veliko uzbuđenje zbog moguće pobune protiv Rima. Pokušao sam da sprečim one koji su bunili narod... podstičući ih da formiraju predstavu o svojim protivnicima i da shvate da su inferiorniji od Rimljana ne samo u vojnoj veštini nego i u ratnoj sreći. Mada sam iskreno i uporno nastojao da ih odvratim od njihovog cilja, predviđajući da ćemo biti poraženi, nisam ih ubedio. Prevagnula je velika ludost očajnika.[2]

Josif kaže da je u svojim putovanjima po Judeji – hebrejski izraz za zemlju koju drugi nazivaju Palestinom – svuda nailazio na previranje. Gerilske vođe kao što je Jovan od Gisale posvetili su se borbi za slobodu u ime Boga. U proleće 67. godine, Jovanovi borci, pošto su izbacili Rimljane iz Gisale, njihovog provincijskig grada, provalili su u Jerusalim. Tamo, podstičući narod da se pridruži revoluciji, privukli su desetine hiljada, kaže Josif, i „pokvarili veliki deo mladih ljudi i podstakli ih na rat."[3] Ostali, koje Josif naziva starijim i mudrijim, bili su ogorčeno protiv pobune. Jovan i ostali revolucionari, koji su došli u Jerusalim sa sela, proširili su revolt zarobivši „najmoćnijeg čoveka u celom gradu", jevrejskog vođu Antipa, gradskog blagajnika, i dva druga čoveka koji su, kao i on, bili povezani s kraljevskom dinastijom. Optuživši svoja tri zarobljenika da su se sastali s neprijateljem kujući zaveru da predaju Jerusalim Rimljanima, pobunjenici su ih nazvali „izdajnicima naše zajedničke slobode" i zaklali ih.[4]

Josif kaže da je u svojoj tridesetoj godini bio guverner Galileje, pre nego što se, pod pritiskom svojih sunarodnika, pridružio ratu protiv Rima, ali on ne objašnjava zašto je prekršio sopstvene principe. Doduše Josif kaže da se u početku pretvarao da se slaže s pobunjenicima, da ne bi izazvao njihovu sumnju. On podrobno opisuje svoje učešće u bitkama protiv Rimljana i kaže je jedva izbegao rimski pokolj u poraženom gradu Jotapata. Pošto je najpre uspeo dase sakrije, a potom da preživi samoubilački pakt koji je sklopio s drugovima izbeglicama, Josif je pao Rimljanima u ruke. Kad su ga doveli pred Vespazijana, komandanta, Josif je objavio kako mu je Bog otkrio da će Vespazijan postati car. To nije ostavilo nikakav utisak na Vespazijana, koji je mislio je to podvala koju je Josif smislio da sebi spase život. No, pošto je Neron bio ubijen, a tri druga cara se podigla i pala u periodu od nekoliko meseci, Vespazijan je zaista postao car. Jedno od njegovih prvih naređenja vojnicima bilo je da oslobode Josifa iz zatvora. Od tada je Josif putovao u Vespazijanovoj pratnji kao tumač i posrednik. Vratio se u Jerusalim s Vespazijanovim sinom Titom, kad je mladi general od oca preuzeo glavnu komandu, da bi marširao na Sveti Grad.

Josif kaže da je u to vreme grad bio podeljen na tri partije. Sveštenička partija je radila za mir. Revolucionari iz unutrašnjosti su se borili protiv Rima. Treća partija se takođe borila protiv Rima, ali i protiv druge partije. Ovu treću partiju su vodili istaknuti građani Jerusalima, „ljudi od najveće moći," koji, prema Josifu, nisu želeli da dele vlast sa ekstremistima iz okolnih sela. Pre no što su rimske armije i stigle, kaže Josif, ove „tri nepouzdane partije" su se borile među sobom, dok je „gradsko stanovništvo... bilo nalik na veliko raskomadano telo."[5] Sam Josif, koji je služio rimskom komandantu za vreme opsade, stajao je između dve vatre: njega su žestoko mrzeli mnogi njegovi sunarodnici kao izdajicu, a Rimljani su ga sumnjičili za izdaju kadgod im situacija nije bila po volji.

Josif podrobno opisije opsadu Jerusalima, strahovitu glad izazvanu rimskom blokadom. On kaže, „deca su očevima iz usta otimala komade hrane, a, što je još žalosnije, majke su činile isto svojoj maloj deci."[6] Čak i starci i deca bili su mučeni zbog krađe hrane. Najzad, kad su jevrejske armije popustile, rimski vojnici su ušli u grad i nagrnuli na veliki hram. Tit i njegovo osoblje, očigledno radoznali, ušli su u najsvetiji deo hrama, svetu odaju u kojoj je držan zavetni kovčeg. Rimski vojnici su opljačkali riznicu, dočepali se skupocenog zlatnog nameštaja, zlatnih truba i teškog sedmokrakog čiraka, a zatim zapalili hram i posmatrali požar.

Kasnije, iste noći, vojnici su objavili Titovu pobedu i trijumfalno oskrnavili hram prinošenjem žrtava svojim bogovima. Pošto su uništili jevrejske armije, oni su silovali, opljačkali i masakrirali hiljade stanovnika Jerusalima, ostavivši grad u ruševinama. Josif, pišući nekih deset do petnaest godina kasnije, u svojoj rimskoj kući gde je živeo kao penzioner, bez sumnje je želeo ne samo da izrazi svoj očaj već i da opravda svoju saradnju sa uništiteljima Jerusalima kad je rekao:

> O najprokletiji grade, kakvu si veliku nesreću doživeo od Rimljana kada su došli da te očiste od tvoje unutrašnje mržnje![7]

Bez obzira na Josifove motive, njegovo pisanje dočarava moć partija koje su podelile Jerusalim, kao i strahovito pustošenje koje su doživeli stanovnici grada.

Ovi događaji su važni za moje istraživanje upravo zato što je prvo hrišćansko jevanđelje bilo verovatno pisano za vreme poslednje ratne godine.[8] Mi ne znamo gde je napisano i ko ga je napisao; rad je anoniman, mada ga tradicija pripisuje Marku, mlađem saradniku apostola Petra. Međutim, znamo da je autor Markovog jevanđelja bio obavešten o ratu, i da je pripadao određenoj strani u sukobima, izazvanim ratom, unutar jevrejskih grupa i između Jevreja i Rimljana.

Međutim, Marko je pisao o harizmatičnom jevrejskom učitelju Isusu iz Nazareta, koga je trideset pet godina ranije pogubio Pontije Pilat, rimski guverner Judeje, po svoj prilici na osnovu optužbe da je rovario protiv Rima. Od svega što su njegovi sledbenici tvrdili da znaju o njemu, ove optužbe i njegovo raspeće su fundamentalne činjenice koje prihvataju i Isusovi sledbenici i njegovi neprijatelji. Nijedan od sačuvanih izveštaja o Isusu nije iz njegovog vremena: ljudi su o njemu pričali, prepričavali događaje iz njegovog života, prenosili njegova kazivanja i parabole. Desetine, možda i stotine, priča bilo je napisano o Isusu, uključujući i skrivene izveštaje nađene među takozvanim svetim jevanđeljima otkrivenim u Nag Hamadiju, u Gornjem Egiptu, 1945. godine.[9] Ali od ovih mnogobrojnih priča o Isusu samo su četiri jevanđelja uključena u *Novi zavet*. Ubedljiva većina Isusovih hroničara, koji su prenosili tradiciju pismeno ili usmeno, bili su njegovi odani poštovaoci, u nekim slučajevima i obožavaoci. Ali ostali, na primer sam Josif, kao i rimski senator Tacit, koji je pisao 115. godine n.e., pominju Isusa i njegove sledbenike s neprijateljstvom ili prezirom.[10] Ipak, gotovo svi hroničari, i pristalice i protivnici, stavljaju Isusa od Nazareta i pokret koji je on osnovao u kontekst „nedavnih nevolja u Judeji".

Po Marku, Isus se bunio što je uhapšen „kao lopov" (*Marko* 14:48). Autor *Jevanđelja po Luki*, pišući nekih deset do dvadeset godina kasnije, kaže da je Isus bio optužen, kao i oni razapeti zajedno s njim, da je lopov (*Luka* 23:40).[11] Ovaj grčki izraz, *lēstēs*, doslovno preveden kao „lopov" ili „bandit," bio je u ranom prvom veku opšti termin za nepoželjne, mutivode i kriminalce. Josif, međutim, pišući posle jevrejskog rata protiv Rima, najčešće upotrebljava taj termin da bi okarakterisao one Jevreje koji su podsticali ili učestvovali u antirimskim aktivnostima, kao u ratu protiv Rima.[12] Ja se slažem s mnogim stručnjacima da sam Isus verovatno nije bio revolucionar,[13] mada sva četiri jevanđelja tvrde da su ga jevrejske vođe izvele pred Pilata i optužile kako je tvrdio da je „kralj Jevreja". Po Marku, Pilatovi vojnici, znajući za optužbu, ismejavali su i zlostavljali Isusa kao tobožnjeg kralja Jevreja; po svoj prilici ista optužba bila je upisana na njegov krst kao upozorenje ostalima da će Rim tako likvidirati svakog optuženog za revolt.

Istorije koje mi znamo kao jevanđelja *Novog zaveta* napisali su Isusovi sledbenici koji su preživeli rat, i koji su znali da su ih mnogi njihovi jevrejski sunarodnici smatrali sumnjivom manjinom. Oni su, na svoj način, pisali o epohalnim događajima u vreme rata i Isusovoj ulozi u predratnim događajima, u nadi da će ubediti čitaoce u tačnost svojih tumačenja. Mi ne možemo potpuno razumeti jevanđelja *Novog zaveta* ako ne prihvatimo da su ona u izvesnom smislu ratna literatura. Kao što je ranije primećeno, jevanđelje koje nazivamo Markovim (mada, istorijski rečeno, ne znamo ko ih je u stvari pisao, ja koristim tradicionalne nazive) bilo je napisano ili za vreme samog rata, možda za vreme privremenog zatišja za vreme opsade Jerusalima ili odmah nakon poraza 70. godine n.e.[14] Matej i Luka su pisali nekih deset do dvadeset godina kasnije, koristeći *Jevanđelje po Marku* kao osnovu i proširujući Markov tekst dodatnim kazivanjima i pričama. Većina stručnjaka veruje da je Jovan napisao svoje jevanđelje jednu generaciju posle rata, oko 90–95 godine n.e., možda u Aleksandriji.[15]

Isusov sledbenik čiji su tekstovi kasnije uključeni u *Novi zavet* – Pavle iz Tarsa – pisao je pre rata i nije, samim tim, mogao govoriti o Isusu u kontekstu rata. Pavle govori veoma malo o Isusovom životu, pominjući samo nekolicinu „kazivanja Gospoda".[16] U kontekstu Isusove smrti, Pavla nije fasciniralo raspeće kao stvarni događaj već njegovo religijsko značenje – činjenica, kao što Pavle kaže, da je „Hristos umro zbog naših grehova" (1 Korinćani 15:3), da je on postao žrtva koja iskupljuje grehove, što je, po Pavlovom verovanju, preobrazilo odnos između Boga Izraela i celog ljudskog roda. Ako je on poznavao optužbe protiv Isusa – da je on bio jedan od mnogih Galilejaca koje Josif naziva „mutivodama"[17] zbog podbadanja pobune protiv Rima – Pavle je očigledno smatrao optužbe tako providno lažnim ili tako irelevantnim da ih nije bilo potrebno osporavati. Pavle je umro oko 64–65. godine n. e. u Rimu, pogubljen, kao i Isus, po naređenju rimskog suda.

Katastrofalni događaji 66–70. godine definitivno su promenili svet u kojem su Jevreji živeli, ne samo u Jerusalimu, gde je sjajni hram postao ugljenisana ruševina, nego u celokupnom poznatom svetu. Čak i oni koji nikad nisu videli Jerusalim znali su da je centar njhovog sveta razbijen. Teškoće i poniženja usled poraza zaoštrili su stare podele u razbacanim jevrejskim zajednicama. Neke od tih zajednica postojale su u istočnom Sredozemlju skoro dva veka, od vremena kad su armije jevrejskog vođe Jude Makabejca isterale sirijsku dinastiju koju je osnovao Aleksandar Veliki, i obnovile jevrejsku državu. U godinama 65–70. n.e. najočiglednija podela bila je između partije koja je želela rat protiv Rima i svešteničke partije, koja je radila da održi krhki mir. Posle rata protiv Rima, ravnoteža snaga između raznih grupa u okviru jevrejskih zajednica širom sveta, od Aleksandrije i Antiohije do Rima, pomerila se u skladu s promenjenom situacijom. U samom Jerusalimu, sad, pošto je Hram nestao, a hiljade pobijene ili izbegle, sveštenička klasa je izgubila mnogo od svog uticaja, dok su se druge partije borile za svoj status u političkoj areni.

Rat i njegove posledice su takođe polarizovali Isusove sledbenike, pogotovu kada je reč o njihovim odnosima s drugim jevrejskim zajednicama. Isusovi sledbenici su odbili se bore u ratu protiv Rimljana ne zato što su prihvatali argument, koji su Josif i ostali upotrebljavali, o rimskoj nepobedivosti, ili zato sto su se nadali finansijskom ili političkom profitu. Isusovi sledbenici su verovali da je borba protiv Rimljana besmislena zato što su katastrofalni događaji nakon Hristovog raspeća bili „znaci kraja" – znaci da će ceo svet biti razbijen i preobražen. Neki su tvrdili da je ono što su oni videli – strahote rata – u stvari osmislilo njegov poziv „Pokajte se jer je carstvo božje blizu" (*Marko* 1:15). Marko prihvata ubeđenje, rašireno među Isusovim sledbenicima, da je sam Isus predvideo ove događaje koji su potresli svet – uništenje Hrama i njegovo skrnavljenje:

> A kad je izišao iz Hrama, jedan od njegovih učenika mu reče: „Gle, učitelju, kakvo divno kamenje i kakve divne zgrade!" A Isus reče: „Vidite li te velike zgrade? Neće ostati ni kamen na kamenu... . Ali kad vidite mrzost pustošenja tamo gde mu nije mesto (neka čitalac razume!), tada neka oni koji su u Judeji pobegnu u planine" (*Marko* 13:1–14).

Tako se upravo i dogodilo. Drugi su verovali – a neki su se usuđivali da kažu – kako je te katastrofe izazvao gnevni Bog kako bi kaznio sopstveni narod zbog toga što je zločinački odbacio bogomdanog Mesiju.

U svakom slučaju, Marko tvrdi da Isusovi sledbenici nemaju ništa protiv Rimljana nego su kivni na jevrejske vođe (savet staraca, Sanhedrina), kao i na jerusalimske (pisara i sveštenika), koji su odbacili božjeg Mesiju. Marko kaže da su te vođe odbacile Marka i njegove istomišljenike nazivajući ih ili ludim ili opsednutim demonima – optužbe koje su bile uperene protiv Isusa. Marko zauzima pomirljiv stav prema Rimljanima, mada je bilo poznato da je rimski guverner Pontije Pilat osudio Isusa na smrt. Međutim, dve scene iz opisa suđenja, u Markovom jevanđelju, jasno optužuju jevrejske vođe za Isusovu smrt, dok donekle opravdavaju Rimljane. Marko u stvari izmišlja novog Pilata – dobronamernog slabića kome je stalo do pravde, ali koji je, kako ga Marko opisuje, do te mere uplašen od glavnih sveštenika u sopstvenom savetu i od bučne gomile napolju da naređuje pogubljenje čoveka za koga misli da je možda nevin.

Drugi pisci iz prvog veka, i Jevreji i Rimljani, opisuju potpuno drukčijeg čoveka. Čak i Josif, uprkos svojim simpatijama prema Rimu, kaže da je guverner prezirao jevrejske podanike, ilegalno prisvajao fondove iz blagajne Hrama i surovo suzbijao nerede.[18] Josifov savremenik Filon, poštovan i uticajan član aleksandrijske jevrejske zajednice, opisuje Pilata kao čoveka „nemilosrdne, tvrdoglave i surove naravi", poznatog, između ostalog, po tome što je „često naređivao pogubljenja bez suda".[19] Kad je reč o Pilatu, Markovi motivi nisu jednostavni. Marku je veoma stalo da umanji rimske sumnje time što će pokazati da Isusovi sledbenici, kao i sam Isus ne predstavljaju opasnost po rimski poredak. Marko je možda takođe želeo da preobrati nejevrejske čitaoce. Ipak, Marko je prvenstveno zainteresovan za sukobe u jevrejskoj zajednici – naročito sukobe između njegove grupe i onih koji su odbacivali Markove tvrdnje o Isusu.

Uprkos neprijateljstvu i sumnjama koje su on i njegov pokret izazivali među Jevrejima i nejevrejima, uključujući tu, naravno, i Rimljane, Marko je pisao da objavi „dobru vest o Isusu iz Nazareta, Mesiji Izraela" (1:1). Ipak, Marko je znao da, ako želi da opravda takve tvrdnje o Isusu, mora da odgovori na očigledne prigovore. Ako je Isusa poslao Bog kao miropomazanog kralja, kako je moguće da je pokret koji je on osnovao propao tako jadno? Zašto su ga sledbenici napustili, skrivajući se od vojnika koji su ih hvatali kao obične kriminalce? Zašto u stvari svi njegovi ljudi poriču tvrdnje o njemu, ne samo građani Galileje nego i mase koje je on privukao na svojim putovanjima kroz Judeju i u Jerusalimu? A nije li sam Isus ipak podbunjivač, okaljan vezom s revoltom koji će kasnije postati katastrofalni rat? I nije li bio uhapšen i razapet kao pobunjenik? Pokušavajući da odgovori na ova pitanja, Marko stavlja događaje koji okružuju Isusa u kontekst ne samo borbe protiv Rima nego i kosmičke borbe između dobra i zla. Sami događaji Isusovog života i smrti ne mogu se razumeti, kaže on, van konteksta sudara natprirodnih sila, koji se, po Marku, dešava na Zemlji za vreme Isusovog života. Marko namerava da iznese priču o Isusu, otkrivajući njenu skrivenu, dublju dinamiku, drugim rečima, da je ispriča, takoreći, s tačke gledišta *Boga*.

Marko kaže da se dogodilo sledeće: Kada je Isus iz Nazareta, posle svog krštenja, izašao iz reke Jordana, „ugledao je kako se otvaraju nebesa i Duh silazi na njega u obliku goluba" i čuo je glas koji mu je govorio s neba (1:10–11). Božja moć miropomazala je Isusa da uputi izazov silama zla koje su do tada vladale svetom i time ga dovela u direktan sukob s tim silama.[20] Marko stavlja u svoje jevanđelje, na početak i na sam vrhunac, epizode u kojima se Satana i njegove demonske sile svete Bogu time što nastoje da unište Isusa. Na početku naracije, Marko opisuje kako je Duh božji sišao na Isusa prilikom njegovog krštenja i „odmah ga odvukao u divljinu, gde je bio četrdeset dana, i gde ga je iskušavao Satana, a bio je s životinjama, a anđeli su mu pomagali." (1:12–13). Od tada, kaže Marko, čak i kad je Isus napustio divljinu i vratio se u društvo, sile zla su ga izazivale i napadale na svakom koraku, a on je napade odbijao i konačno pobedio. Matej i Luka, pišući nekih deset do dvadeset godina kasnije, prihvatili su i razradili ovaj početni scenario. I jedan i drugi pretvaraju tu osnovnu priču u dramu triju iskušenja: reč je o tri sve intenzivnija sukoba između Satane i Božjeg duha koji deluje kroz Isusa. Luka pokazuje kako se đavo, pobeđen u ovim prvim pokušajima da savlada Isusa, povlači „do pogodnog vremena" (*Luka* 4:13). Luka zatim kaže ono što Marko i Matej nagoveštavaju – da se đavo vratio u obličju Jude Iskariotskog da uništi Isusa, započinjući izdaju koja je dovela do Isusovog hapšenja i pogubljenja (*Luka* 22:3). Sva jevanđelja *Novog zaveta*, uz prilične varijacije, opisuju Isusovo pogubljenje kao kulminaciju borbe između dobra i zla – između Boga i Satane – koja je započela prilikom njegovog krštenja.

Mada se retko pojavljuje na pozornici u ovim jevanđeljskim pričama, Satana ipak igra glavnu ulogu u božanskoj drami budući da pisci jevanđelja shvataju da istorija koju saopštavaju ima malo smisla *bez* Satane. Kako je moguće tvrditi da je čovek koga je izdao jedan od njegovih sledbenika i koji je na najusuroviji način pogubljen kao izdajnik Rima bio, i još uvek jeste, od Boga miropomozani Mesija, ako njegovo hvatanje i smrt, nisu uvodne čarke, kao što tvrde jevanđelja, a ne krajnji poraz, u ogromnom kosmičkom sukobu koji sada obuhvata vasionu? Odlučna bitka još nije vođena, a još manje dobijena, ali ona je neizbežna. Kao što Isus upozorava svog islednika na suđenju, uskoro će on biti osvećen kad se „čovekov Sin" vrati na nebeskim oblacima (*Marko* 14:62); ovde u Markovom tekstu Isus se poziva na jednu od vizija proroka Danila u kojoj jedan „nalik na sina čovekovog" (to jest, ljudsko biće) dolazi „s nebeskim oblacima" i postaje vladar Božjeg Carstva (*Danilo* 7:13–14). Mnogi Markovi savremenici pročitali bi Danilovo proročanstvo kao predviđanje da će doći pobedilac koji će pobediti strane vladare Izraela.

Dok, na prvi pogled, Markovo jevanđelje liči na istorijsku biograifiju, tekst nije tako jednostavan, jer Marko ne namerava da piše istoriju, kao što to čini Josif, da bi prvenstveno ubedio narod u tačnost svog prikaza nedavnih događaja kako bi ih učinio razumljivim ljudima. Umesto toga, Marko hoće da objasni šta ovi događaji znače za budućnost sveta ili, rečeno stručnim žargonom, eshatološki. Marko i njegove kolege kombinuju biografski oblik naracije s temama, pozajmljenim iz jevrejske apokaliptičke literature, o natprirodnom sukobu kako bi stvorio novu vrstu naracije. Ova jevanđelja izražavaju snažno ubeđenje svojih pisaca da je Isusovo pogubljenje, koje kao da nagoveštava pobedu snaga zla, u stvari oglašava njihovo konačno uništenje i osigurava krajnju pobedu Boga.[21]

Mnogi liberalno nastrojeni hrišćani radije ignorišu prisustvo anđela i demona u jevanđeljima. Marko uključuje anđele i demone u naraciju kako bi formulisao odgovor na tegobno pitanje koje sami događaji nameću: Kako je Bog mogao da dopusti takvu smrt i uništenje? Za Marka i njegove kolege, pitanje o božanskoj pravdi podrazumeva iznad svega pitanje o ljudskom nasilju. Pisci jevanđelja se trude da precizno lociraju i identifikuju način na koji sile zla deluju *kroz izvesne ljude* da bi izvršile uništiteljsko nasilje. Reč je, pre svega, kako Matej kaže, o „nevinoj krvi prolivenoj na Zemlji, od krvi nevinog Avelja do krvi Zaharija sina Barahijinog" (23:35). Takođe je reč o nasilju simbolizovanom Isusovim pogubljenjem, koje Matej vidi kao kulminaciju sveg zla. Tema kosmičkog rata služi prvenstveno da se ljudski odnosi – naročito fundamentalno ljudski sukobi – označe kao natprirodni. Satana postaje, između ostalog, figura pomoću koje se nečiji neprijatelj može okarakterisati kao ovaploćenje transcendentalnih sila. Za mnoge čitaoce jevanđelja, još od prvog veka, tematizovan sukob između Božjeg duha i Satane služio je da se opravdaju Isusovi sledbenici i demonizuju njihovi neprijatelji.

Ali, na koji način figura Satane predstavlja neprijatelja? Šta je Satana i kako se on pojavljuje na Zemlji? Jevanđelja

Novog zaveta gotovo nikad ne poistovećuju Satanu s Rimljanima, ali ga dosledno povezuju sa Isusovim jevrejskim neprijateljima, pre svega s Judom Iskariotskim i glavnim sveštenicima i pisarima. Stavljajući priču o Isusu u kontekst kosmičkog rata, pisci jevanđelja objavili su svoje poistovećivanje s militantnom jevrejskom manjinom koja je verovala u Isusa, i izrazili svoju žalost zbog otpadništva, po njihovom mišljenju, većine svojih sunarodnika-Jevreja, i Isusovih savremenika i savremenika jevanđelista. Kao što ćemo videti, Isusovi sledbenici nisu *izmislili* praksu demonizovanja unutrašnjih neprijatelja, mada su hrišćani (i muslimani, kasnije) razvili praksu, čije su posledice bile gigantske, više nego njihovi jevrejski prethodnici.

Pa ko su u stvari *bili* Isusovi neprijatelji? Istorija nam kaže da su to bili rimski guverner i njegovi vojnici. Optužba protiv Isusa i njegovo pogubljenje bili su tipično rimski. Rimske vlasti, stalno pripravne da primete i najmanji nagoveštaj rovarenja, surovo su ugušivale sve pokušaje antidržavne aktivnosti. Istoričar Meri Smolvud ističe da je hvatanje i ubijanje izazivača nereda, naročito onih koji su započinjali javne demonstracije, bila rutinska praksa za rimske snage stacionirane u Judeji.[22] U toku prvog veka Rimljani su uhapsili i razapeli na krst hiljade Jevreja optuženih za rovarenje – često, kako Filon kaže, bez suđenja. No, kako jevanđelja ukazuju, Isus je takođe imao neprijatelja među svojim sunarodnicima Jevrejima, naročito među jerusalimskim sveštenicima i njihovim uticajnim saveznicima koji su se osećali ugroženim Isusovim aktivnostima.

Bitno je ovo: *Da su se Isusovi sledbenici poistovetili sa većinom Jevreja, a ne samo sa određenom manjinom, oni bi nam možda preneli sasvim drukciju priču o njemu – priču koja bi bila istorijski mnogo prihvatljivija.* Oni su, na primer, mogli da je saopšte, u tradicionalnom patriotskom stilu, kao priču o nadahnutom jevrejskom svecu koga su mučili Izraelovi tradicionalni neprijatelji – strani ugnjetači. Na primer biblijska knjiga Danilova govori o proroku Danilu, koji, mada mu preti strašna smrt u lavljoj jazbini, ipak prkosi kralju Vavilona u ime Boga i naroda Izraela (*Danilo* 6:1–28). *Prva knjiga Makabejaca* govori o svešteniku Matatiji, koji prkosi sirijskim vojnicima kad mu ovi narede da se moli idolima. Matatiji je izdaja Boga strašnija od smrti.[23]

Za razliku od autora *Danila* ili *Prve knjige Makabejaca*, pisci jevanđelja su se ogradili od jevrejske većine, usredsredivši se, umesto toga, na unutrašnji jevrejski sukob – naročito na sopstvene svađe sa onima koji su poricali njihove tvrdnje da je Isus Mesija. U jevanđeljima, kao što ćemo videti, figura Satane odražava dramatično prebacivanje krivice s „nacija" – *ha gojim* na hebrejskom – na pripadnike Isusovog sopstvenog naroda. U jevanđeljima, varijacije u opisma aktivnosti demonske opozicije (onih koji su definisani kao neprijatelji) odražavaju, po mom mišljenju, raznolike odnose, često duboko ambivalentne, između raznih grupa Isusovih sledbenika i određenih jevrejskih grupa koje svaki jevanđelista smatra svojim prvenstvenim protivnicima. Hoću da izbegnem preterano uprošćavanje. Pa ipak, treba reći da, u svakom slučaju, odluka da se priča o Isusu stavi u kontekst Božje borbe protiv Satane, da umanjuje ulogu Rimljana i, umesto toga, povećava krivicu Isusovih *jevrejskih* neprijatelja.

Ovo ne znači da su pisci jevanđelja jednostavno nameravali da Rimljane oslobode krivice. Marko je svakako bio svestan da su u njegovo vreme, nekih trideset godina posle rata, Rimljani bili na oprezu, očekujući nova rovarenja. Članovi grupe lojalni osuđenom buntovniku bili su u opasnosti, a Marko se verovatno nadao da će ubediti spoljne posmatrače – potencijalne čitaoce njegovog teksta – da ni Isus ni njegovi sledbenici ne predstavljaju opasnost po rimski poredak. Ali, u Markovoj naraciji, Rimljani, od kojih je nekolicina pedstavljena sa izvesnom simpatijom, ostaju potpuno po strani. Marko pripoveda o Isusu u kontekstu koji je njemu najsmisleniji – u kontekstu jevrejske zajednice. I ovde, kao u većini ljudskih situacija, što je sukob intimniji to je intenzivniji i gorči.

Na početku svoje priče, Marko opisuje kako Jovan krštava Isusa i kako je u trenutku krštenja Božja sila sišla na Isusa, a „glas je progovorio s nebesa, rekavši 'Ovo je moj voljeni sin'" (1:11). U tom trenutku, sva ljudska bića iščezavaju iz Markove priče i, kao što znamo, Božji duh tera Isusa u divljinu gde će se sresti sa Satanom, divljim životinjama i anđelima. Na ovom mestu u svojoj pripovesti, kao što primećuje Džejms Robinson, Marko se ne udaljuje od događaja u ljudskom, istorijskom svetu, nego daje na znanje da hoće da poveže ove događaje s borbom između dobra i zla u vasioni.[24] Markova naracija zatim ide direktno od Isusove samotne borbe sa Satanom u pustinji do prve javne pojave u sinagogi u Kapernaumu gde je,

> odmah u subotu ušao u sinagogu i poučavao. I njih je zapanjilo njegovo poučavanje, jer je poučavao kao čovek sa autoritetom, a ne kao pisar (1:22).

Tu je Isus sreo čoveka opsednutog zlim duhom, a duh ga je – osećajući Isusovu božansku moć – izazivao: „Šta ćeš da učiniš s nama Isuse iz Nazareta? Jesi li došao da nas uništiš?" (1:24). Po Marku, Isus je došao da leči svet i da ga osvoji za Boga; a da bi to postigao, on mora da savlada zle snage koje su silom zavladale svetom, i koje sada ugnjetavaju ljudska bića. Stoga Marko kaže

> da ga je Isus prekoreo, rekavši: „Umukni i iziđi iz njega!" I nečisti duh, stresavši ga i vičući iz sveg glasa, iziđe iz njega, i svi behu zapanjeni, te su se između sebe pitali: „Šta je ovo? Novo učenje! On sa autoritetom naređuje čak nečistim dusima, i oni ga slušaju". I odjednom se njegova se slava rašču svugde, kroz sve okolne oblasti Galiljeje (1:25–18).

Ovaj prvi opis Isusovovog javnog delovanja sugeriše kako zaprepašćena gomila uviđa da Isus poseduje specijalan autoritet, direktan pristup Božjoj moći. A Isusova moć se pokazuje u delima, jer Marko ovde ne zapisuje Isusovo učenje. Već i u ovom prvom javnom izazovu snagama zla Marko pokazuje kako Isusova moć Isusa izdvaja od, ubrzo ga dovodeći u neposredan sukob s njima, pisara, koji su po običaju bili poštovani kao religijski autoritet. Markova je namera da pokaže, kao što on kaže, da je Isus „podučavao sa autoritetom, a ne kao pisari" (1:22).

Tokom cele prve glave, Marko naglašava da je Isus iscelio „mnoge koji su patili od mnogih bolesti" i „isterao mnoge demone" (1:34). Putovao je diljem Galileje „propovedajući u sinagogama, a i isterujući demone," jer, kao što je objašnjavao Simonu, Andriji, Jakovu i Jovanu, koji se okupljaju oko njega, „to je ono sto sam došao da činim" (1:38).

Za vreme njegovog sledećeg javnog nastupa, kao što kaže Marko, pisari su se odmah uvredili zbog njegove – po njihovom mišljenju – uzurpacije božanskog autoriteta. Ovom prilikom, Isus govori masi koja je bila toliko gusto zbijena da, kada su četvorica izišla noseći paralizovanog čoveka

> nisu mogli da mu se približe zbog gužve; tako da su skinuli krov iznad njega; i kada su napravili taj otvor, spustili su ležaj na kojem je ležao paralizovani čovek. A kada je Isus osetio njihovu veru, rekao je „Sine moj, gresi su ti oprošteni" (2:4–5).

Praštajući, Isus preuzima pravo da govori umesto Boga – što je, po Marku, razljutilo pisare:

> „Zašto ovaj čovek govori ovako? To je svetogrđe! Ko osim samog Boga može oprostiti grehe?" (2:7).

Po Marku, Isus, znajući šta pisari misle, odmah isceljuje bolesnika da bi kritičarima dokazao svoj autoritet:

I odmah Isus, znajući da oni tako sumnjaju u sebi, reče: „Zašto to sumnjate u svojim srcima?... *Ali da znate da Sin čovekov ima moć da na Zemlji oprašta grehove*" – rekao je paralizovanom – „kažem ti, *uzmi svoj ležaj i idi kući.*" I on ustade i odmah uze svoj ležaj i iziđe pred njih, tako da su svi bili zapanjeni... rekavši: „Ovako nešto nikad nismo videli!" (2:8–12, podvukao autor).

Kad se Isus prvi put pojavio, objavivši, „Pokajte se: carstvo nebesko je blizu!" mnogi njegovi saveznici su verovatno mislili da govori kao jedan od esena, koji su se povukli u divljinu u znak protesta protiv običnog jevrejskog života. Iz svojih pustinjskih pećina, gde su živeli u monaškoj izolaciji, eseni su žigosali svešteničke aristokratske vođe, upravljače jerusalimskog Hrama – ljude kao što su Josif i njegovi idoli – kao osobe koje je rimski okupator beznadežno korumpirao. Eseni su shvatili da propovedati pokajanje i dolazak Božjeg suda znači da Jevreji moraju odbaciti zagađujuće uticaje i vratiti se strogom poštovanju Božjeg zakona – naročito zakona sabata i košera koji su ih izdvajali od nejevreja kao sveti božji narod.[25]

Ali ako je Isus govorio kao esen, njegova dela su kršila standarde čistote koje su eseni smatrali svetim. Umesto da se udalji od ljudi koji sebe prljali time što su „hodali kao ne-Jevreji," Isus je čak izabrao jednog da mu bude učenik. Reč je o porezniku, koje su Jevreji mrzeli kao profitere u službi omraženih Rimljana. Zaista, Marko kaže, „bilo je mnogo poreznika koji su ga sledili" (2:15). Umesto da posti poput ostalih pobožnih Jevreja, Isus je jeo i pio bez ustručavanja. I umesto da brižljivo poštuje zakone sabata, Isus je pravdao svoje učenike koji su ih kršili:

Jedne subote je išao kroz polja sa usevima; i, hodajući, učenici su brali klasje, a fariseji im rekoše: „Zašto oni čine ono što je nezakonito činiti subotom?" A on im reče: „Zar nikad niste čitali šta je David učinio kad su on i njegovi pratioci bili u nevolji i gladni: kako je ušao u božju kuću... i pojeo sveti hleb... i dao ga svojim pratiocima?" (2:23–26).

Ovde se Isus usuđuje da citira, kao presedan za očigledno nemarno ponašanje svojih učenika, privilegiju samog kralja Davida koji je sa svojim ljudima prekršio svete zakone o hrani za vreme kad je to zahtevala ratna situacija.

Tvrdeći da poseduje božansku i kraljevsku moć i istovremeno krseći čistotu zakona, Isus već na početku svog javnog delovanja izaziva gnev svih savremenih partija, od pratilaca Jovana Krstitelja do pisara i fariseja.

Sledećeg puta Isus je ušao u sinagogu u subotu, Marko kaže:

> i tamo je bio je bio čovek sa sasušenom rukom. I oni ga posmatrahu, da vide da li će isceljivati u subotu, kako bi ga mogli za to optužili. A on reče čoveku sa sasušenom rukom: „Hodi ovamo." A njima reče: „Da li je zakonito u subotu činiti dobro ili činiti zlo, spasti ili oduzeti život?" Ali oni ćutahu. A on ih ljutito ošinu pogledom, ožalošćen zbog njihovih tvrdih srdaca, i reče čoveku: „Ispruži ruku". On je ispruži i njegova ruka bi isceljena (3:1–5).

Umesto da odloži isceljivanje za jedan dan, Isus svesno prkosi svojim kritičarima. Videći to, Marko nastavlja:

> fariseji su izišli i odmah, zajedno sa irodovcima [partija kralja Iroda], skovali zaveru protiv njega s ciljem da ga ubiju (3:6).

Marku je skriveno značenje ovakvog sukoba jasno. Oni koji su uvređeni i razjareni Isusovim delima ne znaju da

Božji duh primorava Isusa da se bori protiv sila zla, bilo da se te sile manifestuju kao nevidljiva demonska prisustva koja zaražuju i opsedaju ljude ili kao protivnici u ljudskom obličju. Kada su fariseji i irodovci kovali zaveru da ubiju Isusa, oni su, kaže Marko, radili kao agenti zla. U Markovoj naraciji, Isus se tek upustio u borbu protiv Satane, a njegovi protivnici su odmah „kovali zaveru... s ciljem da ga ubiju" (3:6).

Isus, tvrdi Marko, zna da su vođe koje mu se protive potpomognute nevidljivim silama. Odmah pošto se ova moćna koalicija ujedinila protiv njega, Isus reaguje time što organizuje novu rukovodeću grupu, „dvanaestoricu," verovatno imenujući pojedinačne vođe po svakom od dvanaest prvobitnih plemena Izraela. Isus im naređuje da propovedaju i daje im „moć da isteruju demone" (3:13).

Eskalacija ovog duhovnog sukoba prethodi eskalaciji opozicije kod kuće, u Isusovoj sopstvenoj porodici. Prema Marku, kad je Isus „otišao kući... njegova porodica je... izišla da ga zgrabi, jer, rekli su oni: 'On je lud [ili: izvan sebe]'" (3:21).[26] Zatim, „pisari, koji su došli iz Jerusalima" izneli su optužbu da je sam Isus „opsednut Belzebubom; on isteruje demone uz pomoć vladara demona (3:22). Isus prigovara:

> „Kako može Satana da istera Satanu? Ako je carstvo podeljeno protiv samog sebe, takvo carstvo ne može da opstane. Ako je kuća podeljena protiv sebe, takva kuća neće moći da opstane. I ako se Satana digao protiv sebe, i ako je podeljen, on neće opstati već će mu doći kraj. Ali niko ne može prodreti u kuću jakog čoveka i opljačkati njegova dobra ukoliko prvo ne veže jakog čoveka; tad on zaista može opljačkati njegovu kuću" (3:23–27).

Po Marku, Isus očigledno vidi „kuću Izraela" kao podeljenu kuću, podeljeno kraljevstvo. Isus se otvoreno bori protiv Satane, koji je, po Isusovom mišljenju, preuzeo Božje domaćinstvo koje je Isus dosao da očisti i zauzme. Isus želi da „veže neprijatelja" i „opljačka negovu kuću".

Što se tiče optužbi pisara da je Isus opsednut „vladarem demona", on im uzvraća na isti način, optužbom da su opsednuti demonima, upozoravajući ih da su njihove optužbe tako duboko grešne, da će im doneti večno prokletstvo (3:28-30). Jer, on kaže, ko god Satani pripisuje delo Božjeg duha čini neoprostiv greh:

> „Uistinu vam kažem, ljudskim bićima će biti oprošteni svi gresi i sva izgovorena koja izgovore; ali ko god huli na Svetog duha, njemu neće nikad biti nego će odgovarati za večni greh" – zato što su rekli: „On je opsednut zlim duhom" (3:28-30).

Marko namerno stavlja ove scene Isusovog sukoba s pisarima između dveju epizoda u kojima je opisan Isusov sukob sa sopstvenom porodicom. Odmah posle toga, po grčkom tekstu Markovog jevanđelja, članovi porodice koji su ga pre toga proglasili ludim i pokušali zgrabiti (3:21), sada dolaze u kuću gde se on obraća velikom skupu, tražeći da ga vide. Isus ih odbacuje:

> A njegova mati i braća dođoše i poslaše nekog da ga pozove. A mnoštvo je sedelo oko njega, i rekoše mu, „Tvoja mati i tvoja braća su napolju, traže te." I bacivši pogled unaokolo na one koji su sedeli oko njega, on reče: „Ovde su moja mati i moja braća! Jer kogod vrši volju božju jeste moj brat i sestra i majka" (3:31-35).

Nakon što je stvorio novu porodicu i naimenovao dvanaest novih vođa Izraela da zamene stare, Isus je, kaže Marko, „reformisao božji narod". Od tada, Isus pravi oštru razliku između svojih izabranih – unutrašnji krug – i „onih izvan". Isus još uvek privlači veliko mnoštvo ljudi, ali se sad u njegovom učenju pojavljuju zagonetne parabole, pomoću kojih on namerno skriva puni smisao svoje poruke od onih koji mu nisu najbliži:

> I opet je poučavao kraj mora. I ogromno mnoštvo se okupilo oko njega. I on parabolama u mnogome poučavao... A kad ostade sam, ljudi oko njega i dvanaestorice, ga pitahu o parabolama. A on im reče: *„Vama je data tajna Carstva božjeg, a za one napolju je sve u parabolama; tako da oni mogu da gledaju, a ne vide; da slušaju, a ne razumeju; i da se ne okrenu i dobiju oproštaj"* (4:1–12, podvukao autor).

Mada je često kritikovao učenike – u 8:33 je čak optužio Petra da igra ulogu Satane – Isus im otkriva tajne koje krije od spoljnjeg sveta, jer oni, citira Isus Osiju, pate od neizlečivog duhovnog slepila.[27]

Kritikovan od fariseja i jerusalimskih pisara što ne živi „u skladu s tradicijama starih" i što njegovi učenici ne peru ruke pre jela, Isus, umesto da se brani, napada svoje kritičare kao „hipokrite", optužujući ih da cene sopstvene tradicije kršeći sve Božje zapovesti. Zatim javno dovodi u pitanje i same zakone košera – otkrivajući svoju misao samo učenicima:

> I pozva ljude opet k sebi i reče im: „Čujte me, svi, i razumite; ne postoji ništa što će okaljati čoveka ulazeći u njega; čoveka kalja ono što izlazi iz njega." A kada je, rastavši se od ljudi, ušao u kuću, učenici ga zapitaše o paraboli. A on im reče: „Zar ni vi ne razumete? Zar ne vidite da čoveka ne može okaljati nešto što ulazi u njega, jer to ne ulazi u njegovo srce već u stomak i tako izlazi iz njega? Čoveka kalja ono što iz njega izlazi; jer, iznutra, iz ljudskog srca dolaze zli misli, preljuba, krađa, ubistvo... zavist, ponos, glupost... svako od tih zala dolazi iznutra"(7:14–23).

Marko ovde pokazuje kako Isus odbacuje tradicionalni košer („čistota") zakon, a umesto toga zastupa čišćenje „srca" – to jest, nagona, želje i mašte. Sad pošto je Isus od sebe otuđio ne samo pisare, fariseje i irodovce, nego i sopstvene rođake i mnoge sugrađane, on putuje sa svojim malobrojnim učenicima, propovedajući masama. Znajući šta ga očekuje u Jerusalimu, gde će uputiti izazov svesteničkoj partiji na njenom terenu, Isus ipak tamo odlučno vodi svoje sledbenike, idući ispred njih, dok „su oni bili zaprepašćeni, njegovi pratioci su bili zaprepašćeni i preplašeni" (10:32). Na putu, on precizno ukazuje dvanaestorici koga treba da okrive za njegovu predstojeću smrt:

> Glavni sveštenici i pisari... osudiće [Sina čovečijeg] na smrt i predaće ga narodima, a oni će ga ismevati i pljuvati i šibati i ubiti" (10: 33).

Otpor prema Isusu se pojačava nakon njegovog ulaska u Jerusalim. Pošto je pripremljena formalna procesija za ulazak u grad, Isusu su ljudi otvoreno klicali, uprkos Rimljanima, kao čoveku koji dolazi na obnovi staro carstvo Izraela: „Blagosloveno je carstvo našeg oca Davida koje dolazi!" Zatim, sa svojim sledbenicima, on ulazi u veliki Hram i svojim javnim gestom zapanjuje sve:

> Ušao je u Hram i počeo da isteruje prodavce i kupce u hramu; i prevrnuo je stolove razmenjivača novca i stolice prodavaca golubova; i nikome nije dozvolio da bilo šta nosi kroz hram (11:15–16).

Sada Isus priziva reči proroka Osije i Jeremije, kao da govori za samog Gospoda protiv ljudi koji su dopustili finansijske transakcije u predvorju Hrama:

> I on je poučavao, i rekao im: „Zar nije zapisano: 'Moja kuća ce se zvati kuća molitve za sve narode?' A vi ste je načinili jazbinom lopova." Čuvši to, glav-

ni sveštenici i pisari su se pitali kako da ga unište, zato što su ga se bojali, zato što je celo mnoštvo bilo zaprepašćeno njegovim učenjem. (11:17–18).

Kada su glavni sveštenici i pisari kojima su se pridružili članovi jevrejskog Saveta, zahtevali da saznaju po čijem ovlašćenju on postupa, Isus odbija da odgovori. Umesto toga, on ponovo prepričava Osijinu parabolu o božjem gnevu protiv Izraela (12:1–12), i to na tako providan način da čak i glavni sveštenici i članovi Saveta shvataju da on to priča „protiv njih" (12:12). Sledeće scene prikazuju Isusovu borbu prvo protiv fariseja i irodovaca, koji ne uspevaju da na prevaru iz njega izvuku izjave protiv Rima (12:13–15), a zatim protiv pisara (12:35). Najzad, on upozorava veliko mnoštvo:

> Čuvajte se pisara, koji vole da idu naokolo u dugačkim haljinama, koji žele da ih ljudi pozdravljaju na tržnicama i da im daju najbolja mesta u sinagogama i počasna mesta na gozbama; čuvajte se onih koji proždiru kuće udovica i lažno i dugo se mole Bogu. Oni ce biti najoštrije osuđeni (12:38–40).

Zatim, Marko nastavlja, kad je Isus izišao iz hrama on reaguje i na strahopoštovanje učenika prema svetom mestu time što predskazuje uništenje Hrama: „Neće ostati ni kamen na kamenu" (13:2). Kada ga Petar, Jakov, Jovan i Andrej nasamo pitaju na šta misli, Isus seda s njima na Maslinovoj gori, preko puta Hrama, i objašnjava im. On predviđa niz strahotnih katastrofa (to su događaji u kojima će Markovi savremenici prepoznati sopstveno vreme, naročito ratne događaje između 66. i 70. godine): „ratovi i ratne glasine", glad i javno oduševljenje za lažne mesije. Isus ih enigmatično upozorava: kada budu videli „razorno skrnavljenje tamo gde ne bi smelo biti" – pagansko skrnavljenje hrama – moraju pobeći u planinu (13:7–14).

Marko želi da uteši Isusove sledbenike, koji žive u strašnim vremenima, saznanjem da je njihov vođa predvideo kako će oni zbog svoje vernosti njemu („zbog mene") trpeti ostrakizam, represalije, mržnju, izdaju, možda i od strane članova porodice:

„Pazite se; jer oni će vas predati savetima; i bićete tučeni u sinagogama, i stajaćete pred guvernerima i vladarima zbog mene... i brat će brata predati smrti, otac ustati protiv svog deteta, a deca će ustati protiv svojih roditelja i ubiti ih; i mrzeće vas zbog mog imena (13:9–13).

Šta da čini vernik kome prete izdaja, izolacija i smrt? Po Marku, Isus naređuje svojim sledbenicima da izdrže „do kraja". Sam je Isus, kaže Marko, „izdržao do kraja" – hapšenje, procese u jevrejskom i rimskom sudu, mučenje i pogubljenje, dajući svojim ugroženim sledbencima primer kako treba izdržati. Dva dana pre Pashe, Marko kaže, „glavni sveštenici i pisari su se mislili kako da tajno uhapse Isusa i ubiju ga, jer, rekli su 'Nikako za vreme proslave, inače će ljudi izazvati nerede'," jer su ljudi još uvek na Isusovoj strani. Odmah posle toga, Juda Iskariotski je, očigledno svestan neprijateljstva koje je njegov učitelj izazvao među uticajnim ljudima, „otišao kod glavnih sveštenika da bi im izdao [Isusa]; a kad su oni to čuli, bili su radosni i ponudili mu novac" (14:1–11).

Kad je pala noć, Marko nastavlja, Juda je poveo „gomilu naoružanu mačevima i toljagama – u kojoj su takođe bili glavni sveštenici, pisari i činovnici hrama" u Getsimanski vrt, na Maslinovoj gori, da uhvati Isusa. Jedan od njegovih ljudi potegao je mač, povredivši roba koji je pripadao prvosvešteniku, a Isus se bunio što ga tretiraju „kao lopova" (termin kojim su Josif i ostali pisci karakterisali „pobunjenike"). Ali, ostali njegovi sledbenici su se razbežali. Isus je bio uhvaćen. Naoružani ljudi „su ga odveli prvosvešteniku," po svoj prilici u njegovu kuću. Pošto, po tradiciji, Sanhedrin nije smeo da se sastaje noću, Marko saopštava, te su se noći Isusovog hapšenja, „sastali svi glavni sveštenici, članovi Saveta i pisari" u prvosveštenikovoj kući, da sude Isusu, držeći se forme.

Sledi Markov opis prve od dveju scena sa suđenja: „suđenje pred Sanhedrinom," posle čega dolazi „suđenje pred Pilatom." Po mišljenu većine stručnjaka, čak i pod pretpostavkom da su ti događaji istorijski, Isusovi sledbenici im nisu mogli prisustvovati.[28] Ali, Marko ne želi da piše istoriju. Uvodeći te dve scene u naraciju, Marko iznad svega želi da pokaže da je dobro poznata optužba protiv Isusa –. pobuna – ne samo lažna nego da su je izmislili Isusovi *jevrejski* neprijatelji. Rimski guverner lično, Marko nastavlja, shvatio je to i pokušao uzalud da spase Isusa! Po Marku, Sanhedrin je unapred doneo presudu. Suđenje je bilo samo predstava s ciljem „da ga ubiju." (14:55). Čuvši niz izmišljenih optužbi i lažnih svedočenja, među kojima su bile optužbe da je Isus pretio kako će srušiti Hram, prvosveštenik je saslušavao Isusa, zahtevajući od njega da odgovori na optužbe. Međutim, Isus ćuti. Najzad, prvosveštenik pita: „Jesi li ti Mesija, sin Blagoslovenog?" (14:61). Ovde, prvi put u Markovom jevanđelju, Isus javno priznaje svoj božanski identitet pred ljudima koji nisu njegovi učenici i upozorava svoje tužioce da će ih uskoro sustići njegova osveta: „Jesam; i vi ćete videti Sina čovečijeg kako sedi s desne strane moći i dolazi sa oblacima neba" (14:62). Zatim, nastavlja Marko, „prvosveštenik, cepajući svoju odeždu, govori: 'Čuli ste njegovo svetogrđe. Šta ste odlučili?' I oni ga svi osudiše na smrt" (14:64).

Mnogi stručnjaci su govorili o istorijskoj nezasnovanosti ove priče.[29] Da li je Sanhedrin održao suđenje u raskoraku sa sopstvenom pravnom praksom u vezi sa saslušavanjem svedoka, samooptužbama, sudskom procedurom i kaznama? Veoma malo znamo o procedurama Sanhedrina za vreme Isusovog života.[30] Da li se taj savet zaista sastajao noću, nasuprot uobičajenoj praksi? Ako je tako, zašto Marko dodaje *drugu* verziju sastanka Saveta o Isusovom slučaju – sastanak održan narednog jutra, kao da se ništa nije dogodilo prethodne noći? Jer, pošto je Marko završio svoj prvi, detaljniji izveštaj, on se nesmotreno ponavlja: „Čim je svanulo jutro, glavni sveštenici, članovi Saveta, pisari i ceo Savet održali su sastanak. Onda su vezali Isusa i odveli ga i predali Pilatu." (15:1).

Mi, naravno, ne možemo znati šta se stvarno dogodilo. Međutim, Markova druga verzija, koja se slaže s Lukinom, zvuči uverljivije – naime, da se Savet sastao ujutru i odlučio da zadrži zatvorenika i preda ga Pilatu kako bi odgovarao na optužbe.[31] *Jevanđelje po Jovanu*, oslanjajući se na izvore koje Marko nije koristio, nudi drugu, rekonstruisanu verziju koja uverljivo tumači ove događaje.[32] Po Jovanu, glavni sveštenici, uznemireni zbog masa koje je Isus privukao, strahovali su da bi njegovo prisustvo u Jerusalimu za vreme Pashe moglo izazvati javne demonstracije; „a Rimljani će doći i uništiti naše sveto mesto i našu naciju" (11:48). Građanska borba koja je prethodila Jevrejskom ratu, kao što su Jovan i njegovi savremenici dobro znali, potvrdila je opravdanost bojazni o mogućim rimskim represalijama. Mnogi stručnjaci za *Novi zavet* se u svojim analizama Markovog opisa Isusove pojave pred Sanhedrinom slažu da je Marko (ili njegovi prethodnici) verovatno pisao prvu verziju kako bi podvukao svoju glavnu ideju: da je Pilat potvrdio i izvršio već izrečenu jevrejsku smrtnu presudu, koju on nije ni naredio niti odobrio, ali presudu koju je jednodušno donelo celokupno rukovodstvo jevrejskog naroda.[33]

Međutim, ne možemo kažemo da je Marka motivisala zloba prema jevrejskim vođama. U stvari Marko mnogo manje optužuje jevrejske vođe za raspeće nego što to čine Matej, Luka i Jovan, mada je tendencija da se na njih svali krivica, koja je započela pre Markovog vremena, uticala na njegovo pisanje. Marko i njegovi istovernici, budući sledbenici osuđenog kriminalca, znali su da ce njihova lojalnost izazvati sumnju i navući represalije. Rimski sudovi su već bili uhapsili i pogubili nekolicinu istaknutih članova pokreta, uključujući Petra i Pavla. Zato nije nikakvo čudo što je, kao što jedan istoričar kaže, Marko želeo

> da naglasi krivicu jevrejske nacije, naročito njenih vođa, za Isusovu smrt... Markova namera bila je više odbrambena nego agresivna. On se trudio da ne pomene bilo šta što bi izazvalo rimski antagonizam i/ili sumnju da zastupa ideale u koje je verovao... Stoga jevanđelista pokušava da sakrije činjenicu da je Isus bio osuđen i pogubljen zbog optužbe za pobunu.[34]

Markov opis takođe sadrži važnu pozitivnu poruku. Po Marku, „suđenje pred Sanhedrinom" odslikava nestabilnu i opasnu situaciju u kojoj su on i njegovi istovernici, suočeni s vođama jevrejskih zajednica, za vreme i posle rata.[35] U svom opisu Isusove hrabrosti pred sudijama, Marko pruža Isusovom sledbenicima uzor koji treba da slede kada im bude bilo suđeno.

Marko u svoj opis utkiva, u stilu kontrapunkta, naraciju o Isusovom glavnom učeniku Petru, koji se, prestrašen, odriče Isusa, kao primer kako se *ne treba* ponašati na sudu. Dok Isus prkosi Sanhedrinu i priznaje svoju božansku misiju, hrabro rizikujući – i prihvatajući – smrtnu presudu, Petar tvrdi da ne poznaje Isusa. Petar je, kaže Marko, krišom pratio Isusa do mesta suđenja. Dok je stajao, zagrevajući ruke na vatri, jedan od slugu je rekao: „ti si takođe bio sa Isusom iz Nazareta" (14:67). Ali Petar to poriče („Ne znam šta govoriš; ... ne poznajem čoveka") tri puta, sa sve većom žestinom, psujući i proklinjući. Najzad, Petar beži. Shvativši šta je učinio, Petar je „zaplakao" (15:72).

Marko zna da ljudi koji javno priznaju je Isus „Mesija, Sin božji" (14: 61) rizikuju zlostavljanje, podsmeh, čak i smrt. Izrazi *Mesija* i *Sin božji* bi verovatno bili anahronizmi u Isusovo vreme, ali Markovi savremenici su ih verovatno prihvatali kao element ispravne forme savremene hrišćanske veroispovesti. U pomenutoj dramatičnoj sceni (14:61), Marko svojim čitaocima postavlja pitanje koje prožima celu njegovu priču: Ko priznaje duh u Isusu kao božanski, a ko ne? Ko stoji na strani Boga, a ko na Sataninoj? Upoređujući Isusovo hrabro priznanje s Petrovim poricanjem, Marko dramatično predstavlja izbor s kojim se suočavaju Isusovi sledbenici: oni moraju da izaberu stranu u ratu koji ne dopušta neutralnost.

Pokušavši da prikaže Isusov slučaj kao u suštini unutrašnji jevrejski sukob koji se nije mogao rešiti unutar jevrejske zajednice, Marko nudi svoju verziju Isusovog „suđenja pred Pilatom". Mnogi stručnjaci misle da Marko u stvari ništa više nije znao od sledećeg: da je Isus bio razapet kao tobožnji kralj Jevreja za vreme vladavine Pilata, guvernera Judeje. Mada Marko prihvata tu neospornu činjenicu, on želi da umanji njen značaj.

Pogledajmo kako Marko predstavlja događaje. Obavešten da je zatvorenik optužen za političku pobunu, Pilat pokušava da ga sasluša. „Zar nemaš nikakav odgovor? Pogledaj koliko je optužbi protiv tebe" (15:4). Po Marku, kada je Isus odbio da odgovori na pitanje, Pilat je, umesto da pokaže bes i nestrpljenje, bio „zaprepašćen" (15:5). Ali, Marko ide korak dalje. Tvrdeći da je upoznat s guvernerovom ličnom ocenom slučaja, Marko kaže kako je Pilat „uvideo da su ga predali iz zavisti" (15:10). Ali umesto da donese odluku i izda naređenje, Pilat ne čini ništa. Zatim, čuvši uzvike mnoštva napolju, on im se obraća, pitajući ih šta hoće: „Hoćete li da vam oslobodim kralja Jevreja"? Ali okupljeno mnoštvo zahteva da se oslobodi Varnava, za koga Marko kaže da je jedan od pobunjenika, i da je „izvršio ubistvo za vreme pobune" (15:7). Pilat kao da je nesiguran, želeo bi da odbije, ali se ne usuđuje da potivreči masi. Čineći se bespomoćnim, on opet pita masu za savet: „Šta da učinim sa čovekom koga nazivate kraljem Jevreja?" (15:12). Kada je masa bučno zahtevala Isusovo raspeće, Pilat je molio svoje podanike da budu pravedni: Zašto, kakvo je zlo učinio? (15:14). Ali vika ne jenjava, i Pilat, „u želji da zadovolji masu" (15:5), oslobađa Varnava, i, pošto je naredio da Isusa išibaju, udovoljava njihovom zahtevu da bude razapet. Ali, po Marku, Pilat ne objavljuje kaznu i ne naređuje pogubljenje. Prema Markovoj priči, čak i u Pilatovoj sopstvenoj odaji, glavni sveštenici dominiraju: oni su tužioci i oni podstiču masu, čija žestina nateruje nevoljnog Pilata da naredi Isusovo pogubljenje.

Pilat opisan u Jevanđeljima, kao što smo rekli, ima malo zajedničkog sa istorijskim Pilatom – to jest, s čovekom koga znamo, iz drugih istorijskih i političkih izvora iz prvog veka, jevrejskih kao i rimskih, kao okrutnog guvernera. Kao što Rejmond Braun primećuje u svojoj detaljnoj studiji o naracijama o raspeću, ako izuzmemo hrišćanske izvore, opisi Pilata se kreću od krajnje neprijateljskih do negativnih.[36] Filon, obrazovani, uticajni član jevrejske zajednice u Aleksandriji, prestonici Egipta, bio je Pilatov savremenik. U svom spisu *Poslanstvo Gaju*, on opisuje svoje utiske kao člana zvanične delegacije poslate da zastupa interese aleksandrijske jevrejske zajednice pred rimskim carem Gajem Kaligulom. U svom delu, Filon, pominjući situaciju jevrejske zajednice u Judeji, opisuje guvernera Pilata kao čoveka „krutog, tvrdoglavog i surovog," i nabraja kao tipične za njegovu upravu „pohlepu, nasilje, krađu, napade, maltretiranje, česta pogubljenja bez suda i beskrajni divljački bes".[37] Filon piše s namerom da ubedi rimske vladare kako treba podržati privilegije jevrejskih zajednica, kao što je to činio car Tiberije. U svom napisu Filon predstavlja Pilata kao simbol svega što ne valja u rimskoj upravi jevrejskih provincija.

Filonovo svedočanstvo je delimično potvrđeno u Josifovoj istoriji iz istog vremena. Kao što smo videli, Josif je, kao i Filon, bio čovek od znatnog političkog iskustva. Kao bivši jevrejski guverner Galileje pod rimskom upravom, on piše svoju istoriju pod rimskim patronatom i ne krije svoju naklonjenost rimskim interesima. Ipak, Josif beleži izvesne epizode iz kojih se vidi Pilatov prezir prema jevrejskim religijskim osećanjima. Pilatovi prethodnici, na primer, shvatajući da su za Jevreje careve slike znak idolopoklonstva, birali su za rimski garnizon u Jerusalimu vojnu jedinicu na čijim zastavama takvih slika nije bilo. Ali, kad je Pilat postavljen za guvernera, on je namerno prekršio taj običaj. Najpre je uklonio postojeći garnizon, a onda je doveo u Jerusalim, kao zamenu, jedinice na čijim su zastavama bile carske slike, udesivši da se njegov dolazak poklopi s jevrejskim svetim danima, Danom iskupljenja i Proslavom Hramova. Pilat je, očigledno, znao da vrši svetogrđe u očima svojih podanika, jer se pobrinuo da stigne u Jerusalim noću, naredivši da zastave budu pokrivene platnom za vreme puta.

Kad je narod Jerusalima čuo da su Pilat i njegove trupe uneli slike – idole – u sveti grad, izišli su na ulice da neguduju. Veliko mnoštvo ljudi pratilo je Pilata do Cezareje. Stojeći ispred njegove kuće, ljudi su ga molili da ukloni slike. Budući da su zastave uvek pratile vojnu jedinicu, to je bilo ravno zahtevu da Pilat povuče garnizon. Kad je Pilat to odbio, masa je nastavila da demonstrira. Posle pet dana, Pilat, razdražen ali nepokolebljiv, odlučio je da silom uguši demonstracije. Pretvarajući se da želi da sasluša zahteve demonstratora, predložio je da ih primi na stadionu. Tu je Pilat okupio veliki broj vojnika, naredio im da opkole demonstrante i zapretio im masakrom ako ne popuste. Na Pilatovo iznenađenje, Jevreji su izjavili da će radije umreti nego dopustiti kršenje njihovog zakona. U tom trenutku Pilat je kapitulirao i povukao jedinicu. Po rečima Meri Smolvud:

> Jevreji su izvojevali odlučnu pobedu u prvoj rundi protiv novog guvernera, ali su sad znali ko im je protivnik. Njegova dela su mogla izazvati samo ne- poverenje. ... No, to je tek bio početak.[38]

Rimske vlasti su, takođe, poštujući jevrejsku versku osetljivost, zabranjivali Jevrejima mrske idole na novcu kovanom u Judeji. Ta je praksa kršena samo za vreme Pilatove vladavine: pronađeni novčići sa simbolima paganskog kulta imaju datume od 29. do 31. godine n.e. Da li je Pilat naredio kršenje pravila, kao što nemački stručnjak E. Štaufer veruje, „kako bi naterao svoje podanike da dodiruju paganske simbole"?[39] Rejmond Braun misli da je Pilat jednostavno „potcenio jevrejsku osetljivost."[40]

Zatim je Pilat odlučio da sagradi vodovod u Jerusalimu. Ali, da bi finansirao projekt, on je konfiskovao novac iz blagajne Hrama, što je bilo svetogrđe čak i s rimskog stanovišta, jer su fondovi hrama, po zakonu, smatrani svetim.[41] Ovaj direktni napad na Hram i njegovu blagajnu izazvao je žestoko protivljenje. Kada je Pilat sledeći put posetio Jerusalim, dočekale su ga demonstracije veće nego ikad. Ovog puta je razjarena i preteća masa postala nasilna. Predviđajući nevolje, Pilat je naredio vojnicima da se preobuku u civilno odelo, prikriju oružje i pomešaju se s narodom. Kad su demonstranti odbili da se raziđu, Pilat je dao znak vojnicima da ih silom rasteraju. Vojnici su ubili nekolicinu, a drugi su bili pregaženi – ubijeni, u naletu mase koja je bežala.[42] Čak i *Jevanđelje po Luki*, čija naracija o suđenju predstavlja Pilata kao neverovatno dobroćudnog, na drugom mestu pominje kako je narod govorio Isusu o izvesnim Galilejcima „čiju je krv Pilat pomešao s krvlju njihovih žrtava" (13:1).

Bilo je i drugih provokativnih incidenata tokom Pilatove guvernerske vladavine. Na primer, Pilatovi napadi na jevrejsku religiju podstakli su jevrejske vođe na upute protest caru Tiberiju. Godine 31. n.e. Pilat je razbesneo svoje podanike time što je posvetio zlatne štitove u irodovoj palati u Jerusalimu. Nije jasno šta je u stvari izazvalo protest. B. C. MakDžini kaže da su štitovi bili posvećeni „božanskom" caru, što bi razbesnelo mnoge Jevreje.[43] Ponovo je usledio opšti protest protiv Pilata: četvoro irodovskih prinčeva predvodilo je okupljenu masu sveta. Kada je Pilat odbio da ukloni štitove, možda da ih je on posvetio samo u znak poštovanja prema caru, oni su, kaže Josif, odgovorili: „Ne koristi cara [Tiberija] kao izgovor za skandalizovanje nacije; on ne želi da se ijedan naš običaj ukine."[44] Kad je Pilat odbio da uzmakne, jevrejski prinčevi su se obratili caru, koji je ukorio Pilata i naredio mu da ukloni štitove iz Jerusalima. Jedan stručnjak je nedavno primetio da

> šikaniranje Pilata od strane njegovih jevrejskih protivnika povodom štitova veoma podseća na Jovanovu naraciju [u njegovom jevanđelju] o suđenju i raspeću, uključujući tu i pretnju da će se obratiti caru.[45]

Ipak, karakterisati jevrejske proteste kao „šikaniranje" krajnje je neobično. Šta drugo može da učini podjarmljeni narod nezadovoljan guvernerovom odlukom, osim da se obrati višoj vlasti? Pet godina kasnije, kada je jedan samarićanski vođa okupio veliko mnoštvo ljudi, među kojima je bilo naoružanih, da čekaju znak od Boga, Pilat je odmah poslao trupe da motre situaciju. Trupe su stale masi na put, pobivši nekolicinu, uzevši zarobljenike, dok su se ostali razbežali. Pilat je naredio da se kolovođe pogube.[46]

Pilatova vladavina se završila iznenadno, kada je sirijski legat najzad reagovao na ponovljene proteste, skinuo Pilata sa funkcije i poslao svog čoveka da bude guverner. Pilatu je bilo naređeno da se odmah vrati u Rim kako bi odgovarao na optužbe protiv njega. On posle toga iščezava iz istorijskih dokumenata. Filonov izveštaj se u jednom slaže s Markovim: oba izvora pominju da je Pilat, svestan neprijateljstva prema njemu, bio zabrinut da će se glavni sveštenici žaliti caru na njega. Ali Marko, kao što smo videli, predstavlja Pilata ne samo kao čoveka isuviše slabog da podnese vikanje mnoštva nego i kao čoveka kome je stalo da osigura pravdu za jevrejskog zatvorenika koga su jevrejske vođe htele da unište.

Markova predstava dobroćudnog Pilata naglašava krivicu jevrejskih vođa i podržava Markovu tvrdnju da su Jevreji, a ne Rimljani, bili prvenstveno odgovorni za Isusovo raspeće. Tokom narednih decenija, što je gorčina između jevrejske većine Isusovih sledbenika bivala veća, jevanđelja predstavljaju Pilata u sve povoljnijem svetlu. Kao što Pol Vinter primećuje,

> strogi Pilat postaje sve mekši od jevanđelja do jevanđelja [od Marka do Mateja, od Mateja i Luke do Jovana]... Sve je udaljeniji od istorije, on postaje sve simpatičnija ličnost.[47]

Što se tiče opisa Isusovih jevrejskih neprijatelja, ovaj proces je obrnut. Kod Mateja, koji piše oko deset godina kasnije, antagonizam između Isusa i fariseja je mnogo veći nego kod Marka. Dok Marko kaže da su vođe obuzdavale svoju mržnju, zato što je masa bila uz Isusa, kod Mateja na kraju i vođe i masa jednodušno uzvikuju tražeći njegovo pogubljenje. Štaviše, ono što Marko samo pominje – da je Isusove protivnike nadahnuo Satana – Luka i

Jovan će tvrditi otvoreno. I Matej i Luka, koji su pisali deset do dvadeset godina posle Marka, na razne načine revidirali su ranije jevanđelje, osavremenjujući ga i podešavajući ga kako bi odražavalo položaj Isusovih sledbenika njihovog vremena.

Isusovi sledbenici nisu izmislili praksu demonizovanja neprijatelja u sopstvenoj zajednici. U tome, kao i u mnogome drugom, kao što ćemo videti, oni su se oslanjali na tradicije koje su delili s drugim jevrejskim sektama iz prvog veka. Eseni, na primer, razvili su i obradili predstave zle sile koju su nazivali mnogim imenima – Satana, Belijal, Belzebub, Mastema („mržnja") – kako bi precizno opisali svoju borbu protiv jevrejske većine, koju su, iz razloga drukčijih od razloga Isusovih sledbenika, osuđivali kao otpadnike. Eseni nisu nikad primili nejevreje u svoj pokret, a Isusovi sledbenici jesu – u početku oprezno i privremeno, nasuprot mišljenju pojedinih članova. Ali, što je hrišćanski pokret postajao sve više nejevrejski, tokom drugog veka i kasnije, poistovećivanje Satane prevashodno sa Isusovim neprijateljima, buduća vekovna tradicija hrišćanstva, postajalo je gorivo za vatru antisemitizma.

Međutim, veze između Isusovih sledbenika i ostale jevrejske zajednice, naročito tokom prvog veka, nisu nimalo jednostavne. Sam Marko, poput esena, vidi svoj pokret u suštini kao sukob u jednoj „kući". Po mom mišljenju, reč je o kući Izraela. Za religijske reformatore poput Marka glavna borba nije protiv stranaca, bez obzira na zlokobno prisustvo rimske moći, nego protiv ostalih Jevreja koji pokušavaju da definišu „božji narod".[48] Ipak, dok Marko vidi jevrejske vođe kao izvršitelje Sataninog plana da uništi Isusa, njegov stav nije nikako antijevrejski, još manje antisemitski. Jer, gotovo sve ličnosti u njegovoj naraciji jesu Jevreji, uključujući tu naravno i Mesiju. Marko sebe ne vidi kao odvojenog od Izraela, već opisuje Isusove sledbenike kao ono što Isaija naziva božjim „ostatkom" *unutar Izraela* (*Isaija* 10:22–23). Čak i predstave koje Marko priziva da okarakteriše većinu – Satanu, Belzebuba i đavola – ukazuju na paradoksalnu *bliskost* Markovog odnosa sa jevrejskom zajednicom kao celinom, jer, kao što ćemo videti, figura Satane, koja se u jevrejskoj tradiciji razvila tokom vekova, nije neprijateljska sila koja napada Izrael spolja, nego izvor i predstava sukoba *unutar* zajednice.

II

Društvena istorija Satane: Od hebrejske Biblije do Jevanđelja

Sukob između Isusovih sledbenika i njihovih sunarodnika Jevreja nije, naravno, prvi sektaški pokret koji je podelio jevrejski svet. Ranu istoriju tog sveta mi znamo prvenstveno iz hebrejske Biblije, kolekcije zakona, proročanstava, psalama i drugih spisa sakupljenih vekovima pre nego što su četiri Jevanđelja, kao i drugi hrišćanski spisi sakupljeni kao *Novi zavet*. Mada ne znamo ko je sakupio tu zbirku, možemo zaključiti iz njenog sadržaja da je bila sastavljena kako bi služila kao religijska istorija jevrejskog naroda i na taj način stvorila osnovu za ujedinjeno društvo.[1]

Iz hebrejske Biblije su isključeni spisi jevrejskih sektaša, očigledno zato što su sektaški autori težili da se poistovete s jednom grupom Jevreja na račun druge, a ne sa Izraelom kao celinom. Spise takvih disidenata, odvojenih od glavne grupe, hrišćani su kasnije nazivali *apokrifima* (doslovno, „skrivene stvari") i *pseudoepigrafima* („lažni spisi").[2]

Spisi sakupljeni da sačine hebrejsku Bibliju podsticali su na poistovećenje sa samim Izraelom. Po priči o osnivanju, koja je preneta u *Postanju* 12, Izrael je bio izabran da primi svoj identitet, kada se „Gospod" iznenada pokazao Avramu, naredivši mu da napusti svoju zemlju, svoju porodicu i bogove predaka, obećavši mu, u zamenu za isključivu lojalnost, novo nacionalno nasleđe i novi identitet:

„Od tebe ću načiniti veliki narod, i učiniću tvoje ime velikim ... kogod te blagoslovi, biće blagosloven od mene; a kogod te prokune, ja ću ga prokleti" (*Postanje* 12:3).

Obećavši da Avrama načini ocem novog, velikog i blagoslovenog naroda, Gospod istovremeno definiše i vaspostavlja njegove neprijatelje kao inferiorne i potencijalno proklete. Dakle, od samog početka, izraelska tradicija definiše „nas" u etničkom, političkom i religijskom smislu kao „narod izraelski," ili „narod božji" nasuprot „njima" – (drugim) narodima (na hebrejskom, *ha gojim*), stranim neprijateljima Izraela, često karakterisanim kao nižim i moralno nedostatnim, čak potencijalno prokletim. U knjizi *Postanja* 16:12, jedan anđeo predviđa da će Išmael, mada Avramov sin i otac arapskog naroda, biti „čovek kao divlji magarac, koji je protiv svakoga, i svako je protiv njega; i živeće u sukobu s celim svojim rodom." Priča o Išmaelu podrazumeva da su njegovi potomci takođe neprijatelji, i da nisu bolji od životinja. Knjiga *Postanja* 19:37–38 dodaje da su Moabiti i Amoniti potekli od Lotovih kćeri, sto znači da su nezakoniti proizvod pijane i rodoskvrne veze. Za narod Sodome, mada su Avramovi saveznici, a ne neprijatelji, kaže se da su po prirodi kriminalno korumpirani, „mladi i stari, sve do poslednjeg čoveka", i da snose zajedničku krivicu za pokušaj homoseksualnog silovanja grupe anđela, za koju su građani mislili da su bespomoćni hebrejski putnici (*Postanje* 19:4). Ali ove priče ne idealiziju Avrama i njegove potomke – u stvari, biblijski pripovedač dva puta objašnjava kako su Avramove i Isakove oportunističke laži ugrozile njihove saveznike (*Postanje* 20:1–18; 26:6–10). Ipak, Bog se uvek postara da se sve završi dobro za Izraelite, a loše za njihove neprijatelje.

Druga velika naracija o osnivanju jeste priča o Mojsiju i Izlasku, koja takođe protivstavlja „nas" (to jest „Izrael") „njima" (to jest „narodima") opisujući kako Mojsije traži od Faraona da pusti Jevreje iz Egipta. No, pripovedač tvrdi da sam Bog čini Faraona bezdušnijim, kako ovaj ne bi popustio i ublažio patnje Mojsija i njegovog naroda. Zašto to Bog čini? Bog, govoreći kroz Mojsija, preti Faraonu katastrofalnim pokoljem, završavajući pretnju rečima: „ali ni pas ne sme zarežati ni na jednog Izraelita – *tako da znate da Gospod pravi razliku između Egipćana i Izraela* (*Izlazak* 11:7, podvukao autor).

Mnogi antropolozi ističu da se pogled na svet većine naroda sastoji od dvaju parova binarnih suprotnosti: ljudsko/neljudsko i mi/oni.[3] Povrh antropologije, mi znamo iz iskustva kako ljudi dehumanizuju neprijatelje, naročito u ratno vreme.

Stoga nije nikakvo iznenađenje što tradicije Izraela obezvređuju narode. Iznenađujući su izuzeci. Hebrejska tradicija izražava osećanja univerzalizma tamo gde bi se to najmanje očekivalo. Na primer, čak i Božji izbor Avrama i njegovih naslednika sadrži obećanje blagoslova koji će kroz njih biti upućen svima. Taj slavni pasus se završava rečima, „u tebi će sve porodice sveta biti blagoslovene" (*Postanje* 20:3). Štaviše, Izraeliti po običaju pružaju zaštitu samotnom i bespomoćnom strancu, upravo zato što se s njim poistovećuju. Biblijski zakon štiti usamljenog stranca: „Ne smete vređati ili ugnjetavati strance, jer vi ste bili stranci u zemlji egipatskoj (*Izlazak* 11:21). Prema jednom od najranijih verovanja Izraela, sam Avram, pokoravajući se Božjoj zapovesti, postaje usamljeni stranac: „Aramejac lutalica bio je moj otac..." (*Zakoni ponovljeni* 26:5). Mojsije je takođe bio kvintesencijalni stranac pošto ga je kao bebu usvojila faraonova kći. Mada Jevrejin, on je odgajen kao Egipćanin; porodica njegove buduće tazbine, bila je ubeđena da je Egipćanin kada ga je prvi put srela. On je čak svom prvom sinu dao ime Geršom („lutalica tamo"), rekavši, „Bio sam lutalica u stranoj zemlji" (*Izlazak* 2:16–22). Međutim, Izraeliti su često agresivno i neprijateljski raspoloženi prema narodima. Prorok Isaija, pišući u ratno vreme, predviđa da će Gospod terati narode „kao skakavce" pred izraelitskim armijama (*Isaija* 40:22). Ovo neprijateljstvo prema stranom neprijatelju je, moglo bi se reći, prevladavalo relativno neometano sve dok se izraelitsko carstvo širilo, a Izraeliti pobeđivali u ratovima protiv naroda. *Psalm* 41, pripisan kralju Davidu, graditelju najvećeg izraelitskog carstva, govori: „Bog mi je dao osvetu i podredio nam narode... Po tome ja znam da je Bog mnome zadovoljan, po tome što moj neprijatelj nije trijumfovao nada mnom (*Psalm* 41:11).

Ipak, u izvesnim momentima izraelske istorije, u vremenima krize, rata i opasnosti, glasna manjina je progovorala, ne protiv stranih plemena i armija spremnih da napadnu Izrael, već protiv pripadnika sopstvenog naroda, koje je optuživala za izraelitske nesreće. Takvi kritičari, ponekad optužujući ceo Izrael, a ponekad izvesne vladare, tvrdili su da Izraelova neposlušnost izaziva božansku kaznu.

Grupa koja je zahtevala Izraelovu vernost „samo Bogu," u kojoj su bili proroci kao što su Amos (oko 750. godine p.n.e.), Isaija (oko 730. p.n.e.) i Jeremija (oko 600. p.n.e.), naročito je osuđivala Izraelite koji su usvajali strane običaje, naročito obožavanje stranih bogova.[4] Ti proroci, uz svoje pristalice, smatrali su da je Izrael zaista poseban narod, „svet Bogu." Radikalniji proroci osuđivali su Izraelite sklone asimilaciji kao ništa bolje od naroda; samo je ostatak, govorili su, ostao veran Bogu.

Neki od ovih proroka su takođe koristili čudovišta iz kananske mitologije da simbolizuju neprijatelje Izraela.[5] Kasniji tekst (iz šestog veka), uključen u prvi deo knjige proroka Osije, govori kako „Gospod dolazi *da kazni stanovnike zemlje*; a zemlja će otkriti krv prosutu po njoj, i neće više pokrivati ubijene" (*Isaija* 36:21; podvukao autor). Autor ovog teksta nastavlja, upotrebljavajući paralelizam simbola, da upozori kako će „tog dana Gospod svojom moćnom rukom *kazniti Levijatana, zmiju koja se uvija, i ubiće zmaja koji je u moru* (*Isaija* 27:1; podvukao autor). Autor drugog dela *Isaije* takođe slavi Božju pobedu nad tradicionalnom mitološkom figurom Rahabom, „zmajem", i „morem" – objavljujući neminovnu božju pobedu nad neprijateljima Izraela. Stoga, kao što biblijski stručnjak Džon Levenson primećuje, „neprijatelji nisu samo zemaljske sile; umesto toga – ili povrh toga, oni su krajnje maligne kosmičke sile."[6]

Neki autori iz šestog veka pre n. e. smelo su prišli ovoj tematici. Naime, oni su počeli da koriste mitološki jezik u opisima borbe nekih svojih izraelitskih sunarodnika. Ali kada su mitološki nastrojeni izraelitski pisci prekorevali svoje sunarodnike Jevreje, oni nisu upotrebljavali animalističke ili čudovišne predstave: one su obično bile rezervisane za strane neprijatelje. Umesto da upoređuju svoje jevrejske neprijatelje sa Rahabom, Levijatanom, ili „zmajem", ovi pisci su ih identifikovali sa uzvišenim, ali opasnim, članom božanskog dvora koga su nazivali *satanom*. *Satana* nije životinja ili čudovište nego jedan od Božjih anđela, biće superiorne inteligencije i statusa; Izraeliti su očigledno videli svoje bliske neprijatelje ne kao zverove i čudovišta nego kao *nadljudska* bića čija ih superiornost i elitni status čine potencijalno opasnijim od stranog neprijatelja.

U hebrejskoj Bibliji, kao i u opštem judejstvu do današnjeg dana, Satana se nikad ne pojavljuje, kako ga hrišćanstvo Zapada zna, kao vođa „carstva zla", armije neprijateljskih duhova koji vode rat i protiv Boga i protiv čovečanstva.[7] Kad se prvi put pojavljuje u hebrejskoj Bibliji, Satana nije zao, a još manje je protiv Boga. Naprotiv, u *Brojevima* i u *Jovu* on jedan od božjih poslušnih slugu – glasnik ili *anđeo*, reč koja prevodi hebrejski termin za glasnika (*mal'āak*) na grčki (*angelos*). Na hebrejskom, anđeli su često bili nazivani „božji sinovi" (*benē 'elōhim*) i bili zamišljani kao hijerarhijski rangovi velike armije, ili kao članovi kraljevskog dvora.

U biblijskim izvorima, hebrejski termin *satana* označava ulogu protivnika. To ime se ne odnosi na pojedinačnu ličnost.[8] Mada su hebrejski pripovedači još u šestom veku pre n. e. ponekad u naraciju uvodili natprirodnu ličnost koju su oni zvali *satana*, ime se odnosilo na ma kog anđela, poslatog od Boga, sa zadatkom da omete ili spreči neku ljudsku aktivnost. Koren *štn* znači „onaj koji se protivi, ometa ili deluje kao protivnik." (Grčki termin *diabolos*, kasnije preveden kao „đavo" doslovno znači „onaj koji baca nešto pred nečijim putem.")

Satanino prisustvo u pričama može objasniti neočekivane prepreke ili promene sreće. Hebrejski pripovedači često objašnjavaju nesreću kao posledicu ljudskog greha. Pojedini pripovedači, međutim, takođe prizivaju natprirodnu ličnost, *satanu*, koji, po božjem naređenju ili dopuštenju, ometa ili sprečava ljudske planove i htenja. Ali ovaj glasnik nije po definiciji zloćudan. Bog ga šalje kao anđela smrti da izvrši određeni zadatak, zadatak koji ljudima možda nije po volji. Kao što književni kritičar Nil Forsit kaže o *satani*, „Ako put ne valja, prepreka je dobra".[9] Tako, na primer, *satanu* može Bog poslati da nekoga zaštiti od gore nesreće. Priča o Valamu u biblijskoj knjizi *Brojeva*, na primer, priča je o čoveku koji želi da ide gde mu je Bog naredio da ne ide. Valam je osedlao svog magarca i kreće, „a to je izazvalo Božji gnev; a Božji anđeo mu je prepečio put kao njegov *satana*" [*le-sātān-lō*] – kao njegov protivnik ili prepreka. Natprirodni glasnik je ostao nevidljiv Valamu, ali magarac je, videvši ga, stao:

I magarac ugleda anđela Božjeg kako stoji na putu sa isukanim mačem u ruci, i magarac skrenu s puta i ode u polje, a Valam udaraše magarca da bi ga vratio na put. Tada anđeo Božji stade na usku stazu između vinograda ograđenih kamenim zidom. A kada magarac ugleda Božjeg anđela, on se pribi uza zid, Valam ga ponovo udari (22:23–25).

Kada je magarac treći put ugledao anđela kako mu preči put, on stade i leže pod Valamom, „a Valam se razgnevi i štapom udari magarca." Zatim, priča se nastavlja:

> Gospod otvori usta magarčeva, i on reče Valamu: „Šta sam ti učinio da me udariš tri puta." A Valam reče magarcu: „Pošto si napravio budalu od mene, želeo bih da imam mač kako bih te ubio." A magarac rece Valamu: „Zar ja nisam tvoj magarac kojeg si jahao celog života do dana današnjeg? Jesam li ja ikad tebi tako nešto učinio?" A on reče: „Nisi" (22:28–30).

Tada „Gospod otvori oči Valamu, i ovaj ugleda anđela Božjeg kako stoji na putu sa isukanim mačem u ruci. On tad saže glavu i pade na lice." Tada *satana* prekori Valama i progovori u ime svog gospodara, Gospoda:

> „Zašto si triput udario svog magarca? Pazi, ja sam došao ovde da ti se usprotivim zato što si se loše poneo, a magarac me je video... da mi se nije sklonio s puta ja bih te na mestu ubio, a njemu poštedeo život (22:31–33).

Obuzdan ovom zastrašujućom vizijom, Valam pristaje da učini ono što mu Bog naređuje govoreći kroz njegovog *satanu*.

Knjiga o Jovu takođe opisuje *satanu* kao natprirodnog glasnika, božjeg kraljevskog dvorjanina.[10] Ali dok Valama njegov *satana* štiti od opasnosti, Jovov *satana* je više nalik na neprijatelja. Sam Gospod priznaje da ga je *satana* podstakao da deluje *protiv* Jova (2:3). Na početku priče, *satana* se pojavljuje kao anđeo, „božji sin" (*ben 'elōhim* termin koji na hebrejskom često znači „jedno od božanskih bića". Taj anđeo, *satana*, dolazi određenog dana sa ostalim nebeskim bićima da „se predstave Bogu." Kad ga Gospod pita odakle je došao, *satana* odgovara: „S lutanja i krstarenja po zemlji." Ovde se pripovedač služi zvučnom sličnošću hebrejskih reči *satan* i *shût*, koja znači „lutati", sugerišući da je *satanina* specijalna uloga na nebeskom dvoru neka vrsta putujućeg tajnog agenta, poput onih koje su mnogi Jevreji tadašnjeg vremena znali – i prezirali – kao delove razrađenog policijskog i špijunskog sistema kralja Persije. Zvani „kraljevo oko" ili „kraljevo uho", ovi agenti su krstarili carstvom, tražeći znake nelojalnosti među stanovništvom.[11]

Bog se hvali *satani* jednim od svojih najodanihijih podanika: „Vide li mog slugu Jova, koji je kao niko na zemlji, blagosloven i ispravan čovek, koji se boji Boga i izbegava zlo?" *Satana* tada izaziva Boga da stavi Jova na probu:

„Da li se Jov boji uzalud boji Boga? ... Blagoslovio si delo njegovih ruku, i njegovo imanje se uvećalo. Ali pruži ruku i dotakni sve što on ima, proklinjaće te u oči (1:9–11).

Gospod pristaje da Jova stavi na probu, odobrivši *satani* da mu nanese strahovit gubitak, ali precizno odredivši do koje mere. „Pazi, sva njegova imovina je u tvojoj vlasti, samo nemoj njega dodirnuti." Jov izdržava prvi smrtnosni napad, iznenadnu smrt sinova i kćeri u nesreći, uništenje stada ovaca i kamila i gubitak celokupnog imanja. Kad se određenog dana *satana* opet pojavio među božjim sinovima, Gospod mu govori: „Job se još uvek čvrsto drži svog integriteta, mada si me ti podstakao da mu bez razloga učinim nažao." Tada *satana* traži dozvolu da poveća pritisak:

„Kožu za kožu. Čovek će sve što ima dati za svoj život. Pruži sad ruku i dodirni meso i kost, i on će te proklinjati u oči." A Gospod reče *satani*, „Pazi, on je u tvojoj moći, ali mu poštedi život. (2:4–6).

Prema narodnoj priči, Job izdržava probu, *satana* se povlači, a „Gospod Jobu vraća sve... i daje mu dvostruko." (42:10). Mada *satana* zastrašuje i povređuje jednu osobu, on ostaje, poput anđela smrti, anđeo, član nebeskog dvora, pokorni božji sluga.

Međutim, u vreme kad je priča o Jobu pisana (oko 550 godine pre n.e.), drugi biblijski pisci su pominjali *satanu* kao krivca za razdor u Izraelu.[12] Jedan dvorski istoričar ubacuje reč *satana* u izveštaj o porekla popisa stanovništva koji je u Izrael uveo kralj David oko 1000. godine pre n. e., kako bi razrezao porez. Davidovo uvođenje poreza odmah je izazvalo žestoku opoziciju – koja je počela među samim vojnim komandantima određenim da sprovedu popis. Davidov glavni oficir Joav se usprotivio i upozorio kralja da je naumio zlo. Ostali vojni komandanti su najpre odbili poslušnost, zamalo izazvavši pobunu. Najzad, videvši kraljevu upornost, oficiri su poslušali i „izbrojali narod".

Zašto je David učinio nešto što jedan hroničar smatra zlim, agresivnim aktom „protiv Izraela"? Ne mogavši da porekne da je kriminalno naređenje došlo od samog kralja, ali želeći da osudi Davidov postupak, a ne samog kralja, autor *I Dnevnika* kaže da je natprirodni neprijatelj na božanskom dvoru uspeo da se ušunja u kraljevsku kuću i navede kralja na greh: „*Satana* je ustao protiv Izraela i naveo Davida da broji narod" (*I Dnevnik* 21:1). Ali mada je anđeoska sila navela Davida da izvrši ovaj inače neobjašnjiv čin, hroničar insistira da je kralj ipak lično odgovoran – i kriv. „Gospod je bio time nezadovoljan i udario je po Izraelu." Čak i pošto je David ponizio sebe i priznao svoj greh, gnevni Gospod mu za kaznu poslao anđela osvete da pomoću kuge uništi sedamdeset hiljada Izrealita. Tom prilikom se Gospod jedva uzdržao da ne uništi sam grad Jerusalim.

U pomenutoj hronici je *satana* pozvan da odgovara za razdor i pustoš koje je u Izraelu izazvalo naređenje kralja Davida.[15] Prorok Zaharija, pišući kratko vreme pre hronike o Davidu, opisuje kako *satana* izaziva razdor među narodom. Zaharijin izveštaj odražava sukobe u Izraelu nakon povratka iz vavilonskog progonstva. U ratu oko 687. godine pre n. e., Vavilonci su zarobili hiljade Jevreja, uključujući mnoge uticajne i obrazovane ljude, i oterali ih u progonstvo, u Vavilon. Kada je Kir, kralj Persije, pokorio Vavilon, on ne samo da je dozvolio jevrejskim izbeglicama da se vrate kući, nego je naumio da od njih napravi svoje saveznike. Stoga im je ponudio fondove da ponovo podignu odbrambene zidine grada Jerusalima i ponovo izgrade veliki Hram koji su Vavilonci srušili. Povratnici su bili spremni da ustanove obožavanje „jedinog Gospoda" u svojoj zemlji. Prirodno, oni su očekivali da će ponovo biti ustoličeni kao vladari svog naroda.

Povratnike ostavljeni narod nije toplo primio. Mnogi su ih smatrali ne samo agentima persijskog kralja nego i željnim da se ponovo dočepaju vlasti i zemlje koje su izgubili kad su bili izgnani. Mnogi ljudi su se protivili nameri povratnika da preuzmu svešteničke položaje i da „prečiste" službu Gospodnju.

Kao što biblijski stručnjak Pol Hanson primećuje, jaz koji je nekad razdvajao Izraelite od njihovih neprijatelja sad ih je razdvajao od stranaca. Sada postoji jaz između dveju grupa u *samom Izraelu*:

Sada, u očima naroda koji je ostao, neprijatelj vlada voljenom domovinom; i mada među tim neprijateljem ima braće Izraelita, narod tu braću smatra jedva drukčijom od Kananita.[14]

Prorok Zaharija staje na stranu povratnika u ovom ogorčenom sukobu, opisijući viziju u kojoj *satana* govori u ime seoskog stanovništva koje govori povratniku – visokom svešteniku da je bezvredan kandidat:

> Gospod mi je pokazao kako Jošua, visoki sveštenik, stoji pred anđelom gospodnjim i *satanu* kako stoji s desne strane da ga optuži. Gospod reče *satani:* „Neka te Gospod ukori, O *satano!* Gospod koji je izabrao Jerusalim neka te ukori" (*Zaharija* 3:1–2).

Ovde *satana* govori za poltički neuspešnu partiju nezadovoljnika koja se suprotstavlja partiji svojih izraelitskih sunarodnika. U Zaharijevom izveštaju o grupama unutar Izraela, *satana* poprima izvesnu zlokobnost, kao što je to bio slučaj u priči o Davidovom popisu stanovništva. Njegova uloga se menja: od božjeg predstavnika on se preobražava u njegovog protivnika. Iako navedene biblijske priče odražavaju podele unutar Izraela, one još nisu sektaške, jer se njihovi autori još uvek poistovećuju sa Izraelom kao celinom.

Otprilike četiri veka kasnije, 168. godine pre n.e., kada su se Jevreji ponovo oslobodili od jarma seleukidskih vladara, naslednika Aleksandra Velikog, unutrašnji sukobi su se čak zaoštrili.[15] Na Jevreje je vekovima bio vršen pritisak da se utope u strane narode koji su se smenjivali kao vladari Izraela: reč je o Vaviloncima, Persijancima i, posle 323. godine pre n.e., helenističkoj dinastiji koju je ustanovio Aleksandar. Kao sto *Prva knjiga Makabejaca* izlaže, taj pritisak je dosegao i prelomnu tačku 168. godine pre n.e. kada je seleukidski vladar, sirijski kralj Antioh Epifan, podozrevajući otpor svojoj vladavini, odlučio da iskoreni svaki trag jevrejske neobične i „varvarske" kulture. Prvo je zakonom zabranio obrezivanje, a potom i proučavanje i poštovanje Tore. Zatim je napao jerusalimski Hram i oskrnavio ponovo ga pretvorivši u svetilište grčkom bogu, olimpijskom Zevsu. Kako bi sproveo pokornost svom novom režimu, kralj je izgradio i vojskom napunio ogromnu novu tvrđavu koja je bila iznad samog jerusalimskog Hrama. Jevrejski otpor ovim surovim dekretima uskoro je planuo u široku pobunu koja je počela, prema tradiciji, kada se odred kraljevih trupa ustremio na selo Modein da primora stanovnike da se klanjaju stranim bogovima. Stari seoski sveštenik Matatija se digao i ubio Jevrejina koji je želeo da posluša naredbu sirijskog kralja. Zatim je ubio kraljevog namesnika i pobegao sa svojim sinovima u brda – prkosni čin koji je prouzrokovao pobunu na čijem je čelu bio Matatijin sin Juda Makabejac.[16]

Kao što je rečeno u *Prvoj knjizi Makabejcima*, ova čuvena priča pokazuje da su Izraeliti, rešeni da se odupru naredbama stranog kralja i da sačuvaju tradicije svojih predaka, morali da se bore istovremeno na dva fronta – ne samo protiv stranih okupatora, nego i protiv Jevreja koji su bili skloni asimilaciji i nagodbi sa strancima. Nedavno su istoričar Viktor Čerikover i drugi izneli složeniju verziju te istorije. Po Čerikoveru, mnogi Jevreji, naročito iz viših klasa, u stvari su bili za „reformu Antiohovu, i želeli su da potpuno uživaju helenističke društvene privilegije dostupne samo grčkim građanima".[17] Odbacivanjem svog plemenskog načina života i sticanjem, za Jerusalim, prerogativa grčkog grada, oni bi dobili pravo da sami vladaju gradom, da kuju sopstveni novac i da povećaju trgovinu s međunarodnom mrežom grčkih gradova. Takođe bi mogli, zajedno sa savezničkim gradovima, učestvovati u kulturnim projektima kao što su Olimpijske igre i sklapati uzajamne odbrambene ugovore. Mnogi su za svoje sinove želeli grčko obrazovanje. Pored toga što bi čitali grčku literaturu, od *Ilijade* i *Odiseje*, do Sofokla, Platona i Aristotela i učestvovali u javnim atletskim nadmetanjima, kao što su činili Grci, oni bi mogli da napreduju u jednom većem, kosmopolitskom svetu.

Ali mnogi drugi Jevreji, možda većina stanovništva Jerusalima i okoline – trgovci, zanatlije i seljaci – mrzeli su ove „helenizovane Jevreje" kao izdajice Boga i Izraela. Pobuna koju je započeo stari Matatija ohrabrila je narod da se odupre Antiohovim naređenjima, čak i po cenu smrti, i istera strane vladare. Posle žestoke borbe, jevrejske armije su najzad odnele odlučujuću pobedu. Pobeda je proslavljena čišćenjem i ponovnim osvećenjem hrama, ceremonijom koja se od tada stalno ponavlja prilikom godišnje proslave Hanuke. Jevreji su preuzeli upravu hrama, kao i duhovnu i svetovnu vlast. Međutim, kada su se stranci povukli, unutrašnji sukobi su ostali, naročito oko toga ko će rukovoditi institucijama duhovne i svetovne vlasti. Podele su se sad zaoštrile, pošto je strogo separatistička partija Makabejaca bila protiv helenizujuće partije. Kao pobednik u ratu, makabejska partija bila je nadmoćnija.

Deset do dvadeset godina posle izbijanja pobune, uticajna hasmonejska porodica preuzela je položaj prvosveštenika u državi koja je sada u suštini bila teokratska. Mada su se u početku poistovećivali sa svojim makabejskim precima, novije generacije ove porodice napuštale su strogost svojih predaka. Dve generacije nakon makabejske pobede, partija fariseja, koja je zastupala veću versku strogost, suprotstavila se hasmonejcima. Prema Čerikoverovoj analizi, fariseji, koje su podržavali trgovci i seljaci, prezirali su hasmonejce, zato što su su napustili stare običaje Izraela i postali u suštini svetovni vladari. Fariseji su zahtevali da hasmonejci predaju položaj prvosveštenika onima koji to zaslužuju – ljudima, kao što su fariseji, koji se trude da žive prema religijskom zakonu.[18]

U toku narednih decenija, druge, radikalnije disidentske grupe, pridružile su se farisejima u napadima protiv porodice prvosveštenika i njenih saveznika. Međutim, ovde uopšte nije reč o jedinstvenim grupama: bile su raznorodne, sklone frakcijama, a, kako je vreme prolazilo, njima su prišle razne grupe esena – monaške zajednice u Kirbet Kumranu, esenski saveznici u gradovima, a i sledbenici Isusa iz Nazareta. Ove grupe je ujedinjavao otpor prema prvosvešteniku i njegovim saveznicima koji su rukovodili Hramom.

Većina Jevreja, uključujući fariseje, još uvek je definisala sebe u tradicionalnom smislu, kao „Izrael protiv 'nacija'." Ali oni koji su prišli marginalnim ili ekstremnijim grupama kao sto su eseni, koji su se odlučno zalagali za radikalno odvajanje Izraela od stranog uticaja, videli su taj tradicionalni način definisanja kao stvar drugorazrednog značaja. Najvažnije pitanje, tvrdile su rigorozne grupe, nije to da li je neko Jevrejin – to se podrazumeva – nego „ko je od nas [Jevreja] zaista na Božjoj strani," a ko „živi poput nacija", to jest, prihvatajući strane kulturne i trgovačke običaje. Separatisti su nalazili argumente u biblijskim tekstovima koji su bacali strašne kletve na ljude koji krše Božji zavet, kao i u tekstovima proroka koji upozoravaju da će samo „pravedna manjina" u Izraelu ostati verna Bogu.

Radikalniji od svojih prethodnika, ovi disidenti su postepeno počinjali da prizivaju *satanu* kako bi pomoću njega okarakterisali svoje jevrejske protivnike. Čineći to, oni su ovog prilično neprijatnog anđela pretvorili u daleko monumentalniju i zlobniju figuru. Izgubivši status vernog Božjeg sluge, on postepeno postaje figura poznata Marku i kasnijem hrišćanstvu – Božji protivnik, neprijatelj, čak suparnik.[19] Disidenti, ogorčeniji na druge Jevreje nego na „nacije", napadali su svoje protivnike kao otpadnike, uz optužbu da ih je zavela sila zla, koju su nazivali mnogim imenima – Satana, Belzebub, Semihazah, Azazel, Belijal, Princ Mraka. Disidenti su takođe pozajmljivali priče i pisali svoje. Po tim pričama, anđeoske sile su, nadute od požude i drskosti, pale s neba u greh. Prvi sastavljači takvih priča, kao što ćemo videti, najčešće su ih koristili da okarakterišu svoju varijantu „pada u greh ljudskih bića" – što se obično odnosilo na dominantnu većinu njihovih jevrejskih savremenika.

Što je Satana postajao važnija i sve personifikovanija figura, priče o njegovom poreklu su se množile. Jedna grupa pripoveda, pod uticajem Isaijinog opisa palog velikog princa, kako je jedan od članova visoke anđeoske hijerarhiju otkazao poslušnost svom zapovedniku i zbog toga bio izbačen iz neba, ražalovan i osramoćen:

> Kako si pao s neba, dnevna zvezdo, zorin sine! Kako si pao na zemlju, osvajaču naroda! Rekao si u svom srcu: „uspeću se na nebo, iznad zvezda božjih; postaviću svoj presto visoko... uspeću se na visoke oblake..." Ali ti si spušten u mrak [ili: podzemlje, *sheol*], u dubine jame (*Isaija* 14:12–15).

Gotovo dva i po milenijuma posle Isaije ova bleštava padalica, čije je ime prevedeno na latinski kao Lucifer („nosilac svetlosti") postaje protagonist u Miltonovoj poemi *Izgubljeni raj*.

Međutim, mnogo uticajnija u jevrejskim i hrišćanskim krugovima prvog veka bila je zbirka apokrifnih i pseudoepigrafskih priča koje govore kako je požuda svukla anđeoske „sinove božje" na zemlju. Te priče su inspirisane zagonetnim fragmentom u *Postanju* 6:

> Kad su ljudi počeli da se množe na zemlji i kad su im rođene kćeri, sinovi božji videli lepotu ljudskih kćeri.

DRUŠTVENA ISTORIJA SATANE 69

Neki od ovih anđela, prekoračivši granice koje je Gospod postavio između neba i zemlje, sparili su se sa ljudskim ženama i dobili decu koja su bila pola anđeli i pola ljudi. Prema *Postanju*, ti melezi su postali „džinovi na zemlji... slavni, moćni ljudi" (*Postanje* 6:4). Drugi pripovedači, verovatno pišući kasnije[20], kao što ćemo videti, kažu da su ova čudovišna deca postali demoni, koji su preuzeli i zagadili zemlju.

Najzad, jedna apokrifna verzija života Adama i Eve daje treću priču o pobuni anđela. U početku, napravivši Adama, Bog je okupio anđele da se dive njegovom delu i naredio im da se poklone njhovom mlađem ljudskom bratu. Mihailo je poslušao, ali Satana je odbio, rekavši:

„Zašto me primoravaš? Ja se neću klanjati mlađem i manje vrednom od mene. Ja sam stariji, on treba meni da se klanja!" (*Vita Adae et Evae* 14:3).

Tako problem zla počinje rivalstvom među braćom.[21]

Na prvi pogled, ove priče o Satani nemaju mnogo zajedničkog. Ipak, one se sve slažu u jednom: najveći i najopasniji neprijatelj nije potekao, kako bi se moglo očekivati, spolja; on nije tuđin ili stranac. Satana nije udaljeni neprijatelj; on je intimni neprijatelj: poverljivi saradnik, blizak drug, brat. On spada u osobe od čije vernosti i dȍbre volje zavisi dobrobit porodice i društva – ali reč je takođe o nekome ko neočekivano postaje ljubomoran i neprijateljski raspoložen. Ma koju verziju njegovog porekla izabrali, a ima ih mnogo, one sve opisuju Satanu kao *intimnog* neprijatelja. Zahvaljujući upravo tom atributu (intiman) Satana je idealna predstava sukoba među jevrejskim grupama. Ljudi koji su pitali, „Kako može Božji rođeni anđeo postati božji neprijatelj?" u stvari su pitali „Kako može jedan od *nas* postati jedan od *njih*?" Priče o Satani i ostalim palim anđelima množile su se u ta nemirna vremena, naročito među radikalnim grupama koje su se okrenule protiv ostatka jevrejske zajednice i shodno tome zaključili da su se drugi okrenuli protiv njih – ili (kako su oni govorili) protiv *Boga*.

Jedan anonimni autor koji je za vreme makabejskog rata sakupio i obradio priče o palim anđelim bio je uznemiren zbog ratne podeljenosti među jevrejskim zajednicama. On je indirektno pisao o tom razdoru i u *Knjizi čuvara*, apokrifnoj knjizi koja će postati čuvena i uticajna, naročito među hrišćanima, jer je uvela ideju podele na nebu. *Knjiga čuvara*, zbirka vizionarskih priča, deo je veće zbirke koja se zove *Prva knjiga Enohova*. Po *Knjizi čuvara*, anđeli „čuvari", koje je Bog postavio da nadziru („čuvaju") vasionu, pali su s neba. Počinjući od *Postanja* 6, gde „Božji sinovi" žude za ljudskim ženama, autor kombinuje dve različite naracije o tome kako su čuvari izgubili nebesku slavu.[22] Prema prvoj, Semihazah, vođa čuvara, nateruje dve stotine anđela da mu se pridruže u zaveri da prekrše božanski red i zavedu ljudske žene. Ovaj loši spoj proizvodi „rod kopiladi," džinove po imenu *nefilim* („oni koji su pali"), iz kojih nastaju „demonski duhovi." Demonski duhovi donose nasilje na zemlju i proždiru njen narod. Utkana u ovu naraciju je i druga verzija. Prema ovoj verziji, arhanđeo Azazel greši otkrivši ljudskim bićima tajnu metalurgije. Ovo opasno otkriće podstiče ljude da prave oružje, a žene da se kite zlatom, srebrom i kozmetikom. Tako su pali anđeli i njihov demonski porod podstakli i muškarce i žene na nasilje, pohlepu i požudu.

Budući da ove priče kombinuju sociopolitičku satiru i religijsku polemiku, neki istoričari su nedavno počeli da pitaju da li one govore o nekim određenim istorijskim događajima. Da Jevreji, izmišljajući priču o anđelima koji se pare s ljudskim bićima ne ismejavaju pretenzije svojih helenističkih vladara? Džordž Nikelsburg ističe da su grčki kraljevi od vremena Aleksandra Velikog tvrdili da potiču od veze bogova i smrtnih žena; Grci su takve meleze zva-

DRUŠTVENA ISTORIJA SATANE 71

li herojima. Ali možda su njihovi jevrejski podanici svojom podsmešljivom pričom o Semihazahu te tvrdnje o božanskom poreklu okrenuli protiv stranih osvajača.[23] *Knjiga čuvara* kaže da ova pohlepna čudovišta „proždirahu proizvod celog naroda sve dok narodu ne bi mrsko što ih hrani"; čudovišta se tada okrenuše protiv naroda i počeše ga „proždirati".

Ili možda priča izražava prezir pobožnog naroda prema određenoj grupi jevrejskih neprijatelja – naime, prema izvesnim članovima jerusalimskog sveštenstva. Dejvid Suter je mišljenja da u stvari priča cilja na izvesne sveštenike koji, poput „sinova Božjih", kaljaju svoj bogomdani i odgovorni status time što dopuštaju da ih požuda uvali u nečiste odnose – naročito brakove sa strankinjama, nejevrejkama.[24]

I jedno i drugo tumačenje može biti tačno. Kako Džon Kolins ističe, autor *Knjige čuvara*, time što umesto o tadašnjim grčkim vladarima ili korumpiranim sveštenicima pripoveda o čuvarima, postavlja „paradigmu koja se ne odnosi na neku određenu istorijsku situaciju, već može biti primenjena po principu analogije."[25] Isto važi za celokupnu apokaliptičnu literaturu, što dobrim delom objašnjava njenu moć. Do dana današnjeg, čitaoci s mukom odgonetaju knjige u kojima se iznosi anđeosko otkrovenje, počevši od biblijske *Knjige Danilove* do knjige *Otkrovenja* u *Novom zavetu*, nalazeći u sopstvenim životima momente koje bi ovi evokativni i zagonetni tekstovi mogli osvetliti na novi način.

Osnovno apokaliptično pitanje glasi: Ko je božji narod?[26] Većini čitalaca *Knjige čuvara* odgovor bi bio jasan – Izrael. Ali autor *Čuvara*, ne odbacujući etnički identitet, insistira na moralnom identitetu. Nije dovoljno biti Jevrejin. Čovek mora takođe biti Jevrejin koji živi moralno. Ovde vidimo istorijsku promenu u načinu mišljenja – promenu koju će hrišćani usvojiti, preneti drugima, promenu koja će ih zauvek odvojiti od ostalih jevrejskih grupa.

Autor *Knjige čuvara* nije imao na umu tako radikalan korak: napuštanje Izraela, što Isusovi sledbenici učinili, i stvaranje odvojene religijske tradicije. On podrazumeva Izraelovo prvenstvo u odnosu na druge nacije, uvek pominjući prvo Izrael. Ali taj autor preduzima odlučan korak time što odvaja etnički od moralnog identiteta i što sugeriše da se oni razlikuju. Ovaj autor nalazi svoju početnu tezu u uvodnoj glavi *Postanja*, birajući za svog govornika svetog čoveka Enoha, koji je mnogo stariji od Avrama i Izraela, i, prema *Postanju*, ne pripada Izraelu već najranijoj istoriji ljudskog roda. Autor uopšte ne pominje zakon dat Mojsiju na Sinaju. Umesto toga, on hvali opšti zakon koji je Bog upisao u tkivo vasione i dao ga celom čovečanstvu podjednako – zakon koji vlada morima i zemljom i zvezdama. Upućujući ovakvu poruku „izabranima i pravednima" među čovečanstvom, on pokazuje ne samo, kao što Džordž Nikelsburg primećuje, „neobičnu otvorenost prema nejevrejima" nego i neobično negativan stav prema Izraelu, ili, tačnije, prema mnogima – možda prema većini naroda Izraela.[27] U *Knjizi čuvara*, priče o Semihazahu i Azazelu su moralno upozorenje: ako čak i arhanđeli, „sinovi neba" mogu grešiti i biti izbačeni, kako su tek ljudska bića sklona grehu i prokletstvu, čak i pripadnici Božjeg izabranog naroda. U *Knjizi čuvara*, kada se Enoh, iz saosećanja s palim čuvarima, zauzima za njih kod Boga, jedan od Božjih anđela mu naprotiv naređuje da im da Božju presudu: „Vi ste bili sveti, besmrtni duhovi, ali sada ste se uprljali." Navedeni delovi *Knjige čuvara* govore nam da u ovom spisu jedna grupa Jevreja osuđuje drugu, i da se osuda odnosi na pojedince s položajima koji im obično daju veliku moć.

Godine 160. pre n. e., posle pobede Makabejaca, grupa koja je sebe smatrala umerenom ponovo je preuzela svešteno rukovodstvo Hrama i privremeno izbacila makabejsku partiju. Prisećajući se tog događaja, jedan od Makabejaca dodao je zbirci koja se zove *Prva knjiga Enohova* drugu verziju priče o anđelima čuvarima, verziju upravljenu protiv grupe koja je uzurpirala vlast nad hramom. Čuvari su, kaže autor, pavši s neba kao zvezde, sami izrodili Izraelove strane neprijaelje. Ovi neprijatelji su predstavljeni kao krvoločne zveri – lavovi, leopardi, vukovi, zmije, koje hoće da unište Izrael, ovde predstavljen kao stado ovaca. Ali, nastavlja on, sam od Boga izabrani narod je podeljen. Neki su „slepe ovce", a drugi imaju otvorene oči. Na Sudnji dan, upozorava on, Bog će uništiti zabludele Jevreje, te „slepe ovce," zajedno sa Izraelovim tradicionalnim neprijateljima. Bog će zatim okupiti u svojoj večnoj kući ne samo Izraelove pravednike nego takođe pravednike iz nacija (mada će ovi biti drugorazredni u odnosu na Izrael).

Treći anonimni pisac, čije se delo nalazi u *Prvoj knjizi Enohovoj* je do te mere zaokupljen unutrašnjom podelom da ne obraća pažnju na Izraelove strane neprijatelje. Prema ovom autoru, Enoh proriče pojavu „perverzne generacije u Izraelu", upozoravajući da će „sva njihova dela biti otpadnička". Kritikujući, poput biblijskih proroka, mnoge svoje savremenike, ovaj autor, kako Džordž Nikelsburg ističe, govori u ime sirotinje i osuđuje bogate i moćne, predviđajući njihovu propast.[28] On čak tvrdi da ropstvo, kao i druge društvene i ekonomske nejednakosti, nije dato od Boga, kao što drugi tvrde, nego „je rezultat ugnjetavanja" (*1 Enoh* 97:5) – to jest, ljudskog greha.[29]

Priča o čuvarima, dakle, u nekim od svojih mnogih transformacija, nagoveštava promenu u tradicionalnim načinima razgraničavanja Jevreja od nejevreja. „Sličnosti", poglavlje *Prve knjige Enohove*, napisano u vreme Isusovo, jednostavno razlikuje pravednike koji stoje na strani anđela, od drugih, Jevreja i Nejevreja, koje je zaveo *satana*. Ovakve priče će hrišćanima omogućiti da ostave po strani etnički identitet i da nanovo definišu ljude na osnovu moralnog kvaliteta ili individualnog pripadništva izabranoj zajednici.

Jedan strasni rodoljub, pišući oko 160. godine pre n. e., takođe staje na stranu rane makabejske partije. U izvanrednoj apokrifnoj knjizi pod naslovom *Proslave*, on podstiče svoje sunarodnike da se klone nejevrejskih običaja. Kako je moguće, pita se ovaj autor zabrinuto, da toliki Izraeliti, Božji narod, postanu otpadnici? Kako je moguće da se toliki Jevreji „ponašaju kao nejevreji" (*Proslave* 1:9)? Jednostavno podrazumevajući tradicionalan jaz između Izraelita i njihovih protivnika, nejevreja (*Proslave* 1:9), autor se tim pitanjem ne bavi. Umesto toga, pisac *Proslava* se bavi unutrašnjim sukobima koji dele jevrejske zajednice (na primer, sukobi oko asimilacije), sukobe za koje on okrivljuje najintimnije neprijatelje. On te neprijatelje naziva mnogim imenima, ali najčešće ih zove Mastema („mržnja"), Satana ili Belijal.

Priča o palim anđelima u *Proslavama*, kao i u *Prvoj knjizi Enohovoj*, pruža moralno upozorenje: Ako čak i anđeli, kada zgreše, bivaju kažnjeni Božjim gnevom i smrću, kako mogu obična ljudska bića misliti da će biti pošteđena? *Proslave* tvrde da će svakom stvorenju, bilo ono anđeo ili ljudsko biće, Izraelit ili Neizraelit, biti suđeno prema delima, to jest na osnovu etičkog kriterijuma.

Prema *Proslavama*, pad anđela je izrodio džinove, koji su sejali nasilje i zle duhove, „okrutne i stvorene da uništavaju" (*Proslave* 10:6). Od tada njihovo prisustvo dominiralo je ovim svetom poput mračne senke, nagoveštavajući moralnu ambivalentnost i povredljivost svakog ljudskog bića. Poput pojedinih proroka, ovaj autor upozorava da izbor ne garantuje sigurnost, još manje imunitet. Sudbina Izraela ne zavisi samo od jednostanog izbora već takođe od moralnog delovanja i, u nedostatku moralnog delovanja, od pokajanja i božanskog oproštaja.

DRUŠTVENA ISTORIJA SATANE

Ipak, Jevreji i nejevreji nisu podjednako opremljeni za sukob s demonskom zlobom. *Proslave* kažu da je Gospod svakoj naciji odredio vladajućeg anđela ili duha „da bi ih oni odveli na stranputicu" (*Proslave* 15: 31). Tako, na primer, nacije obožavaju demone (koje *Proslave* poistovećuju sa stranim bogovima).³⁰ Bog, međutim, lično vlada Izraelom zajedno sa falangom anđela i duhova koji čuvaju i blagosiljaju Izraelite.

Kako, dakle, tumačiti činjenicu da Bog bira svoj narod? Autor *Proslava*, ponavljajući upozorenja Isaije i drugih proroka, kaže da pripadnost narodu Izraela ne garantuje oslobođenje od zla. Pripadnost Izraelu donosi obavezu moralne borbe, ali osigurava božansku pomoć u toj borbi.

Proslave opisuju kako Mastema kuša samog Avrama do prelomne tačke. Prema ovom revizionističkom piscu, Mastema je taj – a ne Gospod – koji naređuje Avramu da ubije svog sina Isaka. Kasnije Avram strahuje da će ga zarobiti zli dusi „koji imaju prevlast nad mislima ljudskih srdaca". On moli Boga, „Oslobodi me ruku zlih duhova i ne dozvoli im da me udalje od mog Gospoda" (*Proslave* 12:20). I Mojsije, prema ovom autoru, zna da su on i njegov narod povredljivi. Kada Mojsije moli Gospoda da oslobodi Izrael od spoljnih neprijatelja „Nejevreja" (*Proslave* 1:19) on takođe traži oslobođenje od bliskog neprijatelja koji preti da osvoji iznutra i uništi: „Ne dozvoli da duh Belijala vlada njima" (*Proslave* 1:20). Zloslutno osećanje sveprisutne opasnosti u *Proslavama* pokazuje do koje mere autor smatra svoj narod sklonim korupciji, a u velikoj meri već korumpiranim. Kao i *Knjiga čuvara*, *Proslave* upozoravaju da one koji zanemaruju zavet dat Bogu zavode sile zla, pali anđeli.

Uprkos tim upozorenjima, većina Jevreja, od drugog veka pre n. e. do dana današnjeg odbija i sektaštvo i univerzalizam – koji za većinu hrišćana znači znači prevladavanje etničkih razlika. Jevrejska većina, u koju spadaju i oni koji su prišli Makabejcima protiv asimilacionista, uvek se identifikovala sa Izraelom kao celinom.

Autor biblijske knjige *Danilove*, na primer, koji je pisao za vreme krize izazvane makabejskim ratom, takođe staje na stranu Makabejaca: da se ne bi uprljali, kaže on, Jevreji ne smeju jesti zajedno sa nejevrejima, sklapati brakove s njima i obožavati njihove bogove. Da bi podstakla Jevreje da održe svoju lojalnost prema Izraelu, knjiga počinje čuvenom pričom o proroku Danilu, koga je na smrt osudio vavilonski kralj zato što se verno molio svom Bogu. Bačen u lavlju jazbinu da bude rastrgnut, Danilo biva spasen božanskom intervencijom; „Gospod je poslao anđela da zatvori lavlja usta" i hrabri prorok izlazi nepovređen.

Kao i autori *Proslava* i *Čuvara*, autor priče o Danilu takođe vidi moralnu podelu u Izraelu i upozorava da neki ljudi „krše zavet; ali ljudi koji poznaju svog Boga biće nepokolebljivi i preduzeće akciju" (Danilo 11:32). Mada zainteresovan za moralna pitanja, on nikad ne zaboravlja etnički identitet; njemu je najviše stalo do moralne sudbine Izraela kao celine. Za razliku od pisaca *Knjige čuvara* i *Proslava*, autor Danila ne zamišlja sektaškog neprijatela – ljudskog ili božanskog. Ožalošćen zbog Izraelovih grehova, on nikad ne osuđuje nacije kao otpadnike; u skladu s tim, on nikad ne govori o Satani, Semihazahu, Azazelu, Mastemi, Belijalu ili palim anđelima ma koje vrste.

Mada u Danilovom svetu nema đavola, anđeli i neprijatelji *jesu* prisutni. Autor predstavlja strane neprijatelje, vladare persijskog, medskog i helenističkog carstva, u skladu s tradicionalnim vizionarskim predstavama, kao čudovišne zveri. U jednoj viziji, prva zver je „kao lav sa orlovskim krilima"; druga, „kao medved" koji divljački proždire svoj plen; treća, kao leopard sa „četiri ptičja krila na leđima i četiri glave" ; i „četvrta zver [je] strašna i užasna i prekomerno jaka; i ima velike gvozdene zube: ona je proždirala, komadala i nogama gazila ostatke." U drugoj viziji, Danilo vidi rogatog ovna, koji je, kako mu anđeo Gavrilo objašnjava, „kralj Grčke". Kroz sve vizije Danilove, ovakve čudovišne zveri predstavljaju strane vladare i nacije koje ugrožavaju Izrael. Kada Danilo, drhteći od strahopoštovanja, moli za svoj narod, Bog ga nagrađuje garancijom da će svi Izraeliti koji ostanu verni Bogu preživeti (12:1–3). Knjiga Danilova na taj način snažno reafirmiše integritet Izraelovog moralnog i etničkog identiteta. Danilo je upravo iz tog razloga, po mom mišljenju, uključen u kanonsku zbirku koju mi zovemo hebrejskom Biblijom, i nije spušten na rang apokrifnog dela kao što je to učinjeno sa apokaliptičkim knjigama poput *Knjige Čuvara* i *Proslava*.

Većina Jevreja, u svakom slučaju kompilatori i čitaoci hebrejske Biblije, očigledno su odobrili Danilovu reafirmaciju Izraelovog tradicionalnog identiteta. U čitaoce koji su cenili knjige kao što *Prva Enohova* i *Proslave* verovatno je spadala i značajna manjina čija je sklonost, za razliku od Danila, bila da se se identifikuje s jednom grupom Jevreja protiv druge. Većina pristalica određene grupe u okviru jevrejske zajednice nikako nije propagirala totalni građanski rat između svoje i protivničke jevrejske grupe. Međutim, bilo je značajnih izuzetaka. Još od vremena makabejskog rata, pomenute radikalnije sektaške grupe, prevashodno Eseni, u sam centar svoje kosmologije i politike stavljaju kosmičku bitku između anđela i demona, Boga i Satane. Čineći to, sektaši ističu egzistenijalni značaj svog sukoba s većinom sunarodnika Jevreja koje su eseni osudili na prokletstvo.

Mnogi stručnjaci veruju da su nas sa esenima upoznali njihovi savremenici u prvom veku: na primer, Josif, Filon i rimski geograf i prirodnjak Plinije Stariji. Dodatni izvor je otkriće, 1947. godine, ruševina njihove zajednice i pronalazak njihove svete biblioteke, koju poznajemo kao *Zapise Mrtvog mora*. Josif je kao šesnaestogodišnjak bio fasciniran ovom asketskom i tajanstvenom zajednicom: on kaže da su oni „živeli veoma svetim životom" u izvanredno povezanoj grupi („oni veoma vole jedan drugog").[31] Josif i Filon primećuju za izvesnim zaprepašćenjem da ovi sektaši primenjuju strog celibat, verovatno zato što su izabrali da žive prema biblijskim pravilima koja zabranjuju seksualne odnose za vreme svetog rata. Rat u kojem su oni videli sebe bio je Božji rat protiv sila zla – kosmički rat će se, po njihovom očekivanju, završiti time što će Bog nagraditi njihovu vernost. Eseni su predali sav svoj novac i imanje svojim vođama kako bi živeli „bez novca", kao što kaže Plinije, u monaškoj zajednici.[32]

Ovi pobožni i strasni sektaši videli su u stranoj okupaciji Palestine, i u činjenici da su se Jevreji njoj prilagođavali, dokaz da su snage zla preuzele svet. Po Esenima, ove sile zla su – u obliku Satane, Masteme ili Princa Mraka – infiltrirale i osvojile Božji narod, pretvorivši većinu u saveznike Zloga.

Nastavši u kontekstu neslaganja po pitanjima rasne čistote i asimilacije posle makabejskog rata, esenski pokret je rastao za vreme rimske okupacije u prvom veku i dosegao članstvo od preko četiri hiljade ljudi. Žene, koje nisu nikad pominjane u pravilima zajednice, očigledno nisu bile podobne za članstvo. Mada su posmrtni ostaci nekolicine žena i dece nađeni među stotinama ljudi sahranjenih u spoljnjem groblju u Kumranu, verovatno nije reč o članovima zajednice.[33] (Kako celo groblje nije još iskopano, ovi zaključci nisu definitivni.) Mnogi pridruženi članovi sekte, očigledno oženjeni muškarci, živeli su po gradovima širom Palestine, baveći se običnim zanimanjima, trudeći se da se posvete Bogu. Međutim, najposvećeniji eseni su se u znak protesta povukli iz običnog jevrejskog života da bi stvorili svoj sopstveni „novi Izrael", monašku zajednicu u pustinjskim pećinama koje su nadgledale Mrtvo more.[34] Tu, strogo se pridržavajući pravila koja je zajednica propisala, nosili su samo bele odežde, uskladivši svaku pojedinost svog života sa strogim tumačenjima zakona koje je propisalo njihovo svešteno rukovodstvo.

U esenskim svetim knjigama, kao što je *Zapis o ratu sinova svetla protiv sinova mraka*, monasi su mogli da čitaju o Princu Svetlosti, koga im je Gospod dao kao natprirodnog saveznika u borbi protiv Satane i njegovih ljudskih vazala.

> Princa Svetlosti si postavio da nam dođe i pomogne. Ali Satanu, anđela Mastemu, ti si stvorio za jamu; on vlada u mraku, i njegov je cilj da donese zlo i greh (*QM* 19:10–12).

Eseni su sebe zvali „sinovima svetlosti", a jevrejsku većinu su žigosali kao „sinove mraka", „skup izdajnika", ljude koji su „skrenuli s puta, prekršili zakon i ogrešili se o pravilo" (*CD* 1:13–20). Eseni prepričavaju celu istoriju Izraela kao kosmički rat između svetla i tame. Čak u najranijim vremenima, oni kažu, „Princ Svetlosti je podigao Mojsija" (*CD* 5: 18), ali Zli, koji se ovde zove Belijar, izazvao je otpor Mojsiju među njegovim sopstvenim narodom. Od tada, a naročito sad, Belijar postavlja zamke u koje on namerava da „uhvati Izrael", jer sam Bog je „pustio Belijara s lanca da napadne Izrael" (*CD* 4:13). Sada „sinovi svetlosti" nestrpljivo očekuju Sudnji dan, kada će, kako oni očekuju, Bog doći sa svim nebeskim armijama da uništi korumpiranu većinu i Izraelove strane neprijatelje.

Da Satana nije već postojao u jevrejskoj tradiciji Eseni bi ga izmislili. U *Knjizi čuvara*, pali anđeli podstiču ljude da krše Božji zavet. Međutim, to nije sve. U centar svog religijskog sistema eseni stavljaju kosmički sukob između Boga, s njegovim ljudskim i anđeoskim saveznicima, i Satane, ili Belijara, s njegovim demonskm i ljudskim saveznicima. Eseni stavljaju sebe u sam centar ove bitke između neba i pakla. Dok oni mrze Izraelove tradicionalne neprijatelja, koje nazivaju *kittim* (verovatno šifrovan epitet za Rimljane),³⁵ oni se daleko ogorčenije bore protiv svojih sunarodnika Izraelita, koji pripadaju „skupu Belijara". Dejvid Sperlig, stručnjak za antički Bliski Istok, misli da ime „Belijar" koja je zamena za „Belijal" može biti igra reči sa *belî 'ôr*, „bez svetlosti." Oni upotrebljavaju Satanu – ili Belijara – da okarakterišu nepomirljivu suprotnost između sebe i „sinova mraka" u ratu koji se istovremeno odvija na nebu i na zemlji. Oni očekuju da će Bog zajedno sa svojim svetim anđelima uskoro preuzeti vlast, najzad zbaciti sile zla i uspostaviti carstvo Božje.

Eseni se slažu sa *Proslavama* da biti Jevrejin nije više dovoljno da bi se osigurao Božji blagoslov. Ali oni su mnogo radikalniji: ljudski grehovi, tvrde eseni, u stvari su poništili savez između Boga i Avrama, savez od kojeg zavisi Izraelov status izabranog naroda. Sada, tvrde oni, ko god hoće da pripadne pravom Izraelu mora da sklopi *novi* savez – sa sopstvenom kongregacijom.³⁷ Ko god hoće da priđe u pustinjsku zajednicu mora najpre priznati da je grešnik – očigledno budući deo Izraelovog zajedničkog otpadništva protiv Boga. Tada kandidat započinje probni period koji traje nekoliko godina, i za to vreme njegovo imanje pripada vođama zajednice. Pored toga, on se zaklinje da će se uzdržati od seksualnih odnosa i da će se držati ritualne čistote u svemu, to jest da će paziti šta jede, pije, govori ili dodiruje. Za vreme probnog perioda on ne sme da dodiruje lonce, tanjire ili sudove u kojima članovi pripremaju hranu za zajednicu. Ako opsuje, može biti isteran, a to mu se može dogoditi kad se žali protiv vođe grupe; ako pljuje i govori preko reda, može biti oštro kažnjen.

Primljeni kandidat, prilikom svog rituala posvećenja, mora zajedno s celom kongregacijom, da blagoslovi članove novog saveza i da ritualno prokune sve neposvećene, koji pripadaju „ljudima Belijara". Vođe tada posvećenom otkrivaju tajne angelologije. Josif kaže da se od kandidata traži svečana zakletva da će „držati imena anđela u tajnosti" *(Jevrejski rat* 2:8). Kroz čistotu, molitvu i bogolsuženje posvećeni nastoji da se ujedini sa društvom anđela. Kao što istoričar Karol Njusom objašnjava, bogosluženje u esenskoj zajednici – kao i hrišćanska liturgija do današnjeg dana – dostiže vrhunac kad se zajednica na zemlji pridruži anđelima u pevanju himne hvale koju anđeli pevaju na nebesima („Presveti Gospode Bože anđela, nebo i zemlja su ispunjeni tvojom slavom").[38] Sveti esenski tekstovi, kao što je *Svitak o ratu sinova svetlosti protiv sinova mraka* otkrivaju tajne angelologije, za sektaše su bili izvor dragocenih i neophodnih podataka za prepoznavanje i razumevanje odnosa između natprirodnih sila, i dobrih i zlih. Ovi tekstovi su presudni za njihovo formiranje sopstvenog identiteta – i za njihovo razumevanje drugih.[39]

Eseni predstavljaju najbližu paralelu Markovoj priči o Isusovim sledbenicima. Obe tradicije, prizivajući predstave kosmičkog, dele kosmos, a naročito jevrejsku zajednicu, na Božji i Satanin narod. Ipak, esenski i hrišćanski pokreti se bitno razlikuju, naročito u stavu prema spoljnom svetu. Esenski savez, kao što smo videli, bio je krajnje isključiv: nije bilo dovoljno biti Jevrejin, muškarac i rođen u slobodi – prihvatljivi su bili samo malobrojni vernici koji su dragovoljno prišli „novom zavetu". Mada su Marko i Matej smatrali da je Isusov pokret započeo u okviru jevrejske zajednice, on je u sve većoj meri obuhvao spoljni, nejevrejski svet.

Strogo isključivi, eseni su kritikovali asimiliacionističke tendencije svojih sugrađana Jevreja. Stoga očigledni univerzalizam *Knjige čuvara* i *Proslava* deluje paradoksalno. (Eseni su čuvali obe ove knjige u svojoj manastirskoj biblioteci. *Proslave*, čiji je autor anonimni esen, otkrivaju božanske tajne „koje Izrael nije hteo da vidi" [*CD* 16: 2].) Eseni idu dalje od svojih prethodnika time što etnički identitet stavljaju po strani, ne kao nešto loše, nego kao neadekvatno, a i time što moralni identitet pretpostavljaju etničkom. Kad opisuju borbu Princa Svetlosti protiv Princa Mraka, oni ne poistovećuju Princa Svetlosti sa arhanđelom Mihailom, anđeoskim zaštitnikom Izraela.[40] Umesto toga, oni zamišljaju Princa Svetlosti kao univerzalnu energiju koja se bori protiv suprotne kosmičke sile, Princa Mraka. Za esene, te dve energije predstavljaju ne samo njihove sopstvene sukobe sa protivnicima, nego i sukob unutar svake osobe, unutar samog ljudskog srca:

> Duhovi istine i laži bore se u ljudskom srcu... Prema svome udelu u istini i pravednosti, čovek mrzi laži; a prema svom udelu u prevari, on mrzi istinu (*1 QS* 4: 12–14).

Za esene je njihovo poistovećivanje sa Izraelom bilo prirodno. Pošto su oni zahtevali da svaki njihov posvećenik bude Jevrejin, muškarac i rođen u slobodi, izraz „svaka osoba" u praksi se odnosio samo na Jevreje koji su ispunjavali te uslove. Međutim, pojedini Isusovi sledbenici, razočarani, naročito u periodu posle 100. godine n. e., jevrejskom reakcijom na njihovu poruku, inspirisali su se ovakvim univerzalističkim temama dok su postepeno otvarali svoj pokret nejevrejima.

Kao što smo videli u prethodnoj glavi, Isusovi sledbenici, prema Marku, takođe su prizivali slike kosmičkog rata koji deli vasionu, a naročito jevrejsku zajednicu, na Božje i Satanine ljude. Za Marka, kao i za esene, ta borba je u suštini međujevrejski sukob. To misli i Isusov sledbenik koga zovemo Matej, koji se, kao što ćemo videti u sledećem poglavlju, poduhvata da revidira Markovo jevanđelje nekih deset do dvadeset godina kasnije. Uzevši Markovo jevanđelje kao osnovu, Matej ulepšava i u stvari osavremenjuje Markov tekst, stavljajući priču o Isusu u kontekst bliži jevrejskom svetu njegovog vremena (Palestina od 80. do 90. godine n. e.). U vreme kad je Matej pisao, Isusovi sledbenici su bili marginalna grupa protiv koje je bila vladajuća partija fariseja, koja je došla na vlast u Jerusalimu u periodu nakon rimskog rata. U centralnom delu Matejeve verzije jevanđelja fariseji preuzimaju ulogu „bliskog neprijatelja".

Otprilike u isto vreme, Isusov sledbenik koga tradicija naziva Lukom, takođe uzima Markovo jevanđelje i proširuje ga u skladu sa svojim shvatanjima – po svojim shvatanjima nejevrejina koji je prišao Isusovom pokretu. Ipak Luka, često sa esenskim žarom, opisuje svoju sektu kao predstavnike istinskog Izraela. Prema Luki, kao što ćemo videti, Isusovi sledbenici su u stvari jedini pravi preostali Izraeliti.

Potkraj veka, oko 90. do 100. godine n. e., pisac po imenu Jovan daje smelo tumačenje priče o Isusu. Mnogi stručnjaci veruju da *Jevanđelje po Jovanu* predstavlja mišljenje radikalne sekte, izbačenih iz domaćih sinagoga zbog svoje tvrdnje da je Isus Mesija, i otuđenih od jevrejske zajednice. Kao i eseni, Jovan rečito govori o ljubavi među ljudima koji „pripadaju Bogu"; no njegova oštra polemika protiv ljudi koje on ponekad naziva jednostavno „Jevrejima" katkad se odlikuje esenskom gorčinom.

Treba, dakle, videti, kako je svaki od ovih jevanđelista preinačio Markovu poruku tokom transformacije hrišćanskog pokreta u prvom veku.

III

Matejeva kampanja protiv fariseja: Đavo je raspoređen

Isusovim sledbenicima pošlo je za rukom, iznad očekivanja (ili čak nadanja) mnogih da privuku nejevreje (*Gentiles* – od latinskog izraza za „nacije", *gentes*). Međutim, na njihovo razočaranje, uglavnom nisu uspeli da privuku Jevreje. Između 70. i 100. godine n. e., ovaj pokret, koji je počeo, kao što Džordž Nikelsberg kaže, kao „relativno kasna sekta i u judejstvu posle Izgnanstva",[1] brzo je rastao. Mada su mnogi Isusovi sledbenici bili Jevreji, oni su sve više težili da se odvoje od ostalih Jevreja, radije se moleći u kućama članova nego u sinagogama. Ova situacija rastuživala je mnoge koji, kako su tvrdili, nisu želeli da odbace tradicionalne običaje. Međutim, oni su na to bili primorani – jevrejske vođe su ih odbacile, ponekad ih čak isterujući iz njihovih domaćih sinagoga.

Kako se Isusov pokret širio diljem rimskog sveta, tako su mnogi sledbenici počeli da napuštaju tipične jevrejske običaje, pre svega obrezivanje, a zatim i način ishrane i zakone sabata. Oko 100. godine n. e., na teritoriji koja je obuhvatala Grčku, Malu Aziju, Italiju i Egipat, mnoge hrišćanske crkve su bile prevashodno nejevrejske. No, hrišćani su još uvek tvrdili da su jedino istinsko ovaploćenje Izraela. Džordž Nikelsberg skreće pažnju na ironiju njihovog položaja:

Mlada, skorojevićka grupa, čije se članstvo brzo i radikalno promenilo, tvrdila je da je autentičnija od grupe od koje je potekla; i ovaj superiorni i isključivi stav delom je proizišao iz ideja i stavova prvobitne grupe.[2]

Kao što primećuje istoričar i poznavalac *Novog zaveta* Vejn Miks, proces razdvajanja nije bio ni jednostavan ni jednoobrazan.[3] Već smo videli da jevrejske zajednice, rasturene po celoj Palestini i provincijskim gradovima rimskog carstva, nisu bile samo heterogene, nego su se menjale u skladu sa društvenim promenama posleratnog perioda. Razne grupe hrišćanskih preobraćenika bile su veoma podeljene iznutra, u većoj meri nego samo društvo, jer su u njima često Jevreji i nejevreji bili zajedno. Grupe Isusovih sledbenika su s mukom tražile sopstveni identitet nezavisno od jevrejske zajednice, čije su svete spise i tradicije uglavnom preuzeli.

Nisu svi hrišćani napustili jevrejske običaje u isto vreme. Tokom prvih decenija posle Isusove smrti, mnogi njegovi sledbenici možda nisu mislili da će uopšte napustiti te tradicije. Jerusalimska grupa okupljena oko Isusovog brata Jakova, na primer, i dalje je poštovala zakon, što je činio i sam Jakov (otud i njegov nadimak „pravedni Jakov" ili „Pravedni"). Druge grupe, na primer one koje su sledile Petra, promenile su stav prema zakonoma o ishrani i seksualnom ponašanju. Grupe koje su pratile učenja Pavla, preobraćenog fariseja, uveliko su prisvojile njegovo ubeđenje da je „Hristos kraj zakona za svakoga ko veruje, bio on Jevrejin ili nejevrejin".[4] Većina vernika tumačila je tu Pavlovu izjavu kao tvrdnju da su obrezivanje i poštovanje košer zakona i jevrejskih festivala u suprotnosti sa jevanđeljem, i njegove propovedi su privukle mnoge preobraćenike-Nejevreje, koji su se pridruživali kongregacijama jevrejskih sinagoga.

Kada pogledamo tri jevanđelja, i Markovo u *Novom zavetu*, sva napisana između 70. i 100. godine n. e., vidimo tri tipične zajednice koje, u procesu odvajanja od određenih jevrejskih grupa, pokušavaju da stvore novi i karakteristični hrišćanski stil zajedničkog identiteta. Krister Stendal, znalac *Novog zaveta*, karakteriše Matejevo jevanđelje kao vrstu „pravilnika zajednice", znatno liberalnijeg od esenskog.[5] *Jevanđelje po Luki*, verovatno jedino čiji je autor nejevrejin, bilo je napisano prvenstveno za nejevrejsku zajednicu. Ovo jevanđelje ističe da je Hristova grupa, budući Božji narod, preuzela Izraelovo nasleđe. Autor *Jevanđelja po Jovanu*, koji je verovatno Jevrejin, opisuje intimno povezanu grupu „Isusu najbližih" koji, poštujući Isusovo naređenje da vole jedan drugog (15:17), svoje jevrejske protivnike smatraju Sataninim porodom.

Nikako nije slučajnost što u jevanđeljima nalazimo ovakvu strukturu grupnog identiteta, strukturu koja oblikuje hrišćanske crkve do dana današnjeg. Četiri jevanđelja *Novog zaveta* kanonizovana su oko 200. godine n. e. Očigledno je to bio konsenzus crkava od provincijalne Galije do crkve u glavnom gradu Rimu. Izbor nije pao na ova jevanđelja zato što se mislilo da su najranija ili da najvernije prenose Isusov život i učenje, nego zato sto su bila pogodan temelj za crkvene zajednice.

Kanonska jevanđelja nikako nisu bila jedini opisi Isusovog života i učenja. Godinama posle Isusove smrti priče o njemu i njegovim učenicima prenošene su i prepričavane ne samo u Palestini, već širom Male Azije, Grčke, Egipta, Afrike, Galije i Španije. Nekih dvadeset godina posle Hristovog raspeća, kada je Pavle putovao u Antiohiju, prestonicu Sirije, posećujući sinagoge, a i u Grčku i Rim, da objavi „jevanđelje Isusa Hrista", još nije bilo pisanih jevanđelja. Prema Pavlu, „jevanđelje" se sastojalo od njegovih propovedi, koje je sažeo ovako: „Hristos je umro za naše grehe, kao što kažu sveti spisi; bio je sahranjen;

i vaskrsnuo je trećeg dana" (*I Korinćanima* 15:3-4). Mada je Pavle propovedao u sinagogama, njegovi slušaoci su uglavnom bili nejevreji, najčešće nejevreji kojima su jevrejske kongregacije bile privlačne. Mnogi su bili doseljenici u rastuće, heterogene gradove kao što su sirijska Antiohija, azijski Efes i grčki Korint. Objavljujući da Jevreji i nejevreji, robovi i slobodni ljudi, muškarci i žene, mogu sad postati „jedno u Hristu" (*Galatima* 3:28), Pavle je od svojih krštenih stvorio čvrsto povezane grupe koje Vejn Miks naziva „prvim gradskim hrišćanima". Bile su to etnički raznovrsne zajednice u kojima su bili izmešani trgovci, robovi i bogati pokrovitelji grupa, čija je dužnost bila da pomažu i podržavaju jedan drugog, očekujući Hristov trijumfalni povratak.[6] Pišući raznim kongregacijama za vreme svog puta, Pavle ponekad priziva „reči Gospoda". Jednom prilikom zabranjuje razvod pozivajući se na Isusov autoritet (*I Korinćanima* 7:10); drugom prilikom objašnjava kako je Isus rekao svojim sledbenicima da obredno jedu hleb i piju vino „da bi predstavili Gospodovu smrt, dok on ne dođe" (*I Korinćanima* 11:26).

Međutim, Pavla nije zanimao Isusov zemaljski život, i nije želeo da sakuplja njegova kazivanja. Međutim, drugi hrišćani su počeli da skupljaju i zapisuju Isusova kazivanja.[7] *Tajna knjiga Jakovljeva*, jedno od mnogih predanja koja su cirkulisala posle Hristove smrti, daje stilizovan opis tog procesa:

> Jednom prilikom dvanaest učenika sedelo je zajedno, prisećajući se šta je Spasitelj rekao svakom od njih, bilo tajno ili otvoreno, stavljajući ta sećanja u knjige (*NHC* I.27.15).

U stvari, mnogi, ne samo „dvanaestorica" ustoličena u hrišćanskoj tradiciji, skupljali su Isusova kazivanja i pravili zbirke. Većina stručnjaka se slaže da je jedna zbirka Isusovih kazivanja, prevedena sa originala (aramejski), na grčki, cirkulisala u prvom veku. Međutim, nijedan primerak tog izvora nije sačuvan. Da je svaki od pisaca jevanđelja nezavisno prevodio Isusova kazivanja, čovek bi očekivao varijacije u njihovim prevodima njegovih reči. Ali veoma različita jevanđelja, kao na primer Matejevo i Lukino, a i izostavljeno *Jevanđelje po Tomi*, citiraju Isusova kazivanja u istovetnom prevodu. Ta činjenica pokazuje da su oni koristili zajednički izvor, koji stručnjaci nazivaju *Q* (*Quelle* je nemačka reč za „izvor.").[8] Tom izvoru dugujemo mnoga poznata kazivanja, uključujući Blagoslove („Blagosloveni ste vi siromasi; jer vaše je carstvo nebesko... ") i deo *Jevanđelja po Mateju* koji znamo kao *Besedu na Gori* (koja u *Jevanđelju po Luki* postaje *Beseda u Ravnici*). Nađena su i druga kazivanja na komadićima papirusa koji su sačuvani zahvaljujući suvoj klimi Gornjeg Egipta. Od kraja devetnaestog veka i tokom dvadesetog arheolozi nalaze listove papirusa koji sadrže nagoveštaje Isusovog predanja – na primer, priče – o isceljivanju leproznog, o vraćanju mrtvog mladića u život.[9] Pojedini fragmenti papirusa sadrže nepoznata, zagonetna kazivanja:

> Isus kaže: „Ja sam svetlost koja je iznad sviju. Ja sam taj koji je sve. Iz mene je sve proizišlo i meni se sve vraća. Rascepi komad drveta, i ja sam tu. Podigni kamen, i tu ćeš me naći" (*NHC* II.46.23–38).

Kako su se priče, kazivanja i anegdote množile, razna tumačenja Isusovog zivota i učenja cirkulisala su među različitim hrišćanskim grupama širom rimskog sveta. Prava sadržina Isusovog učenja često je bila predmet oštre polemike, kao što možemo videti iz *Jevanđelja Marije Magdalene*, ranog izvora otkrivenog 1896. na fragmentima papirusa u Egiptu. Kao i ostali nekanonizovani tekstovi, ovaj značajni tekst, opisuje Mariju Magdalenu među učenicima – u stvari, kao jednog od Isusovih najvoljenijih učenika, kojem je on poverio tajno učenje.[10] U jednom pasusu (17:18–18:15), Petar se prvo obraća Mariji za zahtevom.

„Sestro, mi znamo da je Spasitelj voleo tebe više nego druge žene. Saopšti nam reči Spasiteljeve kojih se sećaš, koje... mi ne [znamo] i nismo čuli."

Pošto je Marija odgovorila, otkrivajući Petru tajno učenje o dušinom duhovnom putovanju, Andrej prigovara:

„Kaži što god hoćeš o onome što je rekla. Ja ne verujem da je Spasitelj rekao. Jer zaista su ta učenja čudne ideje."

Petar se pridružuje, osporavajući istinitost Marijinih reči:

„Da li je on zaista razgovarao s jednom ženom bez našeg znanja, i to tajno. Treba li svi da se okrenemo i slušamo nju? Da li je nju više voleo od nas?"

Marija se buni:

„Brate moj Petre, šta misliš? Misliš li da sam ja to sve izmislila u mom srcu? Misliš li da govorim laži o Gospodu?"

Tada Levi upada u reč da posreduje, govoreći da je „Spasitelj nju znao veoma dobro i učinio dostojnom" da primi takva učenja. *Jevanđelje po Mariji* završava se time što učenici, prihvativši ono što su doznali od Marije, odlaze da propovedaju. Međutim, većina hrišćanskih grupa, uključujući tu rimsku grupu, prihvata poglede Petra, često opisivanog kao Marijinog protivnika. Većina sa sumnjom gleda na otkrovenja preneta kroz Mariju, pošto ona nije spadala u dvanaestoricu, i odbija i mnoga druga, široko rasprostranjena jevanđelja. Pred kraj drugog veka, pojedine crkvene vođe osuđuju takva učenja kao jeres.

Izvanredno otkriće, 1945. godine, skrivene biblioteke ranih hrišćnskih spisa u Nag Hamadiju veoma je poboljšalo naše razumevanje ranog hrišćanskog pokreta.[11] Ovde nije mesto da govorim o ovom otkriću, koje sam opisala u knjizi *Gnostička jevanđelja*, ali kad bacimo pogled na jedno od jevanđelja otkrivenih u Nag Hamadiju, jevanđelje koje je većina o njemu obaveštenih crkvenih vođa odbacila, jasnije vidimo zašto je data prednost jevanđeljima *Novog zaveta*. *Jevanđelje po Tomi* počinje ovim rečima: „Ovo su tajne reči koje je živi Isus govorio, a koje je njegov blizanac, Juda Toma, zapisao". Da li je Isus imao brata blizanca, kao što ovaj tekst tvrdi? Da nije to možda autentični zapis Isusovih kazivanja? Kako naslov kaže, u tekstu je *Jevanđelje po Tomi*. Ipak, za razliku od jevanđelja *Novog zaveta*, ovaj tekst sebe označava kao *tajno* jevanđelje. U njemu su mnoga kazivanja paralelna onima u *Novom zavetu*, naročito kazivanja čiji je izvor *Q*. Međutim, preostala kazivanja se upadljivo razlikuju – toliko su čudna i ubedljiva da podsećaju na koane Zen budizma:

> Isus je rekao: „Ako ispoljiš ono što je u tebi, spašće te ono što ispoljiš. Ako ne ispoljiš ono što je u tebi, uništiće te ono što ostane neispoljeno" (*NHC*.45. 29–33).

Potpuni tekst *Jevanđelja po Tomi*, pisan na koptskom, potiče iz trećeg ili četvrtog veka n. e., original, verovatno pisan na grčkom, možda je mnogo ranijeg datuma.[12] Stručnjak za *Novi zavet* Helmut Kester tvrdi da *Jevanđelje po Tomi* sadrži zbirku kazivanja koja *prethodi* jevanđeljima *Novog zaveta*. Ako najranije jevanđelje *Novog zaveta*, *Jevanđelje po Marku* potiče iz 70. godine n.e., *Jevanđelje po Tomi*, tvrdi Kester, možda potiče iz prethodne generacije. Mada mnogi stručnjaci osporavaju Kesterovo datiranje *Jevanđelja po Tomi*, ovo jevanđelje, otkriveno pre manje od pedeset godina, nekako podseća na tip izvora koje su koristili autori Mateja i Luke kada su sastavljali svoja jevanđelja.

MATEJEVA KAMPANJA PROTIV FARISEJA 91

Zašto je *Jevanđelje po Tomi* izostavljeno, uz mnoga druga koja su ostala bezmalo nepoznata gotovo dve hiljade godina? Budući deo svete biblioteke najstarijeg manastira u Egiptu, ove knjige su bile zakopane, po svoj prilici oko 370. godine n.e., nakon što je aleksandrijski arhiepiskop naredio hrišćanima širom Egipta da zabrane takve knjige kao jeres, i zahtevao da se one unište. Dva veka ranije, pravoverni lionski biskup Irenej, takođe fanatik, već je napadao takva dela. Koliko mi znamo, Irenej je bio prvi koji je identifikovao četiri jevanđelja *Novog zaveta* kao kanonska, isključivši ostala. Uznemiren što su desetine jevanđelja cirkulisale među hrišćanima širom sveta, kao i u njegovoj doseljeničkoj kongregaciji galiskih Grka, Irenej kao jeterike žigoše one koji „se hvale da imaju više jevanđelja nego što ih stvarno ima... ali, u stvari, oni nemaju jevanđelja koja nisu ispunjena svetogrđem".[14] Irenej tvrdi da su samo četiri jevanđelja *Novog zaveta autentična*. Na osnovu čega? Irenej kaže da, kao što postoje samo četiri glavna vetra, četiri strane sveta, i četiri nebeske sohe, tako može biti samo četiri jevanđelja. Pored toga, dodaje on, samo su jevanđelja *Novog zaveta* pisali Isusovi učenici (Matej i Jovan) ili njihovi sledbenici (Marko, učenik Petrov, i Luka, učenik Pavlov). Malo se današnjih stručnjaka za *Novi zavet* slaže sa Irenejem. Mada su jevanđelja *Novog zaveta* – kao ona otkrivena u Nag Hamadiju – *pripisivana* Isusovim sedbenicima – niko ne zna ko ih je u stvari pisao; štaviše, ono što mi znamo o njihovim datumima čini tradicionalne pretpostavke u svim slučajevima veoma malo verovatnim. Ipak, Irenejeve izjave nam skreću pažnju da je zbirka knjiga koju nazivamo *Novim zavetom* bila sačinjena oko 180–200. godine n.e. Pre tog vremena, mnoga jevanđelja kružila su hrišćanskim zajednicama od Male Azije do Grčke, Rima, Galije, Španije i Afrike. Krajem drugog veka, biskupi crkava koje su se nazivale pravovernim izbacili su sva osim četiri kanonska jevanđelja, proglašavajući sva ostala, po Irenejevim rečima, kao „ambis ludila i svetogrđe protiv Hrista".[15] Irenej je želeo da konsoliduje hrišćanske grupe kojima je pretio progon širom sveta. Jevanđelja koja je on odobrio poduprla su institucionalizaciju hrišćanskog pokreta. Jevanđelja koja je on osudio kao jeres nisu služila cilju institucionalizacije. Naprotiv, neka od odbačenih jevanđelja podsticala su ljude da se direktno obraćaju Bogu, bez posredstva crkve ili sveštenstva.

Jevanđelje po Tomi, kao što sam već pomenula, tvrdi da sadrži tajno učenje – potpuno suprotno od učenja Marka, Mateja, Luke i Jovana. Po Marku, na primer, Isus se najpre pojavljuje govoreći „došlo je vreme; carstvo božje dolazi. Pokajte se i verujte u jevanđelje" (1:15). Po Marku, svet će uskoro proći kroz kataklizmični preobražaj: Isus predviđa borbu, rat, sukob i patnju, posle čega slede događaji koji će potresti svet – dolazak Carstva Božjeg (13:1–37).

U *Jevanđelju po Tomi*, međutim, „Carstvo Božje" nije ni događaj koji se dešava u istoriji niti „mesto". Autor *Jevanđelja po Tomi* kao da ismejava takve poglede:

> Isus je rekao, „Ako vam oni koji vas vode kažu: 'Gospode, carstvo je na nebu,' onda će vas ptice na nebu preteći. Ako vam kažu: 'Ono je u moru,' onda će vas ribe preteći" (*NHC* II.32.19–24).

U *Jevanđelju po Tomi* carstvo je stanje samospoznaje:

> „Naprotiv, carstvo je u vama i izvan vas. Kada spoznate sebe, tada ćete znati sebe, i tada ćete shvatiti da ste sinovi živog oca" (*NHC* II.32.25–33.5).

Ali učenici, pogrešno shvatajući to carstvo kao budući događaj, uporno nastavljaju s naivnim pitanjima:

MATEJEVA KAMPANJA PROTIV FARISEJA

„Kada će... doći novi svet?" Isus im je rekao: „Ono čemu se nadate je već došlo, a vi to ne uviđate" (*NHC* I.42.10–12).

Znači, po *Jevanđelju po Tomi*, Carstvo Božje simbolizuje stanje preobražene svesti. Čovek ulazi u to carstvo kad spozna samog sebe. *Jevanđelje po Tomi* uči da kada čovek upozna sebe na najdubljem nivou, on istovremeno spoznaje Boga kao izvor svog bića.

Ako mi tad pitamo: „Ko je Isus?", *Jevanđelje po Tomi* daje odgovor drukčiji od onog u jevanđeljima *Novog zaveta*. Marko, na primer, opisuje Isusa kao apsolutno jedinstveno biće – Mesiju, kralja koga je postavio Bog. Po Marku, Petar otkriva tajnu Isusovog identiteta:

I Isus ode sa svojim učenicima do sela Cezareje Filipi; a na putu zapita svoje učenike. „Šta kažu ljudi, ko sam ja?" A oni mu rekoše: „Jovan Krstitelj; a drugi rekoše, Elija; ili jedan od proroka." A on ih zapita, „Šta vi kažete, ko sam ja?" Petar mu odgovori: „Ti si Mesija" (8:27–29).

Ali *Jevanđelje po Tomi* kazuje istu priču drukčije:

Isus reče svojim učenicima: „Uporedite me s nekim i recite mi na koga sam nalik." Simon Petar mu reče: „Ti si nalik na pravednog glasnika." Matej mu reče: „Ti si nalik na mudrog filosofa." Toma mu reče: „Učitelju, moja usta su potpuno nesposobna da kažu na koga si nalik" (*NHC* II.34.30–35.3).

Imajući na umu čitaoce kojima je maternji jezik grčki, autor *Jevanđelja po Tomi* tumači Matejevu tvrdnju da je Isus rabin-učitelj („mudri filosof") i Petrovo ubeđenje da je Isus Mesija („pravedni glasnik"). Isus ne poriče te uloge, bar ne one koje mu pripisuju Matej i Petar. Ali, prema Tomi, oni – i njihovi odgovori – predstavljaju niže razumevanje. Shvativši da nije u stanju da dodeli određenu ulogu

Isusu, Toma u trenutku prevazilazi ideju učenika-učitelju. Isus izjavljuje da je Toma postao njemu sličan:

> „Ja nisam tvoj učitelj, jer ti si pio, i opio se, iz žuborećeg potoka iz kojeg sam te napojio... Kogod pije iz mojih usta postaće ono što sam ja, a ja ću postati on, i tajne će mu biti otkrivene (*NHC* II.35.4–7; 50: 27–30).

Novozavetno *Jevanđelje po Jovanu* ističe Isusovu jedinstvenost u većoj meri nego Marko. Po Jovanu, Isus nije samo ljudsko biće, nego božanska i večna Reč Božja, Božji „jedinorođeni sin", koji je sišao na zemlju u ljudskom obličju da izbavi ljudski rod od večnog prokletstva:

> Bog je toliko voleo svet da je dao svog sina jedinorođenog, da kogod u njega ne umre, već ima večni život... . Kogod u njega veruje neće biti osuđen, ali kogod ne veruje biće osuđen jer ne veruje u ime jedinorođenog Sina božjeg (3:16–18).

Kao što smo videli, poruka *Jevanđelja po Tomi* je sasvim drukčija. Isus ne samo što sebe smatra za jedinorođenog sina božjeg, već govori svojim učenicima: „Kad upoznate sebe (i otkrijete božansko u sebi), tada „ćete uvideti da ste *vi* sinovi živog Oca". Drugim rečima, baš kao Isus. *Jevanđelje po Filipu* kaže isto, samo sažetije: čovek treba da postane „ne hrišćanin, već Hristos". Ja verujem da je to simbolična poruka pripisavanja *Jevanđelja po Tomi* Isusovom „bratu blizancu". U stvari, „ti, čitaoče, jesi brat bliznak Hristov" kada spoznaš božansko u sebi. Tada ćeš, kao i Toma, videti da ste ti i Isus takoreći identični blizanci.

Onaj ko traži da „postane ne hrišćanin, već Hristos" ne gleda samo na Isusa, a kasnije na njegovu crkvu i njene vođe – kao sto većina vernika čini – kao na jedini izvor istine. Tako, dok Isus u *Jevanđelju po Jovanu* izjavljuje: „Ja

MATEJEVA KAMPANJA PROTIV FARISEJA

sam vrata, ko god uđe u mene biće spasen". *Učenje Silvanovo* daje drukčiji savet:

> Kucaj na sebe kao na vrata i idi po sebi kao po pravom putu. Jer ako ideš tim putem, nemoguće je da zalutaš... Otvori sam vrata da bi znao šta je... Štogod otvoriš za sebe, otvorićeš (*NHC* VII.106.30–35; 117.5–20).

Zašto je većina ranih hrišćanskih crkava odbacila tekstove kao što je *Jevanđelje po Tomi*, a prihvatila druge, verovatno kasnijeg datuma, na primer, jevanđelja po Mateju, Luki i Jovanu? Privlačno za ljude koji teže za duhovnim preobražajem, *Jevanđelje po Tomi* ne daje odgovore na praktična pitanja koja su sebi postavljali mnogi potencijalni preobraćenici u jevrejskim zajednicama (ili u njihovoj okolini) širom gradova Palestine i carskih provincija. Potencijalni peobraćenici postavljali su pitanja kao što su: Želiš li da postimo? Kako da se molimo? Treba li da dajemo milostinju? Po kojem propisu da se hranimo? Ukratko, treba li vernici da se drže tradicionalnih jevrejskih običaja ili ne? Prema *Jevanđelju po Tomi*, kada učenici ovakva pitanja postavljaju „živom Isusu", on odbija da im da određena uputstva, i odgovara samo:

> „Ne govorite laži, i ne činite ono što mrzite: jer nebo vidi sve" (*NHC* II.33.18–21).

Ovaj zagonetni odgovor prepušta svakoga svojoj savesti, jer ko bolje zna kad čovek laže, i ko bolje zna šta čovek mrzi? Ma koliko ovaj odgovor bio dubok, on ne daje nikakve programske smernice za grupno podučavanje i građenje religijske institucije. Jevanđelja *Novog zaveta*, međutim, nude takve smernice. Po Mateju i Luki, na primer, Isus odgovara na svako od ovih pitanja autoritativno i određeno:

„Kad se moliš, kaži: 'Oče naš, koji si na nebu...'
Kad postiš, umij se... Kad daješ milostinju, činiš to
tajno" (6:2–12).

Što se tiče zakona košera, Marko kaže da je Isus „proglasio svu hranu čistom".

Štaviše, dok *Jevanđelje po Tomi* kaže da nalasku Carstva Božjeg prethodi usamljenički proces samootkrića, Jevanđelja *Novog zaveta* daju mnogo jednostavniju poruku: čovek dospeva do Boga ne duhovnom samospoznajom, već verom u Isusa Mesiju. Pošto je Bog poslao spasenje kroz Hrista, pokaj se; prihvati krštenje i oproštaj grehova; pridruži se Božjem narodu i primi spasenje.

Najzad, *Jevanđelje po Tomi* blagosilja „usamljene i izabrane" i obraća se usamljenom tražiocu, ili, u najboljem slučaju, uskom, odabranom. Za razliku od toga, Marko i njegovi naslednici, kombinujući mnoge elemente ranijih predanja o Isusu (priče o čudima, učenja, priče o sukobima) sa naracijom o Isusovoj smrti, predstavljaju Isusa i njegove učenike u društvenom kontekstu – na primer, raspravljajujući, u raznim situacijama, s jevrejskim vođama, sa masom (prijateljskom i neprijateljskom), sa vlastima (i jevrejskim i rimskim). Čineći to, Marko i njegovi naslednici nude društvene modele koji će Isusovim sledbenicima pomoći da se identifikuju kao grupa – mahom manjkava i ugrožena grupa, kako je oni opisuju, ali, grupa koja tvrdi da je Božji narod, koja nastavlja Isusovo delo isceljivanja, isterivanja đavola, i proglašavanja Nebeskog Carstva koje dolazi.

Autor *Jevanđelja po Marku* nudi elementarni obrazac za život u hrišćanskoj zajednici. Jevanđelja, prihvaćena od većine hrišćana, sva do izvesne mere slede Markov primer. Dolazeći naraštaji su u jevanđeljima *Novog zaveta* nalazili ono što se nije moglo naći u mnogim drugim elementima tradicije o Isusu – praktičan nacrt za gradnju hrišćanske zajednice. Pisac po tradiciji nazvan Matej osavremenjuje

Marka kako bi se bolje suočio sa posleratnom situacijom. Mnogi stručnjaci misle da je Matej živeo izvan Palestine, možda u Antiohiji, glavnom gradu Sirije. Po njegovom pisanju reklo bi se da je pripadao jakoj jevrejskoj zajednici, koja je, kao i sve jevrejske zajednice, preživela velike posleratne nemire.[16]

Jerusalimski Hram je bio ruševina, a Vespazijan je tu stacionirao stalni rimski garnizon. Rimske trupe i civili izgradili su naselje sa paganskim oltarima, rimskim kupatilima, prodavnicama i drugim pogodnostima rimskog života. Vespazijan je takođe, zbog rata, kaznio Jevreje širom carstva naredivši im da rimskoj blagajni predaju poreze koje su ranije plaćali za održavanje Hrama. Kad je Hram razrušen, prvosveštenik, ranije glavni zastupnik jevrejskog naroda, izgubio je svoj položaj; isto se dogodilo i ostalim sveštenicima, njegovim saveznicima. Sanhedrin, ranije vrhovni jevrejski savet, takođe je izgubio vlast.

Rat je zauvek promenio prirodu jevrejskog vođstva u Jerusalimu i drugde. Ipak, čak i za vreme rata, pojedini Jevreji i Rimljani su pripremali alternativno vođstvo koje bi zamenilo Sanhedrin i sveštenike posle rata. Kada su Rimljani opseli Hram u martu 68. godine n.e., jevrejski učitelj Johanan ben Zakaj pobegao je iz Jerusalima i našao utočište u jednom rimskom logoru. Tu, predviđajuci rimsku pobedu, zatražio je od Vespazijana dozvolu da osnuje akademiju za jevrejske učitelje u Jamniji, gradu koji je ponovo pao pod rimsku vlast. Vespazijan i njegovi saveznici, očigledno očekujući da Jevreji preuzmu unutrašnju samoupravu posle rata, dozvolili su Johananu da osnuje tu školu kao legitimnu jevrejsku vlast. Prema istoričaru Meri Smolvud,

> Bekstvo rabina Johanana, koje se može opisati kao akt izdaje, bilo je u stvari duhovno spasenje za Jevreje, naime, kad je rabinska škola koju je on osnovao zamenila Sanhedrin... a njen predsednik, ili pa-

trijarh, Nasi, preuzeo prvosveštenikov položaj vođe i religijskog i političkog predstavnika Jevreja.[17]

Prvosveštenička dinastija i njeni aristokratski saveznici u Sanhedrinu, a i sadukejski pisari povezani sa bivšim Hramom, bili su odstranjeni. Rukovodeće uloge preuzela je rastuća grupa učitelja, mahom fariseja, među mnogo trgovaca koji su se sami izdržavali (farisej Pavle je pravio šatore). Ova grupa je širila svoju vlast kroz celu Judeju, kasnije obuhvativši jevrejske zajednice širom sveta. Tako je počeo rabinski pokret koji će biti sve dominantniji u jevrejskom svakodnevnom životu.[18] Matej, objavljujući poruku Isusa Mesije oko 80. godine n.e., morao se suočiti prvenstveno sa rivalstvom ovih farisejskih učitelja i rabina koji su se uspešno vaspostavili širom jevrejskog sveta kao autoritativni tumači Tore. Fariseji su hteli da stave Toru u centar jevrejskog života kao zamenu za porušeni hram. Njihov cilj bio je da prenesu praktično tumačenje jevrejskog zakona, i da tako sačuvaju jevrejske grupe širom sveta kao izdvojen i sveti narod. Videvši u farisejima glavne protivnike njegovog sopstvenog učenja o Isusu,[19] Matej je odlučio da predstavi Isusa i njegovu poruku na način razumljiv farisejima i njihovim mnogobrojnim sledbenicima – ne samo kao Božjeg Mesiju nego takođe kao učitelja koji ovaploćuje i ispunjava istinsku pravednost koju su ranije podučavali „zakoni i proroci".

Kao što ćemo videti, Matej tvrdi da Isus nudi univerzalniju interpretaciju Tore („voli Boga i svog suseda"; „Drugima čini ono što želiš da čine tebi"), ne odričući se ni „jote" božanskog zakona. Međutim, budući Matejev Isus tumači Toru tako da ne samo Jevreji, nego i nejevreji mogu ispuniti propisane obaveze, Matej u stvari podstiče ljude da napuste tradicionalno etničko poistovećivanje sa Izraelom. To je bio radikalan stav, koji je za mnoge Jevreje bio anatema, i oni to nisu krili. U *Jevanđelju po Mateju*, Isus neprestano napada fariseje kao „hipokrite" opsednute sitnim odredbama, koji zanemaruju „pravdu i milost i veru". Ovakvi napadi karikiraju rabinsko verovanje da je neophodno voditi računa o običajima kako bi se sačuvao integritet Izraela. Matej na taj način učestvuje u ogorčenom sukobu koji je presudan za jevrejski – i budući hrišćanski – identitet.[20]

Pišući svoje jevanđelje, Matej se trudio da pobije štetne glasine o Isusu – na primer, da je vanbračno dete, što bi ga osramotilo i diskvalifikovalo kao kandidata pogodnog za Mesiju Izraela. Štaviše, bilo je poznato da je Isus bio iz Nazareta u Galileji, i da je potekao iz obične, a ne kraljevske, porodice. Biti član kraljevske, Davidove dinastije, osnovane u Vitlejemu, bolje bi odgovaralo jednom kralju Izraela. Još je ozbiljnija, možda, bila optužba da je Isus, kao što Marko kaže, zanemarivao ili čak kršio zakone sabata i košera.

Matej, kao i njegovi prethodnici u hrišćanskom pokretu, bio je uznemiren zbog takvih kritika. Međutim, proučavajući *Sveto pismo,* stalno je nailazio na biblijske odlomke, naročito u psalmima i spisima proroka, koji su, kako je on verovao, osvetljavali događaje iz Isusovog života. Na primer, nasuprot glasinama da je Isus rođen vanbračno, Matej i njegovi prethodnici našli su potvrdu svoje vere u Isusa u *Isaiji* 7:14. Gospod tu obećava da će dati Izraelu znak dolazeće Božjeg spasenja. Matej je po svoj prilici poznavao hebrejsku Bibliju u grčkom prevodu, gde je mogao pročitati sledeće:

„Sam Gospod će vam dati znak: Eto, devojka će zatrudneti i rodiće sina; i daće mu ime Emanuel – Bog s nama" (*Isaija* 7:14).

Hebrejski original upotrebljava reč „mlada žena" (*almah*), što verovatno sugeriše da je reč o običnom rođenju. Međutim, reč *almah* je na grčki prevedena kao *parthenos* („devica"). Složivši se s tumačenjem koje su Isusovi sledbenici već davali tom događaju, taj prevod je potvrdio njihovo ubeđenje da je Isusovo rođenje, koje su nevernici ismevali kao pogano, u stvari bilo čudotvorni „znak".[21] Tako Matej, tvrdeći da Duh nije sišao na Isusa prilikom njegovog krštenja, već u trenutku njegovog začeća, revidira Markovu priču. Kako Matej kaže, „i nađe se da je Isusova mati bila trudna od svetoga Duha" (1:18), a Božji anđeo je objasnio Josifu da je dete „začeto svetim Duhom". Matej kaže da Isusovo rođenje nije skandal već čudo – čudo koje potpuno ispunjava Isaijino drevno proročanstvo.

Da bi dokazao kako je Isus, uprkos svom skromnom rođenju, kvalifikovan da bude Mesija, Matej je izradio kraljevski rodoslov za Isusa, uspostavivši, preko kralja Davida, genealošku vezu sa Avramom (Luka čini isto, po svoj prilici radeći nezavisno, jer se Lukin rodoslov razlikuje od Matejevog; uporedi *Matej* 1:1–17 sa *Lukom* 3:23–28).

Matej konstruiše složenu istoriju kako bi objasnio zašto se veruje da Isus, potomak kraljeva, pripada jednoj nepoznatoj porodici iz grada Nazareta u Galileji, a ne kraljevskoj dinastiji iz Vitlejema. Po Mateju, Isusovo čudotvorno rođenje prepalo je jerusalimsku vladajuću klasu, i svetovnu i religijsku. Kada je kralj Irod, kaže Matej, koga su Rimljani podržavali kao vazalskog kralja Jevreja, čuo da se pojavila nova zvezda, što predskazuje kraljevsko rođenje, „on je bio uznemiren, i ceo Jerusalim zajedno s njim" (2:3). Osujećen u svom prvom pokušaju da pronađe i uništi Isusa, Irod je, „razbešnjen, naredio da se pobiju sva muška deca, od dve godine i mlađa, u Vitlejemu i okolini (2:16). Isusov otac, koga je upozorio anđeo, uzeo je dete i njegovu Majku i pobegao s njima u Egipat. Posle Irodove smrti oni su se vratili, kaže Matej, ali je Isusov otac, znajući da Irodov sin još uvek vlada Judejom, odlučio da, kako bi zaštititio Isusa od opasnosti, odvede svoju porodicu u selo Nazaret, i da tamo žive u tajnosti. Matej tako objašnjava zašto su ljudi Isusa povezivali s nepoznatim gradom u Galileji, a ne Vitlejemom, koji je, po Mateju, bio Isusov stvarni rodni grad.

Kako nijedan istorijski zapis ne uključuje masakr novorođenčadi u spisak Irodovih zločina, mnogi stručnjaci za *Novi zavet* smatraju da su priče o „ubijanju nevinih" kao i o „bežanju u Egipat" odraz Matejevog programskog ubeđenja da Isusov život mora da bude rekapitulacija cele istorije Izraela. Prema ovim znalcima, Mateju nije naročito stalo da pruži biografske podatke; mnogo mu je više stalo da pokaže kako postoji veza između Isusa, Mojsija i Izraelovog egzodusa iz Egipta. Poput Mojsija, koji je, kao novorođenče, izbegao srdžbu egipatskog faraona koji je naredio masovno ubijanje hebrejske muške novorođenčadi, tako je i Isus, kaže Matej, izbegao srdžbu kralja Iroda. I kao što je Bog nekad spasao Izrael od Egipta, tako je on sad, tvrdi Matej, spasao Isusa. Kao u celom svom jevanđelju, Matej uzima reči iz proročkih spisa (u ovom kontekstu, reči proroka Osije) koje se, po opšteprihvaćenom tumačenju odnose na naciju Izraela („Iz Egipta sam pozvao svog sina"), tumačeći ih kao da se odnose Isusa iz Nazareta, koga on vidi kao kulminaciju Izraelove istorije.[22]

Mnogi stručnjaci su primetili ove paralele između Isusa, Mojsija i Izraela. Ali niko, koliko ja znam, nije primetio da Matej preokreće tradicionalne uloge, dodeljujući jevrejskom kralju ulogu zlikovca rezervisanu, po tradiciji, za faraona. On na taj način pretvara strane neprijatelje iz Izraelove starine u intimne neprijatelje, kako ih Matej shvata. Kao Isusove neprijatelje Matej navodi glavne sveštenike i pisare, kao i ostale stanovnike Jerusalima, jer, kako on kaže, nije samo Irod bio „uznemiren" kad je čuo o Isusovom rođenju, nego je bio uznemiren „ceo Jerusalim zajedno s njim" (2:3). Matej, bez sumnje pravi kontrast između Iroda, koji je idumejskog porekla, što znači iz sumnjive dinastije, i Isusa, čiji legitimni davidski (što znači kraljevski) rodoslov Matej razglašava. Sad je Irod taj, a ne faraon, koji nemilosrdno naređuje masovno ubijanje jevrejske muške novorođenčadi. Po Mateju, čim je Isus rođen, „glavni sveštenici i pisari naroda" okupili su se, očigledno ujedinjeni u podršci Irodovoj odluci da „nađe dete i ubije ga" (2:13). Matejeva priča o Isusovom rođenju nije idilična slika koju vidimo na božićnim čestitkama, nego predskazanje strašnog događaja – raspeća.

Dodeljujući Irodu faraonovu tradicionalnu ulogu, Matej takođe preokreće simboličnu geografiju Izraela. Egipat, po tradiciji zemlja ropstva, sada postaje utočište za Isusa i njegovu porodicu, mesto utočišta i spasa od masakra po naredbi *jevrejskog* kralja. Preokret simbola se po svom zapanjujućem efektu skoro može meriti sa onim u knjizi *Otkrovenja*, po kojem je Jerusalim mesto „alegorijski zvano Sodoma i Egipat, gde je naš Gospod razapet" (11:8). Kasnije će Matej govoriti da Isus povoljno upoređuje Tir i Sidon, pa čak i Sodomu, s lokalnim Betsaidom, Horazinom i Kapernaumom (11:20–24).

Tokom celog svog jevanđelja, Matej obrće strane i intimne neprijatelje. Odmah nakon *Besede na Gori*, Isus isceljuje leproznog prognanika, a zatim i rimskog centuriona, koji prepoznaje Isusovu božansku moć i moli ga da mu njome pomogne. Iznenađen što rimski oficir ima veru „veću nego iko" u Izraelu, Isus u tom trenutku izjavljuje, „Kažem vam, mnogi ce doći sa istoka i zapada, i sešće za trpezu s Avramom, Isakom i Jakovom u Carstvu nebeskome, a sinovi carstva biće izgnani u tamu; i tamo će plakati i škrgutati zubima" (8:11–12).

Od početka, pa do samog kraja svog jevanđelja, Matej žigoše savremene izraelitske vođe, dok se javno zalaže za Isusa – Izraelovog Mesiju – i za one koje je novi kralj sam postavio. Ne samo što je Irod bio Idumejac, nego je njegova porodica bila opštepoznata po nejevrejskom načinu života, uprkos formalne odanosti veri. Jovanu Krstitelju je

MATEJEVA KAMPANJA PROTIV FARISEJA

odsečena glava zato što je javno rekao da se Irod oženio svojom bivšom svastikom, otvoreno prekršivši jevrejski zakon. Matej želi da pokaže ne samo da je Isus izraelski legitimni kralj, a ne neki bezvredni uzurpator kao Irod, nego takođe da je on bogomdani učitelj pravednosti, predodređen, kako Matej tvrdi, da zameni fariseje, koji su učitelji pravednosti u očima mnogih Matejevih savremenika. Matej, koji se, kao i njegovi istomišljenici hrišćani, protivi rivalskoj partiji fariseja, koncipira svoje jevanđelje prvenstveno kao neravnopravnu polemiku između Isusa i fariseja. Fariseji su veoma poštovani i uvaženi, prihvaćeni od naroda kao religijski autoritet. Isusovi sledbenici su sumnjiva manjina, klevetana i progonjena.

U *Jevanđelju po Marku*, Isus se ćutke suprotstavlja Satani u divljini. Ali Matej crpi iz Q izvora, govoreći kako se Satana pojavljuje tri puta da „kuša" Isusa, kao što će ga kušati fariseji i drugi protivnici. Ovde izvor Q predstavlja Satanu kao karikaturu pisara, polemičara, vičnog verbalnom nadmetanju, koji vešto citira *Svete spise* za svoje đavolske ciljeve, i koji stalno podriva Isusov božanski autoritet („Ako si zaista božji sin... "). Pošto dva puta nije uspeo da navede Isusa da učini neko čudo da bi dokazao božansku moć i autoritet, Satana mu najzad nudi „sva kraljevstva ovog sveta i njihovu slavu", koja, tvrdi Satana, pripadaju njemu. Tako, Matej, sledeći Marka, sugeriše da politički uspeh i moć (kakve fariseji uživaju pod rimskom zaštitom) mogu dovesti do pakta s đavolom, i da nisu, kao što mnogi Matejevi savremeneci pretpostavljaju, znaci božanske milosti.

Matej zatim napada ono što je farisejima najznačajnije – njihovo tumačenje Tore – da bi ispravio utisak jednostavnog, tradicionalnog, pravednog poštovanja Tore, utisak koji stiče svaki čitalac *Jevanđelja po Marku* – Matej predstavlja Isusa kao ovaploćenje svega najboljeg i najistinitijeg u jevrejskoj tradiciji. Dok Marko počinje svoje jevanđelje opisima isceljivanja i isterivanja duhova, Matejev

Isus na samom početku proglašava novo tumačenje božanskog zakona. Kao Mojsije, koji se popeo na Goru Sinajsku da primi i objavi Božji zakon, Isus se penje na planinu da izgovori ono što mi znamo kao *Besedu na Gori*. Ciljajući na fariseje i one koji su pratili njihovo tumačenje Tore, Matej insistira da Isus ne odbacuje Toru. Umesto toga, kaže Matej, Isus obelodanjuje njeno suštinsko značenje:

„Nemojte misliti da sam došao da ukinem zakon i proroke; nisam došao da ukinem nego da ih ostvarim" (5:17).

Isus zatim upozorava: „ako ne budete pravedniji od pisara i fariseja, nećete nikad ući u Carstvo nebesko" (5:20). Tako Matej brani Isusa od optužbi da slabo poštuje zakone sabata i košera, insistirajući da je Isusova pravednost uzvišenija od tradicionalne. Po Mateju 5 i 6, Isus zahteva mnogo strožiju religioznost: za njega Tora nije dovoljno stroga. Dok Mojsijev zakon zabranjuje ubistvo, Isusova „nova Tora" zabranjuje gnev, uvrede i izdevanje imena; dok Mojsijev zakon zabranjuje preljubu, Isusov zabranjuje požudu. Veliki deo Mojsijevog zakona sadrži zabrane („Ne smeš..."). Isus, za razliku od toga, ohrabruje:

„Čini drugima ono što želiš da čine tebi; jer tako kažu zakon i proroci." (7:12)

Matej istovremeno tvrdi da se Isusovi kritičari, „pisari i fariseji," kriju iza hipokritičnog zahteva da se „poštuje" zakon kako svet ne bi video da oni zapravo krše – kako je Isus objavljuje – centralnu zapovest Tore: da čovek voli Boga i suseda (6:1–18).

Kao što smo videli, Matej odstupa od Marka kad fariseje proglašava za Isusove primarne protivnike.[23] Po Marku, Isusovi glavni protivnici su pisari, koji su ga, gnevni zbog njegovog ogromnog uticaja na ljude, optuživali da je

MATEJEVA KAMPANJA PROTIV FARISEJA

opsednut demonima. Međutim, Matej, menjajući priču, kaže kako su fariseji optužili Isusa „da se služi vladarem zlih duhova da bi ih isterao" (12:24). Dok su, po Marku, fariseji i irodovci prvi kovali zaveru da ubiju Isusa, Matej kaže da su isključivo fariseji „otišli i većali kako da ga unište" (12:14). Po Mateju, fariseji čak ponavljaju optužbu da je Isus „opsednut Belzebubom" (12:24). Isus oštro poriče optužbu i upozorava: „Ako ja Duhom božjim izgonim demone, onda nam je došlo Carstvo nebesko" (12:28). Matejev Isus izjavljuje da je ovaj natprirodni sukob podelio Božji narod u dve neprijateljske zajednice: „Ko nije sa mnom, protiv mene je, a ko ne sabira sa mnom, rasipa" (12:30).

Ožalošćen što su ljudi Izraela „maltretirani i bespomoćni kao ovce bez pastira", bez pravog vođstva, Isus određuje dvanaestoricu i daje im „vlast nad nečistim duhovima, da ih izgone: (10:1). Upozoravajući ih da će ih narod „predati sanhedrinima i tući ih u svojim sinagogama" (10:17), Isus im kaže da će iskusiti ubilačku mržnju u sopstvenim kućama (10:21), i da će ih „svako" mrzeti (10:22); jer, „ako su oni domaćina nazvali Belzebubom, kako će tek klevetati njegove ukućane?" (10:25). Kasnije, antagonizam između Isusa i njegovih neprijatelja pretvara se, kao u esenskim spisima, u borbu između „sinova carstva", kako kaže Matejev Isus, i „sinova zla" (13: 38). Isus osuđuje fariseje rečima Jovana Krstitelja: „Vi zmijski nakot! Kako možete dobro govoriti kad ste zli?" (12:34). Zatim Isus predviđa da će stranci „izići na sud sa ovim rodom, i osudiće ga" (12:41). Najzad, on sugeriše da su njegovi protivnici opsednuti zlim dusima, i priča parabolu o čoveku koji, oslobođen od zlih duhova, biva napadnut od „sedam još gorih duhova", a „tako će biti i ovom zlom rodu" (12:45).

Kasnije, Isus objašnjava svojim sledbenicima nasamo da je rod kojem govori (izuzimajući izabrane) *već* osuđen.

To što njegovi protivnici odbijaju njegovo učenje, kaže on, dokazuje da Satana vlada njima. U paraboli o sejaču, Isus identifikuje „zlo" kao neprijatelja koji je „oteo" posejano seme i tako onemogućio da njegovo učenje urodi plodom (13:19). Isus zatim priča parabolu o kukolju, eksplicitno identifikujući svoje protivnike kao porod Satanin: „kukolj su sinovi zla, a neprijatelj koji ga je posejao je đavo" (13:38–39).

Isus, koga učenici najzad priznaju kao Mesiju, saopštava da sad, uz pomoć Svetog duha, on osniva *sopstveni* skup koji će trijumfovati nad silama zla; on kao da želi da kaže da je Bog zamenio Izrael novom zajednicom. Mnogi stručnjaci se slažu sa Džordžom Nikelsburgom po čijem mišljenju Matejev Isus u šesnaestom poglavlju tvrdi da je bivša „kongregacija Izraela" postala „njegova crkva."[24]

Isusov sukob sa farisejima dostiže vrhunac u dvadeset trećem poglavlju *Jevanđelja po Mateju*. Tokom celog poglavlja, Matej pretvara kazivanja pripisana Isusu u priče o sukobu između Isusa i onih koje on osuđuje sedam puta kao „pisare i fariseje, hipokrite", i čak kao „decu pakla" (23:15). Po Mateju, Isus priziva Božji gnev na „ovaj rod" (23:36),

„da na vas padne sva pravedna krv prolivena na zemlji, od krvi nevinog Avelja, do krvi Zarije, sina Varahijeva, koga ubiste među crkvom i oltarom" (23:35).

Gorko neprijateljstvo izraženo u ovoj glavi predmet je mnogih stručnih tumačenja.[25] Biblijski stručnjak Luk Džonson kaže da su filosofske grupe u davnini često napadale svoje protivnike veoma oštrim rečima.[26] Ali filosofi nisu, kao što Matej ovde čini, žigosali svoje protivnike kao *demone*. U antičkom svetu, koliko ja znam, samo su eseni i hrišćani pretvarali sukobe sa svojim protivnicima u kosmički rat.

MATEJEVA KAMPANJA PROTIV FARISEJA

Matejev Isus priznaje da se od fariseja mogu čuti mnoge vredne izreke („Primenjuj i poštuj sve što ti kažu, ali nemoj činiti ono što oni čine"). Međutim on optužuje fariseje da im je najviše stalo da se održe na vlasti. Štaviše, Isus kaže da fariseji zanemaruju fundamentalne moralne obzire, baveći se umesto toga pravničkim cepidlačenjem:

„Teško vama, pisari i fariseji, licemeri! Dajete desetak od nane, mirođije i kima, a ostaviste šta je najpretežnije u zakonu: pravdu, milosrđe i veru; ovo je trebalo činiti, a ono ne ostavljati. Vođi slepi, cedite komarca, a gutate kamilu!" (23:23–24).

Stručnjaci znaju da su mnogi jevrejski učitelji, Isusovi savremenici, ljudi kao što su Hilel i Samai, tumačili zakon na osnovu morala. U jednoj čuvenoj priči, jedan Hilelov učenik je od njega tražio da izgovori celu Toru stojeći na jednoj nozi. Hilel je odgovorio, „Što ne želiš da ti drugi čine, ne čini drugima. To je cela Tora." Pa ipak, čak i napredni Hilel protivio bi se pokretu koji tumači Toru moralno, ostavljajući pritom po strani ritualne principe koji definišu jevrejski identitet. Mnogi Jevreji prvog veka primećivali su takve tendencije u hrišćanskom pokretu. Mnogi fariseji, kojima je bilo stalo da kroz poštovanje Tore sačuvaju Izrael kao svetu i odvojenu zemlju, verovatno bi u Isusovim sledbenicima videli pretnju integritetu, čak opstanku, Izraela.

Kao što smo videli, po Mateju, Isus nikad ne odstupa od potpune lojalnosti Tori. Međutim, Matej time hoće da kaže da Isus ostvaruje zakon u najdubljem smislu reči, zakon, podvlači Matej, koji u suštini nema ničegi zajedničkog sa etničkim identitetom. U *Jevanđelju po Mateju*, Isus dvaput daje sažetu verziju „zakona i proroka", oba puta isključivo u kontekstu moralne akcije. Prvo, Isus daje pozitivnu parafrazu Hilelove negativne tvrdnje: „Sve što hoćete da ljudi vama čine, činite vi njima: jer je to zakon i proroci" (7:12). Drugo, Isus sažima Toru u dvostruku zapovest: „Voli Gospoda Boga svim svojim srcem, dušom i mišlju... i voli bližnjeg svoga kao sebe samog" (22:37–39). Najzad, Matejev Isus kazuje parabolu o dolasku Božjeg suda. Toga dana, kaže Isus, božanski car će okupiti *sve nacije*, pozivajući jedne da uđu u Božje večno carstvo, a šaljući druge u „večnu vatru pripremljenu za đavole i njegove anđele." Koji kriterijum primenjuje božanski sud? Po Mateju, Isus kaže da će kralj reći onima što mu stoje s desne strane,

> „'Hodite, blagosloveni Oca mojega; primite carstvo koje vam je pripravljeno od postanja sveta. Jer ogladneh, i dadoste mi da jedem; ožedneh, i napojiste me; stranac bejah, i primiste me; go bejah, i odenuste me; bolestan bejah, i obiđoste me; u tamnici bejah, i dođoste k meni.' Tada će mu odgovoriti pravednici, govoreći: 'Gospode! kada te videsmo gladna, i nahranismo? ili žedna, i napojismo? ili gola, i odenusmo? Kada li te videsmo bolesna ili u tamnici, i dođosmo k tebi?' I, odgovarajući, car će im reći: 'Zaista vam kažem, kad učiniste jednom od moje najmanje braće, meni učiniste.' Tada će on reći onima što mu stoje s leve strane: 'Idite od mene, prokleti, u oganj večni pripravljen đavolu i njegovom anđelima. Jer ogladneh, i ne dadoste mi da jedem; stranac bejah, i ne primiste me; go bejah, i ne odenuste me; bolestan i u tamnici bejah, i ne obiđoste me.' Tada će mu odgovoriti i oni, govoreći: 'Gospode! kad te videsmo gladna ili žedna, ili bosa ili gola, ili bolesna ili u tamnici, ne poslužismo te? Tada će im odgovoriti govoreći: zaista vam kažem: kad ne učiniste jednome od moje male braće, ni meni ne učiniste. I oni će otići u večnu muku, a pravednici u večni život" (25:34–46).

Ulazak u Carstvo Božje, dakle, zavisi ne od toga da li je čovek deo Izraela, nego od pravdenosti, izdašnosti i saosećanja. Etnicitet nestaje kao kriterijum. I nejevreji i Jevreji mogu da prihvate ovo novo tumačenje božanskog zakona – i u Matejevoj zajednici mnogi su to učinili.

Po Mateju, Isus i njegov pokret definišu pravo značenje Božjeg zakona. Isus osuđuje fariseje ne samo kao lažne tumače nego kao smrtne protivnike istine – kao ljude koji „ubijaju i na krst razapinju" Božje proroke (23:34). Sa ove osude fariseja, Matej odmah prelazi na priču o Isusovom raspeću. Čvrsto se držeći Markove verzije, Matej opisuje ulogu prvosveštenika, pisara i starešina, ali fariseje ne pominje sve do vremena posle Isusove smrti.

No, u Matejevoj naraciji se pojavljuju epizode koje ističu fundamentalnu krivicu Isusovih jevrejskih neprijatelja. Samo se u Matejevoj verziji čak i Juda Iskariotski gorko žalio što je izdao Isusa: „i bacivši srebrnjake u hramu, ode i obesi se" (27:3–5). Matej takođe dodaje priču o Pilatovoj ženi:

A kad Pilat seđaše u sudu, poruči mu njegova žena, govoreći: nemoj se mešati u sud tog pravednika, jer sam danas u snu mnogo zbog njega propatila (27:19).

Kao i u Markovom jevanđelju, Pilat nudi da oslobodi Isusa, obraćajujući se svetini koja traži Isusovo raspeće, „Zašto, kakvo je zlo učinio?" Međutim, kod Mateja pragmatičan razlog za Pilatovo priklanjanje gomili: Pilat „vide da ništa ne pomaže, nego još veća buna biva" (27:24). Tada, tvrdi Matej, dodajući nimalo verovatnu scenu, Pilat izvršava obred propisan jevrejskim zakonom koji nalazimo o u starozavetnoj knjizi Zakona ponovljenih: on je oprao ruke da pokaže kako nije odgovoran za krvoproliće, rekavši: „Ja nisam kriv u krvi ovog pravednika: vi ćete videti (27:24). U tom trenutku, ali samo u Matejevoj verziji, jevrejske vođe, kao i „cela nacija" priznaju kolektivnu odgovornost i na sebe i svoje potomstvo prizivaju poznatu kletvu: „Krv njegova na nas i na našu decu" (27:25).

Matej takođe dodaje sledeću priču: Posle raspeća „glavni sveštenici i fariseji" tražili su od Pilata da postavi čuvare na Isusov grob, kako njegovi sledbenici ne bi ukrali telo da bi inscenirali vaskrsenje. Da bi objasnio raširene glasine da su Isusovi učenici ukrali njegovo telo, Matej kaže da su ih širili rimski vojnici potplaćeni od starne jevrejskih vlasti. „Tako", Matej zaključuje, „oni uzeše novac i učiniše kako su naučeni bili; i razglasi se ova reč među Jevrejima do dana današnjeg" (28:15).

Pred kraj jevanđelja, Matej odvaja Isusove sledbenike od „Jevreja" i pokušava da objasni neprijateljstvo i nevericu na koje on i njegovi prijatelji hrišćani nailaze među jevrejskom većinom. Po Matejevem tumačenju, većina, time što odbacuje Jevanđelje, gubi pravo na svoje nasledstvo. Bivši posvećenici postaju neposvećenici. U Matejevoj verziji, Isus priča zlokobnu parabolu: Neki veliki kralj pozvao je narod da prisustvuje venčanju njegovog sina. (Ovde Matej upotrebljava proročansku metaforu venčanja kako bi rekao da venčanje simbolizuje planiranu uniju između samog Gospoda i Izraela, njegove mlade; vidi *Jeremija* 2:1–3:20; *Isaija* 50:1; *Osija* 1:2–3: 5.) Ali kada zvanice odbijaju poziv – čak tuku, zlostavljaju i ubijaju kraljeve glasnike, kralj, kaže Isus, objavljuje da „zvanice nisu dostojne", i poziva druge. Tada, nastavlja Matejev Isus, „kralj se razgnevi i poslavši svoju vojsku, pogubi one krvnike i grad njihov zapali" (22:7). Matej čak kaže kako je sam Gospod izazvao rimski masakr u uništenje Jersualima oko 70. godine n. e. da bi kaznio Jevreje što su odbacili „njegovog sina".

Stručnjaci se uglavnom slažu da je Matejeva grupa, iako su u njoj bili i Jevreji i nejevreji, nalazila bolji prijem među nejevrejima nego među Jevrejima. Matej završava na-

MATEJEVA KAMPANJA PROTIV FARISEJA

raciju sledećom scenom: Vaskrsli Isus, pošto je primio „svu vlast na nebu i na zemlji", naređuje svojim sledbenicima da idu i „nauče sve nacije" (28:19). Sam Matej, čiji su koreni u jevrejskoj zajednici, krajnje ambivalentno reaguje na tu naredbu. Ta će ambivalentnost vekovima, čak milenijumima pratiti hrišćanske zajednice. Matejev savremenik i brat hrišćanin Luka, koji takođe adaptira i revidira Markovu verziju priče o Isusu, ide drugim putem. Ovaj nejevrejski preobraćenik Izraelovu veličinu prepušta prošlosti, i samouvereno prisvaja Izraelovo nasleđe za svoju sopstvenu – prevashodno nejevrejsku – zajednicu. U jevanđeljima po Luki i Jovanu, kao što ćemo videti, sam Isus identifikuje svoje jevrejske protivnike sa Satanom.

IV

Luka i Jovan polažu pravo na nasleđe: Jaz se širi

Luka, jedini nejevrejin među piscima jevanđelja, govori u ime nejevrejskih preobraćenika u hrišćanstvo koji su sebe smatrali istinskim naslednicima Izraela. Luka je radikalniji od Mateja u reviziji Markove priče o Isusovom životu. Po Mateju, jevrejska većina izgubila je svoje pravo na Božji zavet time što je odbila da prizna njegovog Mesiju. Stoga je Bog ponudio svoj zavet nejevrejima umesto Jeverejima. Međutim, Luka se slaže s Pavlom da je Bog uvek nameravao da ponudi spasenje svima. Lukina vizija univerzalnog spasenja podstakla je Grke, Azijce, Afrikance, Sirijce i Egipćane da se izjasne, s pravom esenskom samouverenošću, kao članovi „istinskog Izraela". Hrišćani širom sveta se još uvek svakodnevno pozivaju na Lukinu poruku u svojim molitvama, himnama i liturgijama. Luka je, takođe, radikalniji od Marka i Mateja: on otvoreno kaže ono što Marko i Matej nagoveštavaju – da postoji veza između Isusovih jevrejskih neprijatelja i „zlotvora", đavola. U *Jevanđelju po Luki,* sam Isus, u trenutku hapšenja, sugeriše da su ljudi koji ga hapse – „glavni sveštenici, pisari i starešine" povezani sa zlotvorom, koga Isus ovde naziva „silom mraka".

Luka, kao i Matej, odbija poznate optužbe protiv Isusa – da je vanbračno dete i da nema dinastičke kvalifikacije za izraeilitskog Mesiju. Kao i Matejeva, Lukina priča počinje pre Isusovog začeća, koje je predstavljeno kao ču-

LUKA I JOVAN POLAŽU PRAVO NA NASLEĐE 113

do koje Božji Duh izaziva. Po Luki, Duh ili posrednici, anđeli, izazivaju čudesne događaje u vreme Isusovog rođenja i detinjstva. Ali Luka, za razliku od Mateja, ne pominje neprijateljstvo Iroda ili jerusalimskog naroda prema novorođenom Isusu. Međutim, kao i u *Jevanđelju po Marku*, u trenutku kad se Isus pojavljuje kao odrastao čovek, kršten i „ispunjen Svetim Duhom," đavo ga odmah izaziva. Đavo je tri puta poražen, i Luka kaže „da se đavo udaljio od njega *do zgodnije prilike* [*achri kairou*]" (podvukao autor). Đavolov prvi pokušaj da savlada Isusa ne uspeva, ali mu se ponovo ukazuje prilika samo na kraju priče, kada glavni sveštenici i pisari „gledahu kako da ubiju Isusa". U tom trenutku, Luka kaže: „Satana uđe u Judu Iskariotskog", koji „ode da razgovara s prvosveštnikom kako će im ga izdati, i oni se obradovaše i ugovoriše da mu daju novac". Od tog vremena, Luka kaže, Juda „tražaše zgodna vremena [*eukairan*] da ga izda."

Posle svog prvog susreta sa Isusom, Satana se ne povlači iz borbe nego čeka zgodan čas. Tokom celog Isusovog javnog delovanja đavo deluje podzemno – ili, tačnije rečeno, na zemlji – kroz ljudske posrednike. Odmah posle sukoba sa Satanom u pustinji, Isus prvi put javno govori kao učitelj. Okupljeni narod mu je naklonjen, ali odjednom izbija brutalno, zamalo smrtonosno, nasilje. Luka kaže da Isus posle svog krštenja ulazi u sinagogu, kao i obično, u svom rodnom gradu Nazaretu i čita kongregaciji odlomak iz knjige proroka Isaije. Tada on objavljuje: „'Danas je ovo sveto pismo ispunjeno u vašim ušima.' I svi svedočahu i divljahu se rečima blagodati koje izlažahu iz njegovih usta" (4:21–22). U tom trenutku Isus predviđa da će ga njegovi sugrađani odbaciti, i objavljuje da Bog namerava da pruži spasenje nejevrejima, čak po cenu zaobilaženja Izraela. On kaže:

„Mnoge udovice bejahu u Izraelu u vreme Ilijino... I ni k jednoj od njih ne bi poslan Ilija do u Sareptu Sidonsku k ženi udovici. I mnogi bejahu leprozni u Izraelu u vreme proroka Jeliseja, i nijedan se od njih ne očisti do Neemana Sirijca (4:25–27).

Luka nastavlja,

> svi se u sinagogi napuniše gnevom kad čuše ovo. I ustavši isteraše ga na polje iz grada, i odvedoše ga navrh gore gde bejaše njihov grad sazidan da bi ga bacili odozgo (4:28–29).

Ali, Isus se brzo udaljuje i tako izbegava taj prvi napad na njegov život.

Sad „pisari i fariseji" počeše da kuju zaveru protiv Isusa, posmatrajući ga sumnjičavo, tražeći priliku „da ga okrive" (6:7). Kad ga videše kako isceljuje za vreme Sabata, „svi se napuniše bezumlja, i govorahu jedan drugome šta bi učinili Isusu" (6:11).

No, Lukini fariseji, za razliku od Matejevih, nisu jednodušno neprijateljski raspoloženi prema Isusu.[1] Poneki ispoljavaju interesovanje za njega i pozivaju ga na ručak. Poneki ga čak upozoravaju na opasnost. Međutim, ostali voljno igraju Sataninu ulogu, kujući zaveru da ga ubiju. Luka ponekad naziva fariseje „ljubiteljima novca" (16:14) i samozvanim pravednicima (18:9–14) – reč je o osobinama koje je on žigosao i u drugima. Pored toga, on ukazuje na posebno saosećanje između Isusa i prezrenih – beskućnika, bolesnih, žena i Samarićana. Među Isusovim sledbenicima bilo je mnogo poreznika i prostitutki. Luka veruje da su oni takođe Božji ljudi. Od prvih scena u Hramu iz Isusovog detinjstva i rane mladosti pa do kraja jevanđelja, gde se govori kako su učenici „otišli u Jerusalim i boravili stalno u Hramu, hvaleći Boga", Isusovi sledbenici su duboko lojalni Hramu – možda jedini pravi Izraeiliti preostali u Jerusalimu. Luka svakako namerava

LUKA I JOVAN POLAŽU PRAVO NA NASLEĐE

da pokaže kako su oni bliži Bogu nego fariseji ili ma koje druge jevrejske religijske vođe.

Duhovni rat između Boga i Satane – čiji je odraz sukob između Isusa i njegovih sledbenika, s jedne strane, i jevrejskih vođa, sa druge, postaje sve žešći tokom jevanđelja.[2] Posmatrajući kako se ljudi dele na njegove prijatelje i neprijatelje, Isus kaže:

„Mislite li da sam ja došao da dam zemlji mir? Ne, kažem vam, nego razdor. Jer će od sad pet u jednoj kući biti razdeljeni, ustaće tri na dva, i na dva, tri. Ustaće otac na sina i sin na oca; majka na kći i kći na majku" (12:51–53).

Dok glavni sveštenici i njihovi saveznici pružaju sve žešći otpor Isusu, izvesni fariseji ga upozoravaju (ovu epizodu nalazimo samo kod Luke) da mu jevrejski kralj radi o glavi: „Irod hoće da te ubije". Po Isusovom odgovoru se može reći da je Irod razgnevljen Isusovim izazovom Satani, sili koja vlada svetom: „Idite i kažite onoj lisici: evo izgonim đavole i isceljujem danas i sutra, a treći dan svršiću (13:32). Nakon što je Isus poslao sedamdeset apostola da isceljuju i objavljuju poruku Carstva, oni se vraćaju „radosni", iznenađeni i pobedonosni, govoreći: „Gospode, čak su nam i đavoli podređeni u tvoje ime". Isus likuje, predviđajući Satanin predstojeći poraz:

„Videh Satanu gde pade s neba kao munja. Evo vam dajem vlast da stajete na zmije i škorpije i na svaku silu neprijateljsku." (10:18–19).

U trenutku pre nego što će Satana ući u Judu i otpočeti izdaju, Isus upozorava, u paraboli, da će se on sam vratiti kao kralj da vidi uništenje svojih neprijatelja. Pred početak svog poslednjeg puta u Jerusalim, gde će ga, pri ulasku, učenici javno pozdraviti kao kralja, a većina Jerusalimljana odbaciti, Isus priča parabolu o „nekom plemiću" koji putuje u daleku zemlju „da sebi primi carstvo, i da se vrati" (19:12). Prilikom pobedonsonog povratka sa uspešne misije, njegova prva naredba je da se pogube njegovi neprijatelji: „*A one moje neprijatelje koji nisu hteli da ja budem car nad njima, dovedite amo, i isecite preda mnom*" (19:27; podvukao autor). U Lukinom tekstu vidimo nedvosmislenu paralelu: „I kazavši ovo pođe napred [predvodeći učenike], i iđaše gore u Jerusalim." Kad je stigao, on je odmah naredio svojim učenicima da pripreme njegov kraljevski ulazak u grad (videti *Knjigu Zaharije* 9: 9). Ali od četiri jevanđelja, jedino Lukino ubacuje reč „car" uzetu iz *Psalma* 118 u aklamacije koje su učenici izvikivali prilikom Isusovog dolaska u Jerusalim: „Blagosloven car koji dolazi u ime Gospodnje!" (*Psalm* 118: 26; *Luka* 19: 38). Kada su neki fariseji u okupljenom mnoštvu, očigledno zaprepašćeni ovom otvorenom kraljevskom dobrodošlicom, opomenuli Isusa: „Učitelju zapreti učenicima svojim", on je odgovorio: „Kažem vam: ako oni ućute, kamenje će povikati."

Zatim, kaže Luka, kako se zlokobna Pasha bližila, „glavni sveštenici i pisari su se domišljali kako da ga ubiju." Bila je to prilika na koju je Satana čekao: „Tada Satana uđe u Judu Iskariotskog", koji se odmah posavetova sa glavnim sveštenicima i službenicima Hrama kako da organizuju izdaju. Ali ovde, kao i u Markovoj verziji, sam Isus izjavljuje da niti Satanina uloga niti Božji predodređeni plan ne oslobađa Judu krivice: „I Sin Čovečiji dakle ide kao što je uređeno; ali teško čoveku onome koji ga izdaje! (22:22; videti *Jevanđelje po Marku* 14:21).

Jovan pominje naoružane rimske vojnike u grupi koja je uhapsila Isusa. Ali Luka pominje samo Jevreje i izostavlja tvrdnju zajedničku Marku i Mateju, da je „Sin čovečiji izdat i predat *u ruke grešnika*" (to jest, nejevreja). Umesto toga, u Lukinoj verziji, kada naoružana grupa stiže u Getsemanski vrt, Isus se obraća direktno „glavnim sveštenicima i službenicima hrama i starešinama koji su izišli protiv njega", i identifikuje ih kao ovaploćenje Satane: „Zar kao na hajduka iziđoste s noževima i koljem da me uhvatite? Svaki dan bio sam s vama u Hramu i ne digoste ruku na mene; ali sad je *vaš čas* i *oblast tame*" (22:52–53; podvukao autor).

Kao i Marko, Luka kaže da je grupa koja je došla da hapsi, „sčepala Isusa i odvela ga u prvosveštenikovu kuću", dok ih je Petar krišom pratio do prvosveštenikovog predvorja. Ali, tu se Lukina verzija razdvaja od Markove, izostavljajući Markovu detaljnu scenu suđenja pred Sanhedrinom. U Markovoj verziji, kao što smo videli, ceo Sanhedrin se sastaje u noći da sasluša veliki broj svedoka; prvosveštenik saslušava Isusa; a kulminacija suđenja je kad Sanhedrin jednodušno donosi smrtnu presudu zbog bogohuljenja. Marko – a Matej za njim – opisuje kako članovi Sanhedrina pljuju Isusa, biju i ismevaju ga, i kako im se čuvari u tome pridružuju (*Marko* 14:65; *Matej* 26:67–68).

Lukina priča je jednostavnija: Posle hapšenja, Isus provodi celu noć pod stražom u prvosveštenikovom predvorju, pred jutarnje zasedanje Sanhedrina. Luka kaže da ga nisu držali članovi aristokratskog Sanhedrina: „ljudi koji držahu Isusa" zabavljali su se za vreme duge noći time što su udarali i ismevali zatvorenika (22:63–65). Ujutru su čuvari odveli Isusa u prostoriju saveta u blizini Hrama a bi ga ispitao okupljeni Sanhedrin. Umesto formalnog suđenja, ovde je, izgleda, reč o nekoj vrsti sudskog saslušanja – bez svedoka i zvanične presude. Ipak, Sanhedrin odlučuje da odvede Isusa Pilatu i da pred njim iznese zvanične – i smrću kažnjive – optužbe protiv zatvorenika.

Da li je Luka imao pristup nezavisnim – možda ranijim – izveštajima o događajima koji su doveli do raspeća? Mnogi stručnjaci, među kojima se ističe Britanac Dejvid Kečpol, veruju da je imao.[3] Luka rekonstruiše scenu sa Isusovog saslušanja u Sanhedrinu:

„Jesi li ti Hristos? kaži nam." A on im reče: Ako vam i kažem, nećete mi verovati. Ako vas i zapitam, nećete mi odgovoriti, niti ćete me pustiti. Od sada će Sin Čovečiji sedeti s desne strane sile Božje. A oni mu rekoše: Ti li si, dakle, Sin Božji? A on im reče: „Vi kažete da sam ja" (22:67–70).

Lukina verzija, kao i Matejina i Jovanova, protivreči Markovoj tvrdnji da je Isus glasno i javno potvrdio svoju božansku misiju na svom suđenju (*Marko* 14:62). U Lukinoj verziji, Isus daje zaobilazne odgovore. Pošto ne postoje pisana svedočanstva, niko ne može reći šta se zaista dogodilo. I pored toga, mnogi, stotine jevrejskih i hrišćanskih stručnjaka, pokušali su da nađu odgovor. Čovek treba samo da baci pogled na Kečpolovu brižljivo urađenu monografiju *Suđenje Isusu* da vidi da je svaki čin u svakoj epizodi drame postao predmet žustre rasprave.

Uprkos ovim neizvesnostima, svaki tumač teksta mora, do izvesne mere, dešifrovati tradicionalne izvore i rekonstruisati, makar provizorno, mogući tok događaja. Takođe je neophodno utvrditi šta je svaki od četvorice jevanđelista dodao, i zbog čega. Sam Kečpol tvrdi da je Lukin izveštaj o suđenju pred Sanhedrinom „istorijski pouzdaniji" od drugih.[4] Prema tome, moglo bi se reći da su članovi Sanhedrina optužili Isusa da tvrdi kako je Mesija i Sin Božji. Rejmon Braun se ne slaže. Ovaj stručnjak zastupa tezu, koju i drugi brane, da se titule „Mesija" i „Sin Božji" pojavljuju kasnije, u hrišćanskim zajednicama (u ovom slučaju, u Lukinoj zajednici), i ne potiču od jevrejskog Sanhedrina. U svakom slučaju, prema Lukinoj verziji, Isus je javno prihvaćen kao kralj (19:38). Pored toga, Isus, kao što smo rekli, odbija da ućutka one koji mu kliču kao kralju, čak i kad ga fariseji opominju da ih ućutka (19:39–40). Članove Sanhedrina nije zanimalo da li je on sam tvrdio da je kralj, što jedino Marko kaže (14:61), ili je samo prihvatao mišljenje drugih, što kažu Matej, Luka i

Jovan; međutim, Sanhedrin je bio zabrinut zbog uticaja ovakvih tvrdnji na uznemireni narod koji se bio okupio da proslavi Pashu. Zbog toga, kaže Luka, Isusovi neprijatelji odlučuju da ga odvedu Pilatu, iznoseći tri optužbe sračunate da privuku guvernerovu pažnju: „Ovoga nađosmo da otpađuje narod naš [reklo bi se zbog učenja koje protivreči određenim religijskim vođama], i zabranjuje davati Cezaru danak, i govori da je on Hristos car." (23:2).

Marko i Matej kažu da je Pilat primio optužbe sa skepsom, no Lukin Pilat proglašava Isusa nevinim ni manje ni više nego triput. Najpre Pilat kaže, „Ja ne nalazim nikakve krivice u ovom čoveku". Zatim, nakon što prvosveštenici i svetina negoduju, okrivljujući Isusa za remećenje mira, Pilat pokušava da se oslobodi odgovornosti time sto šalje Isusa kralju Irodu. Dok i u Markovoj i u Matejevoj verziji Pilatovi vojnici ismevaju i biju Isusa, Luka čini Pilata još plemenitijim, govoreći da su Irod i njegovi službenici (kao i jevrejski službenici koji su učestvovali u hapšenju) ti koji su vređali i ismevali Isusa kao nazovi-kralja (23:11).

Isus je zatim vraćen Pilatu, koji zvanično saziva „glavne sveštenike i vlastodršce i narod". Ove tri grupe, po tradiciji podeljene (unutar svake grupe, jedni su bili za vođe, koje su mrzele Isusa, a drugi za narod, čije ga je prisustvo štitilo), postaju ujedinjeni front protiv Isusa. Pilat se ponovo obraća okupljenom mnoštvu:

> „Dovedoste mi ovoga čoveka kao koji narod otpađuje, i eto ja ga pred vama ispitah, i ne nalazim u ovom čoveku ni jedne krivice što vi na njega govorite; a ni Irod, jer sam ga slao k njemu; i eto se ne nalazi ništa da je učinio što bi zasluživalo smrt. Dakle da ga izbijem i pustim."

Ali Luka kaže da su jevrejske vođe i narod, čuvši Pilatovu odluku, jednodušno negodovali: „Ali narod *sav* povika govoreći: Uzmi ovoga" (23:18; podvukao autor). Prema

Luki, Pilat, nepopustljiv, i „opet reče da bi on hteo pustiti Isusa. A oni vikahu govoreći: Raspni ga, raspni!" Luka očigledno misli da je to neophodno još više naglasiti, po treći put jer sada on ponavlja Pilatovu presudu: „Kakvo je dakle zlo on učinio? Ja ništa u njemu ne nađoh što zaslužuje smrt; dakle da ga izbijem pa da pustim" (23:22). Ali posmatrači, kaže Luka,

> jednako navaljivahu s velikom vikom, i iskahu da se on razapne; i nadvlada vika njihova i glavnih sveštenika. I Pilat presudi da bude kao što ištu, i... Isusa ostavi na *njihovu volju* (23:23–25; podvukao autor).

Međutim, Luka se u ranijim delovima svoje naracije slaže s Markovom tvrdnjom da su Isusa njegovi neprijatelji predali „nejevrejima" (18:32). Luka će kasnije, kao i Marko, pomenuti rimskog centuriona koji je prisustvovao raspeću. Ove indicije, zajedno sa Lukinim priznanjem da je, prema pisanoj optužnici, Isus tvrdio da je „kralj Jevreja", i da je optužba bila pobuna (23:38) ukazuju da je Luka znao da su Rimljani u stvari objavili presudu i izvršili pogubljenje. No Luka oblikuje svoju naraciju na način koji čitaocu (pogotovu čitaocu koji nije upoznat s drugim izveštajima) dopušta, a možda čak i sugeriše, da zaključi sledeće: Pošto su Jevreji uhapsili Isusa, a jevrejski sud ga osudio na smrt, njega su razapeli jevrejski vojnici.

Luka menja mnoge pojedinosti Markovog opisa Isusove smrti u želji da naglasi Isusovu nevinost i dâ je s više nadahnuća. Kad je Isus razapet između dva lopova, (to jest, kao što smo videli između dva *lēstai*, dva čoveka možda takođe osuđena za pobunu), on se moli za svoje mučitelje: „Oče, oprosti im, jer ne znaju šta čine."[5] Marko je pokazao krajnje poniženje kojem je Isus bio podvrgnut, govoreći da su se čak i drugi osuđeni zločinci pridružili ismejavanju Isusa, ali Luka nudi drukčiju verziju te priče:

A jedan od obešenih zločinaca huljaše na njega govoreći: ako si ti Hristos pomozi sebi i nama. Ali drugi odgovarajući ćutkaše ga i govoraše: zar se ti ne bojiš Boga, kad si i sam osuđen tako? I mi smo još pravedno osuđeni; jer primamo po svojim delima kao što smo zaslužili; ali on nikakva zla nije učinio. I reče Isusu: opomeni me se, Gospode! kad dođeš u carstvo svoje. I reče mu Isus: zaista ti kažem: danas ćeš biti sa mnom u Raju" (23:39–43).

Luka tako ponovo naglašava Isusovu nevinost – nevino: koju priznaje čak i osuđeni zločinac – i pokazuje da Isu čak i na samrti ima moć da oprosti, iskupi i da spase i: gubljene. Luka izostavlja Isusov očajnički uzvik („Bož(Bože moj, zašto si me ostavio?" *Psalm* 22:1), a i posledn neartikulisani krik, i umeće molitvu vernika iz *Psalm* 31:5: „I povikavši Isus iza glasa reče: oče, u ruke tvoje pr(dajem duh svoj. I rekavši ovo izdahnu" (23:46). Luka t: ko izbacuje prizor Isusove agonije i zamenjuje ga scenoı u kojoj se s poverenjem predaje Bogu. Najzad, Luka ča kaže da su se mnogi posmatrači, videvši ovo, pokaja zbog svog dela: „I sav narod koji se bejaše skupio da gl(da ovo, kad vide šta biva, vrati se bijući se u prsa svoj: (23:48). Pored toga, menjajući Markov izveštaj, Luka k: že da je rimski centurion, videvši kako Isus umire „hval(ći Boga" ponovio Pilatovu presudu: „Zaista ovaj čove beše pravednik."

U prvim poglavljima *Dela apostolskih* Luka opet nagl: šava da u Isusovom raspeću Jevreji igraju veću ulogu c Rimljana. Petar se posebno obraća „ljudima Izraela" oj tužujući ih da su „razapeli i ubili" pravednika koga je Bc poslao Izraelu. Malo kasnije u tekstu, Petar se u propov(di ponovo obraća „ljudima Izraela", pominjući Isusa,

„kojega vi predadoste odrekoste ga se pred licem Pilatovim kad on sudi da ga pusti. A vi sveca i pravednika odrekoste se, a isprosiste čoveka krvnika da vam pokloni" (3:14–15)."

Luka daje mnoge detalje koji su doprineli kasnijim hrišćanskim percepcijama da je Pilat bio dobronamerni slabić, a da je jevrejski narod – to jest oni koji su, po Luki, otpadnička većina – odgovoran za Isusovu smrt, kao i za smrt mnogih njegovih sledbenika. Poznati francuski komentator Alfred Loazi kaže da su, prema Luki, „Jevreji tvorci sveg zla."[6] Loazijev komentar suviše pojednostavljuje stvari; međutim, kao što smo videli, Luka želi da pokaže kako ljudi koji se odriču Isusa čine Satanino delo na zemlji.

Pišući nezavisno od Luke, a verovatno deceniju kasnije, autor *Jevanđelja po Jovanu*, za koga mnogi stručnjaci misle da je bio jevrejski preobraćenik u hrišćanstvo, sa zapanjujuće sličnom gorčinom govori jevrejskoj većini.[7] U jednoj dramatičnoj sceni, Isus ljutito optužuje Jevreje da pokušavaju da ga ubiju, govoreći: „Vi ste od oca đavola!" i „Jevreji" odvraćaju optužujući Isusa da je Samaricanin – to jest, nije pravi Jevrejin – i da je „opsednut demonom," to jest – lud.

Stručnjaci se uglavnom slažu da Isus verovatno nije izgovorio te optužbe, ali primećuju da su ovakve reči odraz ogorčenog sukoba između Jovanove grupe Isusovih sledbenika (oko 90–100 godine n. e.) i jevrejske većine u njihovom gradu, pogotovu glavnih sveštenika u sinagogama. Pišući u nekoj jevrejskoj zajednici, možda u Palestini, Jovan očajava što su on i njegova braća hrišćani posle niza sukoba sa jevrejskim vođama silom prognani iz sinagoga i što im je zabranjeno učešće u zajedničkoj molitvi. Mi ne znamo šta se zaista dogodilo. Jovan jednostavno kaže, „Jevreji su se već složili da će svako ko propoveda da je Isus Mesija biti izbačen iz sinagoge" – doslovno rečeno, postaće *aposinagoge*, izbačen iz sopstvene sinagoge. Luis Martin, čija je specijalnost *Novi zavet*, objašnjava da je ovaj

traumatični razdor, ako i ne uzmemo u obzir njego
efekat na pojedince, definisao autopercepciju Jovanov
grupe: Jovanova grupa vidi sebe kao malenu manjinu Bc
žjih ljudi „koju svet mrzi," i koja podstiče svoje članove c
odbace celokupni društveni i religijski kontekst u kojie1
su rođeni.[8]

Luis Martin takođe kaže da se kriza u Jovanovoj zajec
nici događa u vreme kad je grupa jevrejskih učenjaka, pr(
dvođena rabinom Gamalijalom II (80–115 godine n. e
uvela u službu sinagoge takozvani *birkat ha-minim* (dc
slovno, „blagoslov jeretika"). *Birkat ha-minim* je molitv
koja priziva kletvu na „jeretike," uključujući hrišćane – p(
sebno identifikovane kao „nazarene." To je možda omc
gućilo vođama sinagoga da od osumnjičenog „nazaren;
traže da „stane ispred kovčega Zaveta" i predvodi pastv
u blagoslovu. Drugima rečima, u slučaju opravdane sur
nje, tajni hrišćanin bi prizivao kletvu na sebe i na svoju s;
braću vernike. Međutim, istoričar Ruven Kimelman se r.
slaže sa ovim objašnjenjem. Po njegovom mišljenju, o\
obredna kletva uvedena je u službu sinagoge znatno k;
snije, i stoga nije mogla izazvati krizu u prvom veku. A1
tor *Jevanđelja po Jovanu* sugeriše, međutim, da su vođe s
nagoga preduzimale mere drastičnije nego *birk*;
ha-minim, to jest da su isključili Isusove sledbenike kak
bi ih onemogućili da se mole zajedno sa ostalim Jevrej
ma.

Stvarne okolnosti ovih događaja ne znamo; ali znam
da u Jovanoj verziji priča o Isusu postaje kosmički sukc
– između božanskog svetla i iskonskog mraka, između t(
sno povezane grupe Isusovih sledbenika i neumoljivo;
grešnog „sveta" koji im se protivi. Jovanova verzija jeva1
đelja još od prvog veka teši i nadahnjuje grupe vernika k(
je se nalaze u položaju ugnjetene manjine, koja, kako o1
veruju, ovaploćuje božansku svetlost u svetu. Dok Mark
počinje svoju verziju Isusovim krštenjem, a Luka i Mat

samim Isusovim začećem, Jovan se vraća poreklu vasione. *Jevanđelje po Jovanu* počinje uvodnim rečima *Postanja*, po kojima Bog „u početku" odvaja svetlost od tame. Ponavljajući veličanstvenu kosmologiju *Postanja I*, Jovanov prolog identifikuje *logos*, Božju energiju koja deluje u postanju, sa životom (*zoe*) i svetlošću (*phos*), to jest „svetlošću ljudskih bića". Predviđajući poruku celog Jevanđelja, Jovan izjavljuje da „svetlost svetli u tami, a tama je ne obuze" (1:5). Prema Jovanu, „svetlost čovečanstva" najzad počinje da sija u Isusu i kroz Isusa iz Nazareta, koji se otkriva kao Sin Božji.

U svojoj verziji, Jovan uplić iskonske elemente razdvojene u postanju – svetlost i tamu – u ljudsku dramu, tumačeći ih istovremeno u religijskom, etičkom i društvenom kontekstu. Po Jovanu, ova božanska „svetlost" ne samo što „beše istina koja obasjava svakog čoveka koji dolazi na svet" (1:9) nego je takođe duhovni rodonačelnik onih koji je primaju, [„A koji je primiše dade im vlast da budu sinovi Božji" (1:12)]: sinovi Božji postaju „sinovi svetlosti" [„A Isus im reče: još je malo vremena svetlost s vama; hodite dok svetlost imate i da vas tama ne obuzme; jer ko hodi po tami ne zna kuda ide" (12:35)]. Kriza izazvana Isusovom pojavom otkriva druge kao „sinove tame," kao što Isus objašnjava jevrejskom vladaru Nikodemu:

„A sud je ovaj [doslovno, *kriza*]: da dođe na svet, i ljudima omilje većma tama nego li svetlost; jer njihova dela bejahu zla... Ali ko istinu čini ide k svetlu, da se vide dela njegova, jer su u Bogu učinjena." (3:19–21).

Pred kraj ovog jevanđelja, Isusovo Bogojavljenje u ljudskom društvu ono je što Bog postiže – u kosmološkim razmerama – u postanju: odvajanje svetlosti od tame, to jest – „sinova svetlosti" od dece mraka i đavola. Stavivši

najpre priču o Isusu u taj veličanstveni kosmološki okv
Jovan je zatim potpuno prebacuje u kontekst ljudskih o
nosa. Na taj način se „priča o Isusu u Jevanđelju u celi
odvija na zemlji."⁹ Ipak, širi, kosmološki kontekst govc
čitaocu da su Isusov dolazak i svi njegovi odnosi s ljudin
u stvari elementi natprirodne drame u kojoj učestvuju sn
ge dobra i zla.

Definišući borbu između dobra i zla kao borbu izm
đu svetla i tame, Jovan nikad ne predstavlja Satanu – š
druga jevanđelja čine, kao kao bestelesno biće. Na pr
pogled, predstava Satane kao da se povlači u pozadin
Nemački stručnjak Gustav Heneke čak tvrdi da se „kc
Jovana ideja đavola uopšte ne pojavljuje."¹⁰ Međutir
Rejmond Braun kaže, tačnije, da Jovan, kao i ostali jeva
đelisti, kazuje celu priču o Isusu kao borbu protiv Satai
koja kulminira u raspeću.¹¹ Mada Jovan nikad ne opisu
Satanu kao nezavisnu ličnost koja deluje nezavisno c
ljudskih bića, u njegovom jevanđelju ulogu kušača igra
ljudi.

Jovanova verzija sadrži sve tri „scene kušanja", koje n
lazimo kod Luke i kod Mateja; ali Jovanov Satana se 1
pojavljuje i ne deluje direktno. Umesto toga, kao što Rt
mond Braun objašnjava, Satanimu ulogu preuzimaju na
pre „ljudi": Isusovi slušaoci, i najzad njegova sopstvei
braća.¹² Na primer, Matej i Luka opisuju kako Satana iz
ziva Isusa da preuzme zemaljsku vlast (*Matej* 4:8–9; *Lul*
4:5–6). Međutim, kod Jovana, Isusa izazivaju ljudi: „;
kad razume Isus da hoće da dođu i da učine ga carem, oi
de u goru sam" (6:15). Ovde, kao i u ostalim Jevanđel
ma, Isus odoleva iskušenju, izbegava mnoštvo i beži.
drugom opisu kušanja, Matej i Luka, sledeći izvor *Q*, g
vore da je đavo izazivao Isusa da dokaže svoj božans
autoritet time što će pretvoriti „ovo kamenje u hleb". N
Jovan kaže da su svedoci čuda – na primer, pretvaranja p
hlebova u bezbroj – izazivali Isusa da učini *još jedno* čuc

kao dodatni dokaz svog mesijanskog identiteta. Poput đavola, koji citira *Svete spise* u jevanđeljima po Luki i Mateju, u *Jevanđelju po Jovanu* ih citira „narod", podstičući Isusa da čudotvorno proizvede hleb:

> „A oni mu rekoše: kakav dakle ti pokazuješ znak da vidimo i da verujemo? Šta radiš ti? Očevi naši jedoše manu u pustinji, kao što je napisano: hleb s neba dade im da jedu" (6:30-31).

Isus odoleva i ovom iskušenju, i baš kao što Matejev Isus odvraća đavolu metaforom o duhovnoj hrani („A on odgovori i reče: pisano je: ne živi čovek o samom hlebu, no o svakoj reči koja izlazi iz usta Božjih"; [4:4]), tako Jovanov Isus govori o „hlebu istinitom s neba" (6:32). Đavo kuša Isusa da javno ispolji svoju božansku moć (*Matej* 4:5-6; *Luka* 4:9-12); ovo kušanje se kod Jovana pojavljuje u sledećem vidu: Isusova sopstvena braća, koja, kako kaže Jovan, nisu verovala u njega, kušaju Isusa da „ide u Judeju", „da javi sebe svetu" u Jerusalimu, gde, kao što su on i oni dobro znali, njegovi neprijatelji hoće da ga ubiju (7:1-5). Isus odoleva i tom iskušenju.

Po Jovanu, sam Isus otkriva identitet zlotvora. Čuvši kako Petar izjavljuje da „mi [učenici] verujemo da si ti Mesija, Sin Božji", Isus odsečno odgovara:

> „'Ne izabrah li ja vas dvanaestoricu, i jedan od vas je đavo?' A govoraše za Judu Simonovom Iskariota sina Simonovog, jer ga on hteše izdati, i bejaše jedan od dvanaestorice" (6:70-71).

Predviđajući izdaju, Isus ponovo identifikuje svog izdajnika, Judu, zajedno s pratećom ekspedicijom rimskih i jevrejskih vojnika, dok se njegov natprirodni neprijatelj pojavljuje u ljudskom obličju. Prema Mateju, Isus objavjuje Judin dolazak u Getsemanski vrt rečima: „Ustanite da idemo; evo se približi izdajnik moj" (16:46). Međutim, u Jovanovoj verziji, objavljuje: „ide knez ovog sveta [t jest, „zlotvor"]... Ustanite, hajdemo odavde" (14:30–31 Malo ranije u tekstu, Isus optužuje „Jevreje koji su ver(vali u njega" kako kuju zaveru da ga ubiju. On dva pu optužuje: „vi hoćete da me ubijete". „Jevreje", koji ne r: zumeju šta on govori, Isus zatim identifikuje kao ljude k(ji su nekad verovali u njega, ali sad pripadaju Satani: „V: je otac đavo; i slasti oca svojega hoćete da činite: on je kr nik ljudski od početka" (8:44). Rejmond Braun ovako k(mentariše ove Isusove tvrdnje:

> činjenica da je đavo Isusov glavni protivnik po prvi put izlazi na videlo. Ovaj motiv postaje sve glasniji što se „čas" Isusove [smrti] približava, i Isusova muka će konačno biti predstavljena kao borba na smrt između Isusa i Satane.[13]

To je istina, ali Brauna uglavnom zanimaju teološ] aspekti. Šta ovo znači u kontekstu ljudskog sukoba? Mn(gi komentatori, a i bezbrojni hrišćani, prihvataju direktn ocenu uticajnog nemačkog stručnjaka za *Novi zavet* Rt dolfa Bultmana: „Ne može biti sumnje o fundamenta nom značenju teksta, koji pokazuje da *jevrejsko neverovt nje*, i neprijateljstvo prema istini i životu, *proističe iz tog što su oni đavolova deca*" (podvukao autor).[14] Bultman d(daje da Jovan, kao i Matej i Luka, u stvari optužuje Jevr(je za „namerno ubistvo".[15] (Na drugom mestu, kao što ć mo videti, Bultman iznosi tvrdnje sa drukčijii implikacijama.) Ovi pasusi iz Jovanovog teksta su u p(slednjih nekoliko decenija izazvali mnogobrojne diskusij Učesnici u ovim diskusijama, uglavnom hrišćanski komei tatori, često tvrde da reči u tekstu ne znače – da u mora nom kontekstu ne mogu značiti – ono što znače za većin hrišćana već gotovo dva milenijuma.

Mnogi stručnjaci primećuju da se termin „Jevreji" p(javljuje kod Jovana mnogo češće nego u ostalim jevanđ(

ljima, i da njegova upotreba termina ukazuje na činjenicu da se autor *Jevanđelja po Jovanu* i njegovi verni sledbenici još više distanciraju od jevrejske većine nego ostali jevanđelisti. Desetine, stotine članaka predlažu drukčija objašnjenja Jovanove upotrebe grčkog termina *Ioudaios*, što se obično prevodi kao „Jevrejin".[16] Ponekad, naravno, Jovanova upotreba termina se poklapa sa opštim ondašnjim značenjem u pasusima u kojima su Jevreji, jednostavno ljudi koji nisu nejevreji. Taj termin kod Jovana dva puta upotrebljaju stranci: prvo, Samarićanka, a kasnije, rimski guverner Pontije Pilat, identifikujući samog Isusa kao „Jevrejina" (Jovan 4:9; 18:34). Na drugim mestima, termin se očigledno odosi na Judejce – to jest, narod Jerusalima i okoline – i definiše ih kao različite od Galilejaca i Samarićana. U drugim pasusima, termin „Jevrejin" je očigledno sinonim za jevrejske vođe. Međutim, na nekim mestima gde se pomenuti pasusi donekle poklapaju, Jovan upotrebljava termin „Jevreji" da označi narod stran Isusu i neprijateljski prema njemu. Jovan ponavlja, na primer, da su „Jevreji hteli da [ga] ubiju," i da je Isus ponekad izbegavao da putuje u Jerusalim „strahujući od Jevreja".

U glavi osmoj, u kojoj se upušta u neprijateljski dijalog sa „Jevrejima koji su nekad verovali u njega", konačno žigoše „Jevreje" kao Satanin porod, Isus očigledno ne pravi prostu etničku razliku, jer, naravno, u toj sceni, Isus i svi njegovi učenici su, kao i njihovi protivnici, Jevreji. U ovoj sceni, kao što Isus ovaploćuje božansku svetlost Božjeg prisustva, „Jevreji" predstavljaju „svet" koji odbacuje tu svetlost. U svom prologu, Jovan kaže:

„Beše svetlost istinita koja obasjava svakoga čoveka koji dolazi na svet. Na svetu beše, i svet krozanj posta, i svet ga ne pozna. K svojima dođe, i svoji ga ne primiše" (1:9–11).

Kasnije, kao što Bultman ističe, „Jevreji" postaju sinoni[m] za taj odbojni, neverni „svet."[17] Nemački stručnjak za N[ovi] vi zavet Hajnrih Šnajder iznosi stanovište s kojim se hr[i]šćanski istraživači uglavnom slažu:

> U uvodnim poglavljima [Jovana], narod uglavnom ne prihvata Isusa; u kasnijim poglavljima ovo neprihvatanje se u sve većoj meri identifikuje sa [određenom] grupom..., Jevrejima. Na kraju, ta grupa predstavlja snage koje su protiv Isusa, drugim rečima – sile mraka. *Očigledno, ovde nije reč o etničkoj grupi, nego o dramatičnom teološkom simbolu... Mi bismo promašili pravo značenje ovog simbola ako bismo gledali na Jovanonovg „Jevrejina" isključivo kao na istorijsku figuru... „Jevreji" su stalno prisutna realnost i pretnja svakom obožavanju Boga duhom i istinito* (podvukao autor).[18]

Ipak, drugi komentatori, kao na primer Samjuel Sa[n]dmel, ne misle da ovde očigledno nije reč o etničkoj gr[u]pi. Sandmel insistira da takva tumačenja žele „da oslobo[di]de jevanđelje očigledne krivice za antisemitizam[."] Sandmel ističe da Jovan ne optužuje „čovečanstvo" [i] „svet" za zahtev da se Isus pogubi, nego posebno izdva[ja] „Jevreje".[19]

Svaki čitalac *Jevanđelja po Jovanu* može da vidi da „J[e]vreji" kod Jovana postaju ono što Bultman naziva „simbo[o]lom ljudskog zla". Moglo bi se reći da stručnjaci koji pr[i]hvataju Bultmanovu i Šnajderovu tezu da je term[in] „Jevrejin" simboličan – bez društvenih i političkih impl[i]kacija – praktikuju apologetiku koja zaobilazi problen[.] Jovanova odluka da identifikuje stvarnu grupu ljudi međ[u] Isusovim, a i svojim, savremenicima kao simbol „sveg zl[a] očgledno ima religijske, društvene i političe implikacij[a.] Da li bi iko danas negirao pomenute implikacije kada [bi] neki uticajni autor definisao žene, muslimane ili homose[k] sualce kao „simbol sveg zla"? Dajući tu ulogu Jevrejima, *Jevanđelje po Jovanu* može da izazove, čak opravda, neprijateljstvo prema judejstvu. Ovo neprijateljstvo je, po stručnjaku za *Novi zavet* Redžinaldu Fuleru, „na tragičan način i u ogromnoj meri ispoljeno tokom hrišćanske istorije".[20]

Nije mi namera ovde da podrobno opisujem, kao što to drugi čine, složenu istorijsku situaciju u čijem je kontekstu nastala Jovanova priča o Isusovoj muci. No, pretpostavimo kao istorijski moguće da su izvesne jevrejske vođe sarađivale s rimskim vlastima prilikom Isusovog hapšenja i pogubljenja. Pretpostavimo takođe, da je tačno, kao što ubedljivo objašnjavaju Luis Martin i drugi, da autor *Jevanđelja po Jovanu* unosi u svoju naraciju sukobe u kojima je sam učestvovao; to su mogli biti sukobi s onima koje Jovanova grupa naziva terminom „Jevreji", podrazumevajući pod tim terminom prvenstveno Jovanu poznate (oko 90–100 godine n.e) jevrejske vođe i njihove sledbenike. Nije mi cilj da precizno objasnim kako je Jovan upotrebljavao termin „Jevrejin". Moj je cilj jednostavniji. Ja želim da pokažem kako *Jevanđelje po Jovanu*, kao i ostala jevanđelja, povezuje mitološku figuru Satane sa određenom ljudskom grupom Isusovih protivnika, prvo uključujujući u tu grupu Judu Iskariotskog, zatim jevrejske vlasti, i najzad, kolektivno, „Jevreje". Zatim, kao što smo videli, od samog početka teksta, autor *Jevanđelja po Jovanu*, kao i njegovi kumranski prethodnici, deli bojno polje na stranu „sinova svetla" i stranu „sinova tame", mada za Jovana Isus predstavlja „svetlost." Nakon što su „Jevreji" pokušali da ga kamenuju zato što je izgovorio za njih bogohulne reči, to jest, polagao pravo na božansko ime (8:58), Isus izjavljuje:

> „Meni valja raditi dela onoga koji me posla dok je dan: doći će noć kad niko ne može raditi. Dok sam na svetu svetlost sam svetu." (9:4–5).

Ubrzavajući naraciju ka opisu Isusove muke, koji sačinj;
va polovinu celog jevanđelja, Jovan, kao i Luka, obelod;
njuje optužbe koje Marko i Matej nagovešavaju: da je sai
Satana podstakao Judinu izdaju:

„I po večeri kad se đavo već beše metnuo u srce Ju-
di Simonovu Iskariotskome da ga izda. I po zaloga-
ju tada uđe u njega satana. Onda mu reče Isus: šta
činiš čini brže... A on uzevši zalogaj odmah iziđe: a
beše noć." (13:2; 27–30).

Jovan, koji tvrdi da Isus jasno vidi šta će se desiti i da sı
vereno vlada događajima, piše da sam Isus daje Judi zak
gaj koji prethodi Sataninom ulasku (i na taj način ispunj;
va proročanstvo iz *Psalma* 41: 9). Isus zatim određu
sledeći Judin postupak („šta činiš čini brže"). U tom koİ
nom trenutku, kojim otpočnje izdaja Isusa, Jovan, kao
Luka, opisuje „silu mraka" (videti Luka 22:53) koja prekɪ
va „svetlost sveta": otud ogoljena poslednja rečenica: *en ɩ
nux* („pade noć").

Ovde je kazivanje o raspeću više nego priča; po rečin
Jovanovog Isusa, to je *sud*, ili *kriza* – ako doslovno prev
demo grčki termin *krisis*. Predviđajući svoje raspeće, Isı
izjavljuje da ono, umesto što predstavlja sud protiv *njeg;*
predstavlja Božji sud protiv „ovog sveta"; umesto da un
šti Isusa, ono će uništiti đavolskog „vladara sveta":

„Sad je sud [*krisis*] ovome svetu: sad će biti isteran
knez ovoga sveta napolje. I kad ja budem podignut
od zemlje, sve ću privući k sebi. A ovo govoraše da
pokaže kakvom će smrti umreti (Jovan 12:31–32; vi-
deti takođe 14:30).

Čitaoci *Jevanđelja po Jovanu* je ovako predočeno da dog
đaji koje on opisuje, a i sam opis događaja služe, izmeć
ostalog, da sude i kao „sinove mraka" osude ljude koji ;
učestvovali u uništavanju Isusa. Jovan, kao i Luka, uklan

sve tragove rimskog učešća u Isusovom pogubljenju. U gotovo svakoj ključnoj epizodi svoje naracije Jovan se prepušta, po mišljenju jednog stručnjaka, „bizarnom preterivanju" kad insistira da krivica za raspeće, od prvih koraka do naredbe i samog pogubljenja, pada na Isusove *bliske* neprijatelje, njegove sugrađane Jevreje.

Očigledno se oslanjajući na raniji izvor koji nije u vezi sa jevanđeljima, Jovan izveštava da pre Isusovog hapšenja;

„Glavari sveštenički i fariseji sabraše Sanhedrin, i govorahu: šta ćemo činiti? Čovek ovaj čini mnoga čudesa. Ako ga ostavimo tako, svi će mu verovati: pa će doći Rimljani i uzeti nam zemlju i narod." (11:47–48).

Mislim da su u pravu britanski klasični filolog Fergus Milar i drugi, koji smatraju da je ovaj deo Jovanove naracije možda verdostojniji od drugih priča ovog jevanđelja.[21] Za razliku od detaljnog suđenja koje Marko i Matej opisuju, u Jovanovoj verziji članovi saveta izražavaju zabrinutost zbog nemira koje Isus izaziva među ljudima, što verovatno motiviše njihovu presudu, jer oni žele da zaštite svoje ljude od mogućih rimskih represalija, čak po cenu nepravednog pogubljenja. Nakon što „Juda, skupivši četu [po svoj prilici rimskih vojnika] i od glavara svešteničkih i fariseja momke" (18:3) izdaje Isusa, četa vojnika ga hvata, vezuje i odvodi Ani, „prvosveštenikovom tastu", koji ga saslušava i „šalje vezanog prvosvešteniku Kajafi". Rozmari Ruter primećuje da Jovan ovde pokušava da zataška političke optužbe protiv Isusa (da tvrdi kako je kralj) kako bi istakao religijsku optužbu: ugrožavanje Hrama.[22]

Mada Jovan ne govori ni o kakvom drugom procesu u jevrejskom sudu, on ne dopušta nikakvu sumnju da su glavni sveštenici želeli Isusovu smrt. Jovan opisuje kako se sveštenici licemerno izvlače kada ih Pilat ispituje o optužbi: „Kad on ne bi bio zločinac ne bismo ga predali tebi

LUKA I JOVAN POLAŽU PRAVO NA NASLEĐE

(18:30). Kada Pilat, koji još nije čuo optužbu, odgovar ravnodušno ili prezrivo: „Uzmite ga vi i po zakonu svoje mu sudite mu", „Jevreji" odgovaraju: „Mi ne smemo niko ga pogubiti" (18:31).

Neki stručnjaci misle da je ova poslednja tvrdnja netač na. Ričard Hazband tvrdi da je jevrejski Sanhedrin po rim skom zakonu iz prvog veka zadržao svoje tradicionaln pravo da smrću kažnjava izvesne zločine definisane kao re ligijske – na primer, skrnavljenje prostorija Hrama, kršenj Zakona i preljubu.[23] Hazband i drugi stručnjaci ističu d su nekih pet godina posle Isusove smrti, 36. godine n.e Jevreji do smrti kamenovali njegovog sledbenika Stefan jer „govori protiv Zakona". Da li je to bila svetina koja lir čuje ili masa koja sprovodi presudu Sanhedrina?

Josif piše da je 62. godine n.e. prvosveštenik Anan I sazvao Sanhedrin i osudio Isusovog brata Jakova i još ne količinu na smrt kamenovanjem, zbog optužbe da su krš li Zakon. Anan II je očigledno platio za ova pogubljenj svojim prvosvešteničkim položajem, budući da su se izve sni Jerusalimljani žalili jevrejskom kralju Agripi II i rim skom prokuratoru Albinu da je Anan pogubio Jakova ostale bez Albinove dozvole, i ne obavestivši ga. Josif op suje jedan kasniji slučaj po kojem bi se moglo reći da s jevrejske vođe postale opreznije kad je u pitanju pogublje nje bez dozvole Rima. Čoveka po imenu Isus bar Anan ja, koji je javno prorekao pad Jerusalima i njegovog Hra ma, uhapsile i tukle istaknute jevrejske vođe. Kad su g doveli pred tog istog Albina, očigledno se nadajući smr noj presudi,

> Isus je odbio da odgovara na prefektova pitanja i stoga ga je Albin kao ludog pustio na slobodu. Na taj način, uprkos svom gnevu, jevrejske vođe, koje su bile ovlašćene da hapse i biju, nisu smele pogubiti ovog Isusa kao što su pogubile Jakova. (*Rat* 6.2).

Već šezdesetih godina prvog veka rimska dozvola za pogubljenje bila je neophodan ili barem bitan faktor. Budući da pouzdanih istorijskih dokaza nema, intenzivno naučno istraživanje i debata nisu dali definitivan odgovor na ovo pitanje. Međutim, u slučaju Isusa iz Nazareta, hrišćanski izvori retko sugerišu da su u stvari Jevreji pogubili Isusa, bez rimske dozvole ili s njom. Iako jevanđelja ne daju sam opis prizora u kojem Pilat osuđuje Isusa na smrt, istorijski dokazi i tekstovi jevanđelja ukazuju na činjenicu da je guverner po svoj prilici naredio svojim vojnicima da pogube Isusa zbog pobune. A što se tiče razgovora između jevrejskih vlasti i guvernera, naši jedini izvori su sama jevanđelja i kasnije hrišćanske i jevrejske reinterpretacije ovih događaja, koje su ispunjene uzajamnim optužbama i polemikama. Ne uzimajući u obzir pravna ovlašćenja Sanhedrina kada je reč o smrtnoj kazni, dovoljno je jasno da Jovan tvrdi sledeće: mada je poznato da su Rimljani pogubili Isusa na svoj poseban način (videti 19:32), njih su na to prisilili „Jevreji".[24]

Kada Pilat pita Isusa, „Jesi li ti kralj?", Isus mu odgovara pitanjem, a Pilat odgovara: *„Zar sam ja Jevrejin? Rod tvoj i glavari sveštenički predadoše te meni: šta si učinio?*" (18:35; podvukao autor). „Kad bi moje carstvo bilo od ovoga sveta", kaže Isus, „onda bi sluge moje branile da ne bih bio predan Jevrejima" (18:36). Ovde vidimo ironično jovanovsko obrtanje optužbe u jevanđelima po Marku, Luki i Mateju, gde je opisano kako Jevreji „predaju Isusa nacijama".

U *Jevanđelju po Jovanu,* kao i u *Jevanđelju po Luki,* Pilat tri puta proglašava Isusa nevinim i tri puta predlaže oslobođenje. Ali svaki put, glavni sveštenici i ljudi koje Jovan naziva „Jevrejima" uzvikuju, zahtevajući da ga Pilat „razapne". (18:38–40; 19:5–7; 19:14–15). Jovan takođe „objašnjava" da je Pilat dozvolio svojim vojnicima da šibaju i muče Isusa samo da bi izazvao saosećanje među sve-

tinom (19:1–4) i tako umirio – kako kaže britanski stru(
njak Denis Najnam – „nezajažljivi bes Jevreja".[25] Kada s
Jevreji, dodaje Jovan, negodovali jer Isus krši njihov rel
gijski zakon, tvrdeći da i stoga „zaslužuje da umre", Pil;
se „još više poboja" (19:8). Obraćajući se Isusu, još u n;
di da će naći način da ga oslobodi, Pilat umesto odgovc
ra dobija od zatvorenika neku vrstu oproštaja njegove, P
latove krivice: govoreći kao da je on Pilatov sudija (št
Jovan veruje da jeste), Isus izjavljuje guverneru da „on;
ima veći greh koji me predade tebi." Kada mnoštvo pre
da će optužiti Pilata za izdaju Rima (19:12), Pilat još jec
nom pokušava, bez uspeha, da oslobodi Isusa: „Zar ca1
vašeg da razapnem?" Glavni sveštenici odgovaraju: „N
nemamo cara osim Cezara," i Pilat konačno popušta pov
cima. U tom trenutku, kaže Jovan, Pilat, niti osudivši Isu
sa niti naredivši njegovo pogubljenje, „predade im ga [.
susa] da se razapne" (19:16). U ovoj sceni, kao što C. F
Dod, komentariše, „sveštenici vrše nepopustljiv pritisa
dok guverner izvrdava kao lovljeni zec."[26] Odmah pošt
je Pilat predao Isusa Jevrejima, pripovedač nastavlja, „o1
uzeše Isusa i odvedoše... na mesto koje se zove kosturnic
i hebrejski Golgota. Onde ga razapeše, i s njim drugu dvc
jicu" (19:16–18).

Posle opisa raspeća, kojim Jovan pokazuje kako je Isu
sova sramna smrt tačno do detalja ispunila proročanstvc
on dodaje da Josif iz Arimateje, „koji beše učenik Isuso\
ali kradom, strahujući od Jevreja" (19:38), moli Pilata d
mu dozvoli da preuzme Isusovo telo i sahrani ga. Jovanc
va naracija sugeriše da su se Josif i Nikodem, takođe taj1
učenik, plašili, zbog izuzetne osvetoljubivosti Isusovih n(
prijatelja, da mu pruže pristojan pogreb. Postoje mnogc
brojne stručne rasprave o motivima koji su nagnali Jov;
na da opiše Pilata kao čoveka koji želi da oslobodi nevino
Isusa, a Jevreje prikaže ne samo kao „nitkove nego i vrhu
nac nitkovluka."[27]

Međutim, umesto da potpuno oslobodi Pilata krivice, Jovanov Isus, postavljajući se kao sudija svom sudiji, kao što smo videli, okrivljuje Pilata za greh, ali za „manji" greh od jevrejskog. Kao što Pol Vinter primećuje:

> Strogi Pilat postaje sve mekši od jevanđelja do jevanđelja [od Marka do Mateja, od Mateja do Luke i onda do Jovana]. Kako se udaljuje od istorije, Pilat postaje sve simpatičnija ličnost.[28]

Što se tiče Jevreja, Isusovog „intimnog neprijatelja," proces je obrnut: Jevreji postaju sve neprijateljskiji. U početnoj sceni *Jevanđelja po Marku*, Isus ne izaziva svoje sugrađane Jevreje već sile zla. Isusovi sukobi rastu, prvo sa „pisarima" a zatim sa farisejima i irodovcima, a kulminacija nastaje kada njegov sopstveni narod, učestvujući u konfliktu koji Marko opisuje kao u suštini međujevrejski, ubeđuje nevoljne rimske snage da pogube Isusa. Kod Mateja, koji je pisao nekih dvadeset godina posle Marka, u opisu antagonizma između Isusa i većine njegovih jevrejskih savremenika ima, kao što smo videli, mnogo više gorčine i agresije. Matej čak daje kralju Irodu ulogu omrznutog tiranina Faraona. Zaista, čim je Isus rođen, kaže Matej, Irod i „sav Jerusalim s njim", pogotovu svi glavni sveštenici i pisari naroda, bili su uznemireni, i Irod odluči da ga ubije. Matej opisuje fariseje, religijske vođe svoga vremena kao „sinove pakla", osuđene, zajedno sa onima koji odbacuju Isusovo učenje, na večnu kaznu u „ognju određenom za đavola i sve njegove anđele". Po mom mišljenju, tačna je nedavna analiza A. Overmena da i sam Matej, u stvari, želi da opiše bitku između rivalskih reformatorskih jevrejskih grupa, i da u toj bici, svaka grupa ističe svoju superiornu pravednost, tvrdeći da su druge opsednute demonima.[29]

Kao što smo videli, Luka je mnogo radikalniji. Čim se đavo pojavio da kuša i uništi Isusa, svi Isusovi sugrađani,

LUKA I JOVAN POLAŽU PRAVO NA NASLEĐE

razbešnjeni njegovim prvim javnim govorom u sinagog
pokušavaju da ga sunovrate niz liticu. Na samom vrhu
cu Lukine naracije, Satana se vraća lično, ako se može t
ko reći, da uđe u Judu i tako upravlja operacijom koja
završava raspećem.

Pišući oko 100. godine n.e., Jovan u svojoj naraciji 1
predstavlja đavola kao nezavisnu natprirodnu ličnost (
sumnjam da je Jovan poznavao tu narativnu figuru đav
la). Jovanov Satana, kao i sam Bog, biva ovaploćen najp
u Judi Iskariotskom, zatim u jevrejskim vlastima koje d
ju sve veći otpor Isusu, i najzad u ljudima koje Jovan n
ziva „Jevrejima". Jovan Jevreje ponekad karakteriše ka
Satanine saveznike, sada odvojene od Isusa i njegov
sledbenika, kao što je tama odvojena od svetlosti, ili sn
ge pakla od nebeskih armija.

Razni opisi đavola koje nalazimo kod jevanđelista
skladu su sa „društvenom istorijom Satane" – to jest,
istorijom sve šireg sukoba između grupa Isusovih sledb
nika i njihovih protivnika. Prikazujući Isusov život i por
ku na polemički način, jevanđelisti su bez sumnje želeli
učvrste solidarnost grupe. Čineći to, oni su oblikovali, 1
znajući nepredvidljive posledice svog delovanja, hrišćans
način samorazumevanja kao grupe povezane s Jevrejin
tokom dva milenijuma.

V

Satanino zemaljsko carstvo:
Hrišćani protiv pagana

Između 70. godine n.e., kad je pisano *Jevanđelje po Marku*, i 100. godine n.e., kad je pisano *Jevanđelje po Jovanu*, hrišćanski pokret je uglavnom bio nejevrejski. Uvidevši da je pripadništvo hrišćanskom pokretu opasno po život, mnogi preobraćenici su takođe primetili da im ne preti opasnost od Jevreja, već od pagana – rimskih oficira i gradske rulje koja je mrzela hrišćane zbog njihovog „ateizma", koji će, kako su Rimljani strahovali, navući gnev bogova na cele zajednice. Samo dve generacije posle Marka i Mateja, nejevrejski preobraćenici, mnogi od njih bivši pagani iz rimskih provincija – Male Azije, Sirije, Egipta, Afrike i Grčke, podesili su terminologiju Jevanđelja kako bi se bolje suočili s novim neprijateljem. Kao što su ranije generacije hrišćana tvrdile da vide Satanu među svojim sugrađanima Jevrejima, sada su preobraćenici, izloženi rimskom progonu, tvrdili da vide Satanu i njegove demonske saveznike na delu među *drugim nejevrejima*.

Pritisci državnog progona doveli su u pitanje karakterizaciju nejevreja koju nalazimo kod Mateja i Luke. Ti pisci, nadajući se povoljnom prijemu kod nejevrejske publike, opisivali su Rimljane i ostale nejevreje uglavnom povoljno, kao sto smo videli.[1] Sve dok su hrišćani bili manjinski pokret u jevrejskim zajednicama, oni su bili skloni da gledaju na Jevreje kao na potencijalne neprijatelje, a nejevreje da vide kao potencijalne preobraćenike. Mada se

SATANINO ZEMALJSKO CARSTVO

apostol Pavle, pišući oko 55. godine n. e., žalio da je izlo žen opasnosti na svakom koraku – „bio sam u strahu... c rodbine, u strahu od neznabožaca ... u strahu među l žnom braćom" (2 *Korinćanima* 11:26), kad govori o stva nom progonu, on pominje samo svoje sugrađane Jevrej „Od Jevreja primio sam pet puta četrdeset manje jeda udarac. Triput sam bio šiban, jednom su kamenje baca na me tri puta sam bio tučen motkama; jedan put sam b kamenovan" (2 *Korinćanima* 11:24–25). Prema Lukino izveštaju u *Delima*, Pavle je rimske sudije smatrao za sve je zaštitnike od jevrejskog neprijateljstva. Sam Pavle, piš ći hrišćanima u Rimu, naređuje: „Svaka duša da se poko rava vlastima koje vladaju; jer nema vlasti da nije od Bog a što su vlasti, od Boga su postavljene... jer je [vlast] B žji sluga, osvetnik na gnev onome koji zlo čini (*Rimlj nima* 13:1–4).

Ali sam Pavle je bio pogubljen, verovatno po nared nju rimskog sudije. Nekih deset godina kasnije, kad s mnogi Rimljani optuživali cara Nerona da je izazvao p žar koji je uništio veliki deo Rima, car je naredio hapšen grupe hrišćana, optužio ih za paljevinu i naredio da bud razapeti i živi spaljeni u njegovoj bašti, kao ljudske buki nje.[2]

Jedan sledbenik Pavlov, svestan okolnosti pod kojim umro njegov učitelj, kao i raznih opasnosti koje prete hr šćanima, upozorava u pismu pripisanom Pavlu, koje zove *Poslanica Efešanima*, da se hrišćani ne bore prot ljudskih bića:

> „Jer naš rat nije s krvlju i s telom [ljudskim bićima] nego s poglavarima i vlastima, i s upraviteljima tame ovoga sveta, s duhovima pakosti ispod neba" (6:12).

Ovaj autor Pavlove tradicije artikuliše atmosferu duho nog rata koju osećaju mnogi hrišćani, naročito oni izlož ni progonu. Autor *Otkrovenja*, tvrdeći da je bio prognan „za reč Božju i svedočanstvo Isusa Hrista" (1:9), i znajući da rimske sudije zatvaraju, muče i ubijaju druge, opisije užasavajuće i ekstatične vizije. U ovim proročanskim vizijama, tradicionalne slike životinja i čudovišta predstavljaju sile Rima, koje autor poistovećuje sa „đavolom i Satanom" (20:2; i dalje). Uprkos, uopšteno rečeno, pomirljivosti jevanđelja prema Rimljanima, opis raspeća, međutim, poziva hrišćane da uvide koje demonske snage deluju kroz rimske službenike, kao i kroz jevrejske vođe. Luka čak kaže kako je raspeće Isusovo iskovalo nesvetu alijansu između Pilata i Iroda, tako da su rimske i jevrejske vlasti postale prijatelji „toga dana" (23:12).

Nejevrejski preobraćenici, omraženi među drugim nejevrejima (često porodica, sugrađani i gradske sudije) verovali su da je Satana podsticao obožavaoce paganskih bogova da ugrožavaju Božji narod. Dok su se hrišćanski propovednici sve više obraćali nejevrejima, mnogi su uočili da je element hrišćanstva, koji vređa većinu Jevreja, još više vređa pagane: „Hrišćani su presekli tradicionalne veze između religije i nacije, ili naroda" i, kao što istoričar Robert Vilken ističe, „u antička vremena se podrazumevalo da je religija neraskidivo vezana za određen grad, naciju ili narod".[3] Jevreji su poistovećivali svoju religiju sa jevrejskim narodom kao celinom rasutom po svetu, ali ujedinjenom tradicijom. Za pagane, *pietas* upravo jeste poštovanje starih tradicija i čuvanje starih običaja. Međutim, hrišćanski pokret podstiče ljude na napuste običaje predaka i raskinu svete veze porodice, društva i nacije.

Pokret koji je počeo kao sekta unutar judejstva, biva odbačen od strane većine Jevreja a i sam odbacuje većinu, sada poziva ljude svake nacije i plemena da se pridruže novom „hrišćanskom društvu" i da raskinu sve ranije veze, rodbinske i ostale. Apostol Pavle izjavljuje: „Nema tu Jevrejina ni Grka, nema roba ni gospodara, nema muškog

roda ni ženskog; jer ste vi svi jedno u Isusu Hristu" (Galatima 3:28). Za one „ponovo rođene" u krštenju, svet sa
činjavaju dve vrste ljudi: pripadnici Carstva Božjeg, koji
su „građani neba" i podanici Satane, kojima još vlada zlotvor.

Uprkos zvaničnoj rimskoj osudi i neprijateljstvu paganskog naroda, pokret je rastao. Severnoafrički preobra
ćenik Tertulijan hvali se u jednom apelu rimskim carevima:

> Oni koji su nekad mrzeli hrišćanstvo... sada počinju
> da mrze ono što su nekad bili, i ispovedaju ono što
> su ranije mrzeli. Povika je da država vrvi od hrišćа
> na – da su oni u poljima, u gradovima, na ostrvima.
> Mnogi jadikuju, kao da je reč o nesreći, da muškar
> ci i žene svih uzrasta staleža, čak i ljudi na visokim
> položajima prilaze hrišćanskoj veroispovesti.[4]

Šta primorava pagane da „ispovedaju ono što su nekada mrzeli" – čak po cenu životne opasnosti? Tertulijan i
drugi, Justin, sa obale Male Azije, Justinov učenik Sirija
Tatijan, i Egipćanin Origen nude putokaze u našem traganju za odgovorima.

Justin, mladić koji je došao u Rim iz Male Azije oko
140. godine n.e. da studira filosofiju, otišao je jednog dana sa prijateljima u amfiteater da posmatra spektakularne
gladijatorske borbe koje su tu održavane u čast carskih ro
đendana. Gledaoci su bodrili ljude koji su se nehajno izlagali smrti, i ustreptalo iščekivali trenutak smrtnog udarca.
Gomila bi podivljala kada bi pobeđeni gladijator prkosno
isturio svoj vrat za mač svoga protivnika, a zviždala i glasno sipala poruge ako bi pobeđeni počeo panično da bе
ži.[5]

Justin je bio zaprepašćen kad je usred ove surove zabave ugledao grupu osuđenika koju su vodili divljim zverima. Smirena hrabrost s kojom su ovi ljudi čekali surovu javno pogubljenje zapanjila ga je, pogotovo kad je doznao da su to nepismeni ljudi, hrišćani, koje je rimski senator Takit nazvao „klasom ljudi omrznutom zbog sujeverja", čiji je osnivač, Hristos, i sam „bio kažnjen najtežom kaznom pod Pontijem Pilatom" oko sto godina ranije.[6] Justin je bio duboko potresen, jer je video kako grupa neobrazovanih ljudi postiže vrhunsko dostignuće dostupno filosofu, po mišljenju Platona i stoika Zenona. Ovo dostignuće jeste čovekova sposobnost da smireno prihvati smrt, sposobnost koju je gladijatorska poza samo parodirala. Dok je posmatrao, Justin je shvatio da prisustvuje natprirodnom događaju, čudu; i da su na neki način ti ljudi pronašli veliki, nepoznati izvor moći.

Justin bi bio još začuđeniji da je znao da ovi hrišćani sebe nisu smatrali filosofima već borcima u kosmičkoj bici, Božjim ratnicima protiv Satane.[7] Kao što je Justin doznao kasnije, njihovo zapanjujuće samopouzdanje je proisticalo iz ubeđenja da njihova muka i smrt u stvari ubrzavaju Božju pobedu nad snagama zla, snagama ovaploćenim u rimskom sudu koji im je izrekao presudu, i, takođe, u gledaocima kao što je sam Justin.

Nešto kasnije, šetajući sam po polju u blizini mora, Justin je neočekivano naišao na starca koji je, kako se ispostavilo, bio član dotične grupe.[8] Najpre je starac pitao Justina o njegovim studijama filosofije, ali, umesto da bude impresioniran, kao što je Justin očekivao, starac mu je uputio izazov rekavši da mu filosofija nikad neće doneti prosvetljenje.

Justin je u filosofiji tražio ne samo intelektualno razumevaje sveta nego samoostvarenje: Kakav će mi način života pribaviti sreću? Koji koraci vode preobraženju?[9] U ranijoj fazi svog filosofskog istraživanja, Justin kaže, on se bio „predao" učitelju stoiku, u nadi da prevaziđe svoje „obično", ljudsko stanoviste. Učitelji stoici su obećavali da čovek, ako proučava fiziku (doslovno: „prirodu"), može naučiti kako da svoj život, svaki događaj, prepreku i okolnost, stavi u univerzalni kontekst. Ova stoička nauk čoveku omogućuje pristup u božansku sferu, a ta je sfer isto što i priroda. Justin kaže da ga je obeshrabrivalo št je njegov učitelj retko govorio o božanskoj sferi i spreča vao pitanja o tom predmetu. Zato je Justin prešao dru gom učitelju, filosofu peripatetičaru. Posle nekoliko dana kad je njegov novi učitelj zahtevao platu za časove, Justi je, zgađen, prekinuo studije, zaključivši da taj čovek „uop šte nije filosof". Međutim, Justin se nije predavao. Otiša je učitelju pitagorejcu, koji se ponudio da Justina nauči f zičkoj i mentalnoj disciplini koja će mu uskladiti dušu s božanskom sferom. Kad je čuo kako mora savladati astrc nomiju, matematiku i muziku pre nego što počne d „shvata šta čini život srećnim", Justin je napustio i ovog učitelja.

Pobeđen i bespomoćan, Justin je najzad poverovao č je našao pravi put u učenju jednog sjajnog platoničar; Bio je već, kako kaže, učinio neliki korak ka prosvetljenju Verovao je da će uskoro biti u stanju da uzdigne svoj du i shvati božansko. Ali, stari hrišćanin koga je sreo pril kom šetnje pored mora doveo je u pitanje njegovu osnov nu filosofsku premisu: da u ljudskom duhu postoji velik sila i da ljudski duh može spoznati Boga sopstvenom sna gom. Starac je izrazio Justinovu najveću bojazan: da o gubi vreme; da ljudski duh, bez obzira na obrazovanje kapacitet, ne može dostići cilj; da ljudski duh ne mož sam spoznati Boga.

Kada ga je starac prvi put dao izazov, Justin se žestc ko opirao, ponavljajući platonske fraze. Kasnije, preprič; vajući ovaj događaj, Justin je shvatio ironiju svoje rani naivnosti: uhvatio je sebe kako ponavlja rečenicu „Plato kaže ... ja mu verujem". Osećajući se sve glupljim, Justi je shvatio da njegovo odupiranje starčevim argumentim jednostavno proizilazi iz slepog podvrgavanja Platonc vom autoritetu, i nije zasnovano na ubeđenjima ili na sopstvenom iskustvu.

Razgovarajući sa starcem, Justin je uvideo da je naišao na proces čiju dubinu intelekt ne može shvatiti. Justin je pretpostavljao da ima duh koji može da misli racionalno o svemu, čak i o božanskom. Sad je čuo potpuno suprotnu tvrdnju: da je sam duh zaražen demonskim silama koje iskrivljuju i remete našu misao. Prema starčevim rečima, da bi dostigao razumevanje, Justin, ili ma ko, mora prvo primiti božanski duh – silu daleko veću od naše razumne moći, silu koja „osvetljava duh". Ali Justin najpre treba da se podvrgne isterivanju zlih duhova, ritualu u kojem sveštenik, i sam ispunjen božanskim duhom, priziva duh moleći ga istera demonske sile koje borave u kandidatovom duhu i telu, i drže ga, kao i sve nekrštene duše, u zbunjenosti i neznanju.

Posle žučne rasprave sa starcem i velike unutrašnje borbe, Justin uviđa da su hrišćani pronašli pristup ogromnoj sili – božanskoj sili, uvek prisutnoj, sili koja će se, poput svetlosti, probiti kroz oblake, sili koju su na zemlju doneli moćni hrišćanski obredi kao što je, pre svega, krštenje.[10]

Pre nego što je otišao, Justin kaže, starac je mladiću naložio

„da se moliš, iznad svega, da ti vratnice svetlosti budu otvorene; jer to učenje ne mogu svi da shvate i razumeju, već samo čovek kome su Bog i njegov Hristos podarili mudrost."[11]

Posle starčevog odlaska, Justin kaže,

odmah se u mojoj duši upalio plamen, i obuze me ljubav... prema ljudima koji su prijatelji Hristovi; i dok sam prebirao njegove reči u glavi, uvideo sam da je jedino ta filosofija sigurna i korisna.[12]

Uspostavljajući vezu s drugim „prijateljima Hrist(
vim", Justin je zatražio da postane kandidat za obred k
štenja. On nam ne govori o svom krštenju, ali drugi izv(
ri kažu sledeće: Pošto se pripremio postom i molitvor
Justin iščekuje, uoči Uskrsa, obred koji će iz njega ister;
demonske sile i ispuniti ga novim, božanskim životor
Obred će teći ovako: Najpre, sveštenik pita Justina da
pristaje da „odbaci đavola, svu njegovu pratnju i njego'
anđele"; Justin će obredno izjaviti tri puta: „Odričem
se". Justin zatim nag silazi i uranja u vodu, spirajući gr
he i simbolišući smrt svog bivšeg ja. Nakon što svešten
izgovara božansko ime i priziva Duh da siđe na kandid
ta, Justin izlazi preporođen, oblači belu odoru, i prin
med pomešan s mlekom – hranu za novorođenče.[13]

Justin kaže da je u krštenju našao ono što je uzalud tr
žio u filosofiji: „to pranje mi zovemo prosvetljenjem; j
ljudi koji shvate to učenje postaju prosvetljeni u svom r
zumevanju".[14] Kasnije, on objašnjava potencijalnim pre(
braćenicima: „Pošto smo rođeni bez svesti ili mogućnos
izbora, proizvod snošaja načih roditelja, i rastemo s loši
navikama i zlim običajima", mi smo kršteni „kako ne b
smo više bili deca nužde i neznanja, kako bismo postali d
ca znanja i svesnog izbora".[15] Ponovno, obredno rođen
novim roditeljima – Bogu i Svetom duhu – omoguću
Justinu da odbaci ne samo svoju zemaljsku porodicu n
go i „navike i zle običaje" kojima su ga učili od detinjstv
Iznad svega, Justin je u stanju da odbaci tradicionalnu p(
božnost paganstva, čije bogove on sada vidi kao zle duh(
ve. Ušavši u ogoljeni i polarizovani hrišćanski svet, Just
se pridružuje onim hrabrim nepismenim hrišćanima či
je krvavu smrt video u rimskom amfiteatru. Sada Justi
kao i oni, vidi celu vasionu kao poprište kosmičkog suk(
ba. Justin veruje da su mu oči otvorene i da vidi istinu i:
naizgled bezopasnih materijalnih pojava: mramornih k
pova boginja Fortune i Rima, koje je svaki dan gledao ı

trgu, Heraklove slike iznad javnih kupatila, kipova Dionisa i Apolona u pozorištu. Iza tih familijarnih, vajanih lica Justin sada prepoznaje „duhovne snage zla na nebeskim mestima". Justin iznenada shvata, kao i Pavle, da sile koje manipulišu bespomoćnim čovečanstvom nisu ni ljudske ni božanske, kao što su to zamišljali pagani, nego demonske.

> Justinovi roditelji, pagani, odgajili su ga u tradicionalnoj pobožnosti, da poštuje prirodne sile kao božanske. Za pobožne pagane, kao što klasičar A. H. Armstrong kaže, stari bogovi posesduju lepotu i dobrotu sunca, mora, vetra, planina, velikih divljih životinja; to su sjajne, moćne i opasne realnosti izvan sfere morala, bez ikakvog interesovanja za ljudski rod.[16]

Paganska religiozna služba izražava strahopoštovanje pomešano sa užasavanjem od ogromnih sila koje ugrožavaju krhku ljudsku vrstu. Kad delfsko proročište poručuje vernicima: „Spoznaj sebe", to nije podsticaj na uzvišenu kontemplaciju i introspekciju, već prosta opomena da su smrtni, *efemerni* – u doslovnom prevodu grčkog termina, „stvorenja dana", koje međuigra nepojmljivih kosmičkih sila tera da žive i umiru.

Od šestog veka pre n. e. i nadalje, filosofi na razne načine razmišljaju o tim kosmičkim silama. Platon govori o „nuždi", drugi, o moći „sudbine" i „usuda" koji vladaju vasionom. Kasnije, stoički filosofi „demitologizuju" stare mitove i nanovo tumače same bogove – Zevsa, Heru, Afroditu – sada kao predstavnike elemenata prirodne vasione. Po nekim autorima, na primer, Hera predstavlja vazduh, Zevs, munju i grmljavinu, Eros i Afrodita, erotske energije koje nas navode na snošaj, a Ares, agresivnu energiju koja nas tera u rat.[17] Mnogi klasični filosofi misle da ovi bogovi po sebi nisu ni dobri ni zli. Mada se ponašanje paganskih bogova može činiti ćudljivim – ponekad

SATANINO ZEMALJSKO CARSTVO

dobroćudno, ponekad zloćudno, paganski filosofi uglanom misle da takvi kvalifikativi ne govore ništa o sami bogovima, već samo odražavaju ljudske reakcije na poj dinačne događaje.

Za Justina je preobraćenje promenilo sve. Za njega sad svaki bog ili duh kojeg je poznavao, uključujući i Apolona, Afroditu i Zevsa, koje je obožavao od detir stva, Satanin saveznik. Bogovi su Satanini saveznici – up kos sjajnoj raskoši njima posvećenim javnim procesijam uprkos hiljadama hramova i raskošno odevenom svešte stvu, uprkos činjenici da ih obožava sam car, njihov lič *pontifex maximus* („najviši sveštenik"). Ponovo rođen, Ji stin vidi vasionu duhovnih energija, koje pobožni paga ski filosofi nazivaju *daimones*, kao, po njegovim rečim „pogane *daimones*". U vreme kad je hrišćanski pokret osv jao svet Zapada, jezik je već odražavao ovu obrnutu pe cepciju: grčki termin *daimones*, „duhovne energije", izvo je modernog termina *demoni*.[18] Tako, smo mi, kaže Justi

> pripadnici svih rasa, pređašnji obožavaoci Dionisa, sina Semelinog, i Apolona, sina Letinog, koji zbog strasti prema ljudskim bićima činili dela neizgovorljive sramotnosti; pređašnji obožavaoci Persefone i Afrodite ... ili Eskulapa, ili bilo kojeg od takozvanih bogova; mi ih sada, kroz Isusa Hrista, preziremo čak po cenu smrti ... Mi sažaljevamo ljude koji u veruju takve događaje za koje znamo da su odgovorni *daimones*.[19]

Greše filosofi, kaže Justin, koji tvrde: „sve se događa zbc neizbežne nužnosti". Ove filosofe opovrgava svedoča stvo ljudi „ponovo rođenih Bogu", jer u njima vidim „iste osobe kako prelaze od jednog ka suprotnom učenju Justin kaže kako je otkrio da „Hristove reči" imaju „str hovitu moć da nadahnu ljude koji su skrenuli s pravog p ta". Sad on i njegova braća hrišćani, nekad, kao i većina, razdrti strašću, pohlepom i mržnjom,

> klonimo se demona i sledimo Boga; ... mi, bivši preljubnici, praktikujemo samokontrolu; mi, bivši ... srebroljupci, sada ulažemo u zajednički fond da pomognemo ljudima u nuždi; mi, koji smo se međusobno mrzeli i ubijali i odbijali da živimo s ljudima koji se etnički razlikuju od nas, sada živimo s njima zajedno.[20]

Justin u sopstvenom životu, i u životima drugih hrišćana, vidi prisustvo božanske sile koja im omogućava da žive „izvan prirode". Baš kao što su umirući hrišćani koje je posmatrao u amfiteatru nadahnutom hrabrošću prevazišli nagon za samoodržanjem, tako, kaže on, i drugi mogu prevazići tiraniju nagona:

> Mnogi od nas, muškarci i žene, hrišćani od detinjstva, čedni su, mada im je već šezdeset ili sedamdeset godina. Tvrdim da takve ljude mogu stvoriti svakoj rasi... a šta da kažem o bezbrojnom mnoštvu ljudi koji su promenili navike neumerenosti?[21]

Justin pominje ljude koji su, na primer, savladali neodoljivu potrebu za jakim pićem. Mnogi su, kaže Justin, „promenili svoju nasilničku i tiransku prirodu", savladani iznenađujućom popustljivošću, strpljenjem i nepokolebljivim poštenjem svojih suseda hrišćana.

Slaveći novo društvo koje sačinjavaju „preporođeni" Justin sada vidi staro društvo kao zlo, jer staro društvo, na primer, prepušta novorođenčad smrti ili oportunistima, koji decu uče prostituciji i prodaju ih na pijacama za robove kao „stada koza ili ovaca."[22] Justin je, kao privilegovani student filosofije, mogao biti moralno ravnodušan. Umesto toga, on negoduje zbog napuštene dece i žigoše moralne relativiste koji se diče svojom filosofskom

prefinjenošću: „Najveće je zlo reći da ni dobro ni zlo nis
ništa sami po sebi, i da ih jednostavno definiše ljudsk
mnjenje".[23]

Justinov život sad ima moralno usmerenje. On upor(
đuje svoj pređašnji prirodni život, kada je bio pasivni ple
demona, sa svojim sadašnjim, duhom ispunjenim, živc
tom:

> Naučili smo kako da pronađemo Boga... i verujemo
> da zla ili zavidljiva osoba, ili zaverenik, a i pravedna
> osoba, ne mogu izmaći Božjem oku; i svaka osoba,
> zavisno od vrednosti svojih dela prima večitu kaznu
> ili spasenje.[24]

Živeći svoj novi život, Justin uviđa da sada igra neupor(
divo veću ulogu u vasioni. Njegovi stavovi i odluke ne s;
mo što određuju njegovu sudbinu zauvek, nego ga u sv;
kom trenutku angažuju kao aktivnog učesnika u opšt(
borbi između Božjeg Duha i Satane.[25]

Ipak, Justin shvata ironiju – i stravu – svog novog pc
ložaja: božansko prosvetljenje ga je iščupalo iz familijarn
sredine, otuđilo od porodice i prijatelja i u velikoj me:
odvojilo od njegove kulture. I što je najstrašnije, potpun
ga je lišilo sigurnosti. Njegovo krštenje sukobljava ga
bogovima kojima se klanjao celog života; sukobljava g;
doneseći možda smrtnu opasnost, gotovo sa svim ljudim
koje poznaje, i iznad svega, s rimskim vlastima. On sa
pripada grupi na koju koju rimska većina i državne sudij
gledaju sumnjičavo i s prezrenjem, uprkos svim naporim
jevanđelista da odagnaju sumnje zvaničnih vlasti.[26] Ljuc
javno optuženi za vernost Hristu mogu biti hapšeni, s;
slušavani – često mučeni. „Priznanje" znači automatsk
smrtnu presudu. Pogubljenje je odsecanjem glave, ako čc
vek ima tu sreću da je rimski građanin, ili, ako nije, dugc
trajnim javnim mučenjem, uz izlaganje *ad bestias* – da g
rastrgnu divlje zveri u javnoj sportskoj areni. Justin zna d

ima slučajeva kad rimske vlasti muče vernike ili njihove robove, čak i žene i decu, sve dok ne iznude „priznanje" kako su ovi prisustvovali hrišćanskim zverstvima, i videli obredno ljudožderstvo i pijenje krvi upravo zaklane novorođenčadi. Nekih trideset godina ranije, čak i razumni državni službenik Plinije, guverner Bitinije u Maloj Aziji, ustanovio je, nakon mučenja, da izvesni hrišćani nisu krivi za zločine, ali ih je ipak osudio na smrt zbog njihove čiste „tvrdoglavosti."[27]

Ali, zašto sama reč „hrišćanin" izaziva tako silovitu, iracionalnu mržnju? Razmišljajući o tom pitanju, Justin nalazi odgovore u „memoarima apostola" (koje mi nazivamo jevanđeljima). Justin čita kako Božji Duh silazi na Isusa prilikom krštenja, i kako, zatim, Satana i njegovi demonski saveznici udaraju na Isusa, reagujući na krštenje, i proganjaju ga sve do smrti. Pored toga, Justin shvata, kad Duh siđe na krštenog, zle sile koje su napale Isusa sad napadaju njegove sledbenike. Jevanđelja objašnjavaju Justinu kako duhovne energije, demonske i božanske, često mogu biti u ljudskim bićima, često bez njihovog znanja, terajući ih ka uništenju – ili ka Bogu. Sada Justin razume upozorenje pripisano Pavlu:

> „Jer naš rat nije s krvlju i s telom, nego s poglavarima i vlastima, i s upraviteljima tame ovoga sveta, s duhovima pakosti ispod neba" (*Efešanima* 6:12).

Ubeđenje da nevidljive energije podstiču ljudska bića na akciju nije, naravno, ništa novo; ceo paganski svet je u to verovao. Hiljadu godina ranije, Homer je pisao o delovanju tih energija na ljudska bića: u Homerovim epovima Atena upućuje Ahila u herojski rat, a Afrodita grabi i obuzima Jelenu trojansku, izazivajući u njoj preljubničku strast koja vodi njen narod u rat. Sećajući se Sokratove smrti, Justin uviđa, zaprepašćen, da je sam Sokrat rekao ono što govore hrišćani – da su svi bogovi koje Homer

hvali u stvari zle energije koje kvare narod, „zavode žen(
i sodomizuju dečake", i pretnjama nateruju ljude da im s
klanjaju kao bogovima.²⁸ Sokrat je zato, kaže Justin, o(
bacio tradicionalnu religiju, zbog čega su ga optužili z
ateizam. Te iste demonske sile, besne na Sokrata što j
pretio da ih raskrinka, naterale su atinsku rulju da ga p(
gubi. Ova univerzalna demonska prevara, shvata Justir
objašnjava iracionalnu mržnju koju sâmo prisustvo hrišć;
na izaziva među paganima – ovde nije samo reč o silov
toj strasti neznalačke i neobuzdane rulje, nego i o krim
nalizaciji hrišćana koju su odobravali čak i najprosvećeni
carevi u istoriji Rima.

Justin hrabro upućuje otvoreno protestno pismo ovir
prosvećenim vladarima – caru Antoniju Piju i njegovim s
novima, princu-stoiku Marku Aureliju, koga on naziva „n;
jistinskijim filosofom" i „Luciju Filosofu" – obraćujući ir
se kao kolegama filosofima u nadi, kaže on, da će im otv(
riti oči. Justin izjavljuje da piše u ime „ljudi svih nacija k(
ji su nepravedno omrznuti i ubijani; ja, Justin, sin Prisko\
unuk Bakijev, iz Flavije Neapolis, koji sam jedan od ti
ljudi."²⁹ Poistovećujući se javno s ljudima koje demoni ž(
le da ubiju, Justin upućuje javni izazov koji neće doves
do amnestije nego će se svršiti, strahuje on, njegovim h;
pšenjem i pogubljenjem.

Mada se Justin na početku pisma ceremonijalno obr;
ća caru Antoniju Piju i njegovim sinovima, on im otvor(
no govori da oni, uprkos svojim filosofskim stremljenj
ma, ne gospodare sopstvenim duhom. „Čak i ovor
trenutku", upozorava Justin vladare rimskog sveta, „ti d(
moni teže da vas drže kao robove, onemogućavajući va:
da razumete šta mi govorimo."³⁰ Njihova iracionalna ja\
na mržnja prema hrišćanima dokazuje, kaže Justin, da s
njihove duše u vlasti istih zlih duhova koji su podstak
Atinjane da ubiju Sokrata; i sada, iz istog razloga, ti du
hovi ih teraju da ubijaju hrišćane.

Nešto kasnije, Justin, kome carevi nisu odgovorili, čuo je o slučaju uhapšene aristokratkinje-preobraćenika. Ona je, kaže Justin, pre preobraćenja u hrišćanstvo s mužem učestvovala u pijanim orgijama s domaćim robovima i drugim svetom. Međutim, prihvativši trezvenost nakon krštenja, žena je odbila da učestvuje u takvim pijankama, izrazivši želju da se razvede. Nadajući se pomirenju, njeni prijatelji su je ubeđivali da ostane s mužem. Ona je, kaže Justin, „odlučila, potpuno se suprotstavljajući svojim osećanjima, da ostane s njim". Međutim, ona je, čuvši da se se njen muž prilikom putovanja u Aleksandriju poneo gore nego ikad, tražila razvod i otišla. Muž ju je prijavio vlastima kao hrišćanku. Žena se obratila caru i tako uspela da odloži suđenje, ali se njen muž u nastupu besa okrenuo protiv Porfirija, njenog učitelja hrišćanske religije, izdejstvujući da njega i nekolicinu odmah uhapse i pogube.[31]

Uplašen i rastužen ovakvom presudom, Justin je napisao drugo protestno pismo, ovog puta „svetom senatu."[32] Nešto kasnije, sam Justin je bio optužen, uhapšen i saslušan. Rustik, prefekt Rima, naredio je Justinu i njegovim učenicima koji su s njim bili uhapšeni da „slušaju bogove i pokore se vladarima". Kad mu je ponuđeno oslobođenje od smrtne kazne ako prinese žrtvu bogovima, Justin je odlučno odbio: „Nijedan čovek zdravog razuma neće preći iz pobožnosti u nepobožnost". Rustik je ponovo upozorio optuženog na posledice, a onda je, uvidevši njegovu nepokolebljivost, izrekao presudu:

> Pošto su odbili da prinesu žrtve bogovima i da slušaju naređenja careva, da budu išibani i obezglavljeni, u skladu sa zakonima.[33]

Pobeđeni u rimskoj sudnici, Justin i njegovi drugovi išli su ka ćeliji za šibanje, tešeći se pobedom u odlučnoj bici:

oni su trijumfovali nad demonima čije je krajnje oružje t
ror – strah od bola i smrti. Da su vladari kojima se Justin obratio stvarno pročit
li njegove peticije (najverovatnije ih je neki carski sekret
stavio u vladinu arhivu), oni bi s prezrenjem gledali na J
stinovu viziju duhovnog sveta.³⁴ Marko Aurelije, dob
poznat po pisanjima sačuvanim u njegovom privatno
dnevniku, verovatno bi prezreo Justinovu „hrišćansku"
losofiju kao skaredno nadmenu i suprotnu s mukom d
segnutim istinama koje je Marko Aurelije našao u filos
fiji.³⁵ Poštovan za vreme svoje vladavine kao gospod
civilizovanog sveta (oko 161–180 godine n. e.), Marl
Aurelije je, više od svog carskog bogatstva i počasti, cen
religijsku filosofiju koja mu je pomogla da izvršava svc
dužnosti, pružajući mu potporu u časovima usamljenos
razočaranja i bola. Tokom svojih svakodnevnih poslov
Marko Aurelije se stalno oslanjao na filosofsko razmišlj
nje kako bi sebe podsetio da je on, kao i svaki čovek, p
tčinjen silama koje vladaju svemirom. Marka Aurelija
njegov otac, car Antonije Pije, odgajio da bude vlada
Protiv svoje volje, budući car napušta filosofiju, svoju pr
vu ljubav, da bi se posvetio praktičnim aktivnostima ka
što su ratne veštine, retorika, jahanje, kako bi izgradio k
rakter dostojan cara. Marko Aurelije hvali svoga oca ka
najbolji primer ljudskog karaktera. Bogovima je bio z
hvalan za sve pojedinosti svog života, naročito za bogor
danu sposobnost „da zamisli, jasno i često, život u sklac
s prirodom", i za „opomene – ili gotovo uputstva – bog
va", koji ovaploćuju snage prirode.³⁶ Mada se Marl
Aurelije često izražava jezikom tradicionalne pobožnos
on u svoj diskurs uključuje razmišljanja izvesnih stoičk
učitelja, među kojima je Musonije Ruf, u čijem se novo
tumačenju „starih bogova" Zevs, Hera, Afrodita i Apol
n javljaju kao elementi prirodne vasione. U svom proce
demitologizacije starih mitova, stoički filosofi su težili

umanje važnost tajanstvenih, hirovitih i neprijateljskih osobina koje su drevni pesnici Homer, Sapfo i Hesiod pripisivali bogovima.[37] Marko je dolazio do uverenja da su svi bogovi i *daimones* („duhovna bića"), i pored toga što ih čovek vidi kao haotične, čak sukobljene, sile, deo ujedinjenog kosmičkog poretka.[38] Sam, u noći, pišući svoj dnevnik, možda u šatoru, ušančen, sa svojim vojnicima, u tuđoj divljini, duž neke pritoke Dunava ili u panonskoj ravnici, Marko Aurelije često ispoljava strahopoštovanje prema kosmičkim silama. Pored toga, on je sasvim svestan krhkosti naše ljudske rase. Ali on veruje da pobožnost znači dobrovoljno pokoravanje *prirodi, nuždi* i *sudbini*. Za Marka Aurelija mogu jedan drugog zameniti u diskursu. Za njega se pitanje i ne postavlja: mi smo svi potčinjeni tim kosmičkim silama; jedino je pitanje da li im se možemo mirno potčiniti.

Govoreći kao čovek koji želi da ukroti strasti kao što su srdžba i bol, Marko Aurelije stalno sebe podseća da je „smrt, kao i rođenje, tajna prirode", i da obe tajne dopunjuju jedna drugu: Svaki događaj je običan i predvidljiv kao prolećna ruža ili letnja voćka; isto važi i za bolest, smrt, klevetu, zaveru i za sve drugo... . Tako, dakle, kad čovek duboko oseća i zna šta se događa u vasioni, gotovo sve, čak i događaji koji samo slede druge, biće prijatni, budući, na svoj način, skladan deo celine.[39]

Razmišljajući o gladijatorskim borbama i ljudima koje divlje životinje rastržu, Marko Aurelije zaključuje da će istinski filosof,

gledati na stvarne razjapljene čeljusti divljih životinja sa istim zadovoljstvom s kojim bi posmatrao umetničku predstavu toga prizora, pored toga, on će biti u stanju da ceni starost kao svojstvo starih ljudi, muškaraca i žena, kvalitet starosti, i da s blagom mudrošću posmatra erotsku lepotu mladih.⁴⁰

Marko Aurelije govori o „bogovima" kao o gigantskii vasionskim silama pomoću kojih su naši individualni živo ti utkani u opšte postojanje, u kojem će se na kraju rastvo riti:

> Ljudska duša je najarogantnija [*hybrystes*] kad postane, koliko je to moguće, vrsta čira, ili tumora, u vasioni. Jer svaka žalba je pobuna protiv prirode.⁴¹

Dobro znajući da katastrofa i sreća „slepo dolaze i do brim i zlim ljudima", Marko Aurelije se trudi da objası tu činjenicu. Da li vasiona jednostavno funkcioniše haot čno, „bez plana i uputstva"? Da li poštenje od nas zahte va da postanemo ateisti? Međutim, odbacujući tezu o be smislu života, i Marko Aurelije kaže,

> Nije reč o nekoj mani prirode, kao da je priroda neznalačka, ili nemoćna, ili kao da greši, kad i dobro i zlo podjednako i dolaze i zlim i dobrim ljudima.⁴²

Nasuprot, ovo nerazlikovanje između dobrih i zlih doka zuje da „življenje i umiranje, dobar glas i sramota, bol i za dovoljstvo, bogatstvo i siromaštvo u suštini nisu ni dob ni zli"; umesto toga, sve je jednostavno deo „de prirode". Međutim, ono što *jeste* dobro ili zlo, to su naš reakcije na dela prirode:

> Dobar čovek je jedinstven samo zato što on voli i pozdravlja sve što se dogodi i što mu je sudbina istkala; on... ne prlja unutarnji božanski *daimon*... i skladno sledi boga.⁴³

Rešen da prevaziđe svoje prirodne reakcije na izdaju gubitak: bes, samosažaljenje i bol, Marko upravlja svoj celu moralnu energiju ka disciplini ravnoteže, često razm šljajući o smrti deteta, događaju koji su ljudi u antičkir vremenima zvali „nepodonošljivim bolom". Marko Aurelije i njegova žena Faustina, kao i mnogi njihovi savremenici, više puta su iskusili taj bol: jedanaestoro od njihovo četrnaestoro dece umrlo je u ranom detinstvu. Za vreme jedne od ovih kriza, Marko Aurelije piše sebi: „vidim da mi je dete bolesno. Vidim. Ali ne vidim da je u opasnosti"[44] – jer filosofija tvrdi da je umiranje isto što i življenje. Marko Aurelije sebe oštro prekoreva zbog želje da izrekne molitvu: „Neka mi dete bude pošteđeno"; čak i želja da dete preživi, veruje Marko Aurelije, jeste „pritužba protiv prirode". On sebe teši rečima velikog stoičkog učitelja Epikteta: „Poljubivši svoje dete pred spavanje, šapni mu, nečujno: 'Sutra ćeš možda biti mrtvo'". Ljudi su prebacivali Epiktetu zbog ovih „zlokobnih reči", ali on je odgovorio: „Ne, nikako, one samo govore o prirodnom činu. Da li bi bilo zlokobno govoriti o branju zrelog kukuruza?"[45] Kao i Epiktet, Marko Aurelije zanemaruje očiglednu činjenicu da je dete jedva „zrelo" za smrtnu žetvu. Možemo svi, meditira on, pasti, „kao zrnevlje tamjana na oltaru, neko pre, neko kasnije".[46] Tako, nastavlja on svoj unutrašnji dijalog, umesto da kaže: „Tako sam nesrećan što mi se ovo dogodilo", čovek mora težiti da kaže: „Tako sam srećan što mi se to dogodilo, i, eto, niti sam povređen, niti smrvljen sadašnjicom i preplašen od budućnosti".[47] Razmišljajući o promenljivoj sreći – iznenadnim ubistvima careva, oslobađanju robova – Marko sebi govori:

> Šta god ti se dogodi dolazi od sudbine; od tvog postojanja i pojedinačnog isprepletana uzročnost tka jedinstveno tkivo.[48]

Vera Marka Aurelija zasnovana je, dakle, na jedinstvu sveg bića:

> Svi su elementi međusobno isprepletani i ujedinjeni svetom vezom; i teško bi se moglo reći da je ijedan element drugome stran. Jer sve je ustrojeno u

međusobnom odnosu; sve, budući spojeno, vaspostavlja ustrojstvo jednog kosmosa. Jer postoji samo jedan kosmos, i on se sastoji od svih elemenata; jedna suština, jedan zakon, jedan božanski um, jedna istina... i, takođe, jedno ispunjenje ljudskih bića čije je poreklo isto, i koja dele istu prirodu.[49]

Marko Aurelije vidi prirodu i sudbinu spojene u jednu božanski nadahnutu, realnost i trudi se da mu prihvatan sopstvene sudbine bude religijska obaveza. Od drugih pogotovu od ljudi koji žele da budu filosofi, on ne očeku je ništa manje.

Marko Aurelije je jedinstven. Među paganima, mal ko je pokušao da izgradi takvu praktičnu sintezu filosof je, etike i pobožnosti. Pa ipak, gotovo svi ljudi koji su s klanjali bogovima verovali su da nevidljive energije o ko jima govori Marko Aurelije upravljaju svim elementin života, dajući ili plodnost ili neplodnost, određujući p rođenju dužinu svakog pojedinačnog ljudskog života, d jući jednima zdravlje i bogatstvo, drugima, siromaštvo bolest i ropstvo, određujući sudbinu svake nacije.

Mnogi pagani, možda većina, vršili su obrede za vren religijskih festivala, učestvovali u gozbama i davali svete ž tve livanice, poštujući tako te natprirodne sile kao elemen te „božanskog". Međutim, mnogi pobožni savremeni Marka Aurelija verovatno su mislili da svi bogovi i *daim nes*, čak i oni naizgled u sukobu, moraju biti deo ujedinj nog kosmičkog sistema poznatog pod imenima „božan sko", „priroda", „proviđenje", „nužnost" ili „sudbina".

Vera u univerzalnu moć sudbine, vera koju je Marko Aurelije težio da prihvati, u drugima je izazivala nagon da se odupru toj moći. Kao što Hans Diter Bec i Džon Ge džer objašnjavaju, mnogi ljudi tog vremena posećuju m đioničare koji tvrde da mogu dozvati izvesne *daimones* primorati ih, uz određenu cenu, da poboljšaju neči zdravlje ili da garantuju uspeh u ljubavi, konjskim trkan ili poslu.⁵⁰ Ljudi takođe traže posvećenje u strane kultove, u nadi da će u egzotičnim egipatskim bogovima kao što su Izida i Serapid, naći božansku moć koja prevazilazi snagu njima poznatijih bogova, moć koja će poništiti odredbe sudbine. Lucije Apulej, možda i sam posvećenik rigoroznog Izidinog kulta, opisuje svoje ekstatično otkrovenje da obožavanje egipatske boginje može slomiti silu sudbine:

> Pogledaj, evo, Lucija, koji se raduje proviđenju moćne Izide. Pogledaj, on je oslobođen okova nesreće, pobednik nad svojom sudbinom.⁵¹

Iako su mnogi pagani došli do uverenja da su sve sile vasione u krajnjem smislu jedna, jedino su se Jevreji i hrišćani molili jednom bogu, odbacivši sve ostale kao zle demone. Jedino hrišćani dele natprirodni svet na dva neprijateljska tabora: u jednom, istinski Bog, u drugom, rojevi demona; i niko osim hrišćana nije propovedao i praktikovao tu podelu na zemlji.⁵² Odbijanjem da se klanjaju bogovima hrišćani stvaraju jaz između sebe i svih pagana, između božanskih zapovesti i rimske vlade. Ovu činjenicu brzo shvata Rustik, dobar prijatelj Marka Aurelija i njegov učitelj stoičke filosofije, koji je u svojoj javnoj ulozi kao prefekt Rima lično na smrt osudio Justina i njegove učenike.

Posle Justinovog pogubljenja, njegov mladi učenik Tatijan, vatreni mladi sirijski preobraćenik, piše pogrdnu „Poslanicu Grcima", koja počinje napadom na grčku filosofiju i religiju, a završava se osudom rimske vlade i zakona. Tatijan hoće da pokaže „Grcima" — koji za Tatijana predstavljaju „pagane" — njihove demonima inspirisane zablude. On postavlja presudno pitanje:

> Zašto, o, pagani, vi protiv nas koristite vladajuće sile, kao da je reč o rvačkom dvoboju?⁵³

Tatijan zatim objavljuje svoju duhovnu nezavisnost:

> Ako odbijam da prihvatim neke vaše običaje, zašto sam zbog toga omražen, za preziranje? Da li mi guverner naređuje da plaćam porez? Ja to dobrovoljno činim. Da li mi naređuje da služim? Ja prihvatam službu. Čovek mora poštovati ljudska bića na način njima dostojan. Ali čovek se sme bojati samo Boga, koji je nevidljiv ljudskim očima, koji ne može biti opažen nijednim nama poznatim načinom.⁵⁴

Tatijan se slaže s Justinom da pagani neće razumeti nas: nost njihove reakcije na hrišćane dok ne uvide da su s natprirodne sile kojima se klanjaju, zla bića koja ih drže ropstvu. Sve sile kojima se klanjaju nisu ništa drugo c neprekidni odraz primordijalne kosmičke pobune. Tat jan, kao i Justin, počinje od samog početka: „Bog je duh objašnjava on, tvorac i natprirodnih i ljudskih bića. U p četku su sva natprirodna bića bila slobodna, ali, nastavlj Tatijan, pozivajući se na jevrejske opise pada anđel „prvorođeni se pobunio protiv Boga i postao demon... njegovi podražavaoci, prateći... njegove iluzije, postali : armija."⁵⁵ Ovaj roj demona, razbešnjen što je kažnje zbog otpadništva, nema snage da se osveti Bogu: „Nen sumnje, kad bi mogli, oni bi svakako srušili i samo nebc ostatak stvorenog kosmosa."⁵⁶ Onemogućeni u pokuša: da potpuno unište kosmos, demoni koriste svoju energi: da porobe čovečanstvo. „Nadahnuti uništiteljskom zl(bom prema čovečanstvu", oni zastrašuju ljude slikama k(je im šalju u snove i maštarije. Tatijan ne poriče da o „bogovi" u stvari poseduju moć; po njegovom mišljenj oni koriste svoju moć da zavladaju ljudskim duhom. D moni ne vrebaju samo nepismene i sujeverne. Filosofs obrazovani ljudi kao što je Marko Aurelije nisu ništa m nje podložni od lokalnog obućara, jer, kako filosofija Ma ka Aurelija pokazuje, *daimones* mogu upotrebiti i samu {

losofiju kao sredstvo kojim će potčiniti ljude svojoj tiraniji. Tatijan ismeva filosofe, nazivajući Aristotela „apsurdnim" zbog čuvene izjave da je čovek samo „racionalna životinja" (*logikon zoon*), član prirodnog poretka.[57] Čak i slonovi i mravi, kaže Tatijan, jesu „racionalne životinje" utoliko što „su deo instinktivne i racionalne prirode univerzuma"; ljudsko biće je nešto mnogo veće. Čovek je deo *duha,* budući stvoren prema Božjem liku, a Bog je duh.[58]

Podsmevajući se filosofima, Tatijan odlučno odbija da vidi sebe samo kao deo prirode. Posle krštenja, kaže Tatijan, njegovo poimanje sopstvenog identiteta bilo je potpuno odvojeno od prirode. „Preporođen", on se sad poistovećuje s Bogom, koji stoji iznad prirode. Tatijan svoje suštinsko biće shvata kao duh, koji je, u krajnjem smislu, neuništiv:

> Čak i ako je vatra uništila moje telo, a univerzum raspršio moju telesnu materiju, ako me rasprše po rekama i morima, ako me rastrgnu divlje zveri, mene čuva bogati gospodar... a Bog kralj, kad mu se prohte, vratiće materiju, koja je samo njemu vidljiva, u njen prvobitni oblik.[59]

Moć sudbine nije božanska, kao što Marko Aurelije zamišlja, nego jednostavno đavolska zavera; jer to su *daimones*, Tatijan zajedljivo objašnjava, porod palih anđela, koji,

> pokazavši ljudima zvezdanu mapu, *izmišljaju sudbinu – što je ogromna nepravda!* Jer sudbina određuje ko sudi, a kome je suđeno. Ubice i njihove žrtve, bogataši i siromasi, deca su iste sudbine, a svako ljudsko rođenje je pozorišna zabava za bića na koja se odnose Homerove reči: „i ču se neugasivi smeh bogova" (podvukao autor).[60]

Kao i gledaoci koji hrle u gradske amifiteatre u potrazi z
zabavom, kladeći se dok gledaju kako jedni gladijatori pc
beđuju a drugi umiru u agoniji, tako se, kaže Tatijan, bc
govi zabavljaju ljudskim pobedama i tragedijama. Ali lju
di koji se klanjaju bogovima u svom neznanju „sudbii
pripisuju događaje i situacije, verujući da je sudbina sv<
kog pojedinca određena prilikom rođenja". Pored tog<
oni „izrađuju horoskope i plaćaju za proročanstva" i vr<
čanja koja će im reći kakva ih sudbina očekuje.

Tatijan ismeva sujeverne ljude što ne vide da su bole;
i druge patnje posledica određenih elemenata čovekove f
zičke konstitucije. Sasvim je iznenađujuće što on *sekulan
zuje* bolest, nesreću i smrt, vadeći ih iz natprirodne sfer(
Mada je svako izložen takvim slučajnostima, kaže Tatijai
one nemaju stvarnu moć nad Božjim ljudima, jer krštenj
prekida naše nekadašnje veze sa *sudbinom* i *prirodom*. Sad<
kaže on,

> mi smo moćniji od sudbine, i umesto da obožava-
> mo planete i *daimones*, mi znamo jednog Boga ... .
> Mi ne sledimo sudbinu; naprotiv, mi odbacujemo
> [*daimones*] koji su je ustanovili.[61]

Tatijan odbacuje ikakvo podređivanje prirodi i odbij
da se prikloni kulturnim i društvenim zahtevima sveta
kojem je fizički rođen:

> Ne želim da budem vladar; nije mi stalo da bogat-
> stva; odbijam vojnu komandu; prezirem seksualni
> promiskuitet; nezajažljivo srebroljupstvo me ne go-
> ni da plovim morima; ne borim se za dobar glas; ne
> patim od ludačkog slavoljublja; prezirem smrt; iz-
> nad svakog sam oblika bolesti; duša mi nije ophrva-
> na bolom. Ako postanem rob, podneću ropstvo;
> ako sam slobodan, ne hvališem se srećnim rođe-
> njem... Šta vas „određuje" te tako često grabite
> stvari i umirete? Umrite za svet, odbacite ludilo ko-

je ga prožima. Živite za Boga, i, shvatajući Boga, shvatite sopstvenu prirodu kao duhovno biće stvoreno prema njegovom liku.[62]

Tatijan strahovito napada prirodu i kulturu: njegova polemika izražava sumnju prema obema, i ta je sumnja utkana u hrišćanske teologije već gotovo dve hiljade godina. Napadi Tatijanovog tipa kasnije će preobraziti zapadne percepcije grčke civilizacije. Za hrišćansku kulturu Zapada klasična civilizacija će postati bezmalo sinonim za paganstvo.[63] Kao i Justin, Tatijan negoduje zbog paganske ravnodušnosti prema ljudskim životima:

> Vidim ljude koji se zapravo prodaju da bi bili ubijeni. Siromah prodaje sebe, a bogataš kupuje nekoga da ubije siromaha; gledaoci zauzmu sedišta, ljudi se bez ikakvog razloga bore prsa u prsa, a niko ne silazi sa tribina da im pomogne!... Baš kao što koljete životinje da biste jeli njihovo meso, tako kupujete ljude kako biste snabdeli ljudožderski banket za dušu, hraneći je najbezbožnijim krvoprolićem. Lopov ubije zbog plena; ali bogataš kupuje gladijatore kako bi gledao njihovo umiranje![64]

Tatijan ne preteruje. Francuski stručnjak Žorž Vil kaže da su gledaoci u rimskom amfiteatru u toku jednog dana zabave mogli da vide smrt oko 350 gladijatora.[65]

Proglasivši se oslobođenim veza sa svetom, Tatijan otvoreno prkosi paganskim vladarima: „Odbacujem vaše zakonodavstvo i celokupni sistem vlasti". Jedino privrženost jedinom pravom Bogu „može okončati ropstvo u svetu, i osloboditi nas od mnogih vladara, i od deset hiljada tirana". Bog oslobađa vernika od bezbrojnih demonskih tirana, istovremeno od hiljada ljudskih vladara kojima demoni tajno vladaju.[66]

Gotovo ništa ne znamo o Tatijanovom životu i ne možemo reći kako je primenjivao svoja ubeđenja u praksi.

SATANINO ZEMALJSKO CARSTVO

Znamo, međutim, kako su ubeđenja formirala život eg patskog hrišćanina po imenu Origen. Kada mu je bilo s(damnaest godina, Origenu su Rimljani uhapsili i ubrz pogubili voljenjog oca Leonida, hrišćanina, jer nije hte da prinese žrtvu bogovima. Posle toga, Origen, docni nazvan Adamantije („nepokolebljiv" ili „nesavladiv"), p(staje Božji ratnik protiv Sataninih snaga. Kao što ćemo v deti, Origen je od detinjstva svedok žučnog sukoba izm(đu hrišćana i carske sile, sukoba koji će proći kroz n zaprepašćujućih promena i preokreta. Celog svog živo1 ostao je nepoverljiv prema vlastodršcima. Mada je vero vao da hrišćanima pogoduje obezbeđenost rimskom ca skom upravom, prvi se među hrišćanima javno zalagao ; urođeno moralno pravo naroda da ubija tirane.

Rođen 185. godine, od oca Rimljanina i majke Eg pćanke, krštenih hrišćana, Origen je bio sedmogodišnj; kada je vladajući car Lucije Komod, jedini preživeli si Marka Aurelija, bio ubijen u svom kupatilu.[67] Pronošer su glasine o dvorskoj zaveri u kojoj su bili Komodov a letski trener i Marcija, careva konkubina. No narod, čuv da je car mrtav, pojurio je na ulice da proslavlja događ; budući da je Komod napadao sve što je njegov ugled1 otac zastupao. Pred kraj svog života, Komod je svuda b1 prezren kao ludak i tiranin. Jednom je zaprepastio svo podanike izigravajući gladijatora: odrekavši se carskih o(govornosti pretvarajući se da je rob, učestvovao je u bi kama u areni. Komod je takođe bio zapustio progon hr šćana: Marcija im je očigledno bila naklonjena, i Komc ih je zbog toga ostavio na miru.

Bitke za nasleđe trajale su tri godine. Pobedio je Sept mije Sever, koji je sedam godina kasnije, 202. godine n.€ otpočeo novu akciju da očisti carstvo od hrišćana. Orig nov otac je stradao za vreme Severove kampanje: bio uhapšen, optužen da ispoveda hrišćanstvo i osuđen na sn rt odsecanjem glave. Kao i Justin, Origenov otac je, b1 dući rimski građanin, bio pošteđen dugotrajnog mučenja i javnog pogubljenja.

Dok je Leonid bio u zatvoru, Origen je energično pokušao da se pridruži grupi mučenika; izbegao je smrt, tvrdi se, samo zato što mu je mati sakrila odeću, tako da nije mogao da napusti kuću. Ali Origen je strasno bodrio svoga oca da ne gubi hrabrost zbog brige za ženu i njihovo sedmoro dece: „Nikako ne smeš posustati zbog nas" Origenov otac nije posustao, ali njegovo pogubljenje je dovelo porodicu do siromaštva, jer mu je država, kao osuđenom zločincu, konfiskovala imovinu. Origen nikad nije zaboravio da carske vlasti, ma koliko dobroćudne se kasnije činile, nad mnogim hrišćanima, u svakom trenutku mogu da ispolje svoju demonsku ćud.

Origena je izbavila iz siromaštva plemenitost jedne bogate hrišćanke. Ona ga je pozvala u svoju kuću i izdržavala nekoliko meseci dok je on nastavio studije literature i filosofije. Sledeće godine, kao osamnaestogodišnjak, već priznat zbog sjajnog intelekta i učenosti u osamnaestoj godini, Origen je sam počeo da radi kao učitelj, izdržavajući sebe, majku i njeno šestoro mlađe dece. Progon koji je Leonid platio životom nastavljen je u Aleksandriji pod nekoliko administracija; Origenovi učenici su bili hapšeni i osuđivani na smrt zbog ispovedanja hrišćanstva, a on sam živeo je pod prismotrom. Gnevne gomile su u više mahova pretile da će ga ubiti. Jednom je tako izazvao gnev mase kada je, očigledno ne hajući za svoju bezbednost, pred svima zagrlio osuđenog prijatelja, čoveka po imenu Plutarh, i prisustvovao njegovom pogubljenju. Origen je verovatno bio pošteđen hapšenja i saslušavanja zato što su Severovi progoni ciljali na preobraćenike iz viših društvenih staleža, rimske građane, kao što bio Origenov otac, a i mnogi Origenovi učenici. Origen je po svoj prilici bio zanemaren zato što je od majke Egipćanke na-

sledio niži status koji je rimski zakon dodeljivao ljudim
rođenim na teritoriji Carstva, ali bez prava građanstva.

Origenu, aktivnom nastavniku, tumaču *Svetih spisa* i p
scu, bilo je dvadest šest godina kad je umro Septimije S(
ver. Severa su nasledili njegovi sinovi Geta i Karakala. K:
rakala je odmah ubio brata, ali je hrišćane ostavio na min
Rimska vlast se činila gotovo blagonaklonom. Jednog d:
na 215. godine, za vreme Karakaline vlade, vojnici su
Aleksandriju doneli pismo guvernera Arabije (današn
Jordan) s pozivom Origenu da dođe u palatu. Čuvši
Origenovoj intelektualnoj briljantnosti, guverner je žele
da ga upozna; Origen je pristao. Ali, Karakalu je posle š(
stogodišnje vladavine ubio Makrin, koji je i sam bio ub
jen nakon jednogodišnje vladavine. Makrina je nasledi
Karakalin mladi rođak Heliogabal, usamljenik, fanatič1
poklonik boga sunca, čovek koga su mnogi smatrali lı
dim.

Četiri godine kasnije, Aleksandar Sever, takođe Kar:
kalin rođak, zamenio je Heliogabala na prestolu. Sada, p
prvi put u rimskoj istoriji, carska porodica ne samo sam
što toleriše hrišćane nego ih favorizuje. Severova mati, c:
rica Julija Mameja, koja je na svom dvoru okupljala mn(
ge istaknute ljude, poslala je vojnike da Origenu uruče p(
zivnicui. Kad je stigao, carica je s njim razgovaral
između ostalih tema, o mogućnosti pomirenja hrišćana
rimskom civilizacijom. Tadašnje hrišćane su zapanjiva
glasine koje su kružile Carstvom (ne zna se da li je to bi
istina) da je sam car postavio kipove Avrama i Isusa pore
kipova Sokrata i drugih svetih ljudi u svom privatnoı
dvorskom svetilištu!

Međutim, nade da dolazi nova era tolerancije bile s
uništene kada je Maksimin, sirovi seljak iz Trakije, ubi
Severa, preuzeo presto i obnovio progon hrišćana. Orige
je bio veoma zabrinutut zbog hapšenja nekolicine njeg(
vih bliskih prijatelja i saradnika, među kojima su bili An

brozije, Origenov imućni i uticajni prijatelj i zaštitnik, i sveštenik Protoktet. Izbegavši hapšenje, Origen je uhapšenima uputio strasni „poziv na mučeništvo", moleći ih da ne popuste, da ne poveruju naizgled iskrenim molbama da odbace svoju veru kako bi spasli živote. Popustiti, govorio je Origen, znači kapitulaciju pred Satanom; uhapšenima zbog Hrista samo smrt može doneti pobedu.[68]

U borbi za presto koja je usledila posle Maksiminove smrti prevladao je mladi car Gordijan III, koji ostavlja hrišćane na miru. Posle četiri godine vladavine ubili su ga njegovi vojnici, a nasledio ga je njegov glavni general Filip, koga su vojnici izabrali aklamacijom. Novi car, prvi Arapin na rimskom prestolu, odmah je osigurao svoju vladavinu ubivši Gordijanovog mladog sina.

Filip od Arabije je možda prvi hrišćanski car. Svedočanstvo ne manje od trojice ljudi potvrđuje da se Filip sledećeg proleća javno pokajao zbog ubistva, pred zaprepašćenom hrišćanskom pastvom, za vreme velikog uskršnjeg bdenja. Filipa je na pokajanje naterao hrišćanski biskup iz Antiohije. Za vreme Filipove vladavine crkve su bile ispunjene hiljadama novih preobraćenika. Origen se sad žali, u jednoj propovedi, da je preobraćenje u hrišćanstvo sad uobičajeno, čak moderno, i da više nije opasno.

Ali Origenove sumnje prema rimskoj vlasti bivaju potvrđene posle Dekijevog ubistva Filipa. Dočepavši se vlasti, Dekije započinje, novi, još agresivniji, progon hrišćana. Međutim, ovog puta je Origen, u sedmoj deceniji života i poznatiji nego ikad, bio uhapšen i zverski mučen. Guverner se nadao politički oportunoj kapitulaciji slavnog zatvorenika, ali Origen je odbio da se odrekne hrišćanstva i guvernerov plan je propao.

Origen je znao da pagansko neprijateljstvo prema hrišćanstvu nije bilo zasnovano samo na sujeverju i predrasudama. Više godina pre svog hapšenja Origen je u pamfletu „Istinska reč", čitao kako hrišćanski „ateizam" skriva pobunu protiv svih institucija društva i vlade. Origen odlučio da odgovori na ove optužbe, jer je bila reč o jed nom od najoštrijih i najpogubnijih napada na hrišćanstv ikada napisanom.⁶⁹

Kels, koji je napisao pamflet oko 180 godine n. e., bi je pobožni filosof platoničar. On počinje sa optužbom d je „hrišćanska sekta tajno društvo čiji se članovi kriju p ćoškovima, strepeći od suda i kazne". Navodeći njihov odbijanje da, po sudskom naređenju, prinesu žrtvu bogo vima, Kels kaže, „ako svako prihvati hrišćansko stanov šte, nestaće vladavine zakona". Kels je živeo u vreme ka je hrišćanski pokret brzo rastao, naročito među nepisme nima. On piše da hrišćansko odbijanje da poštuju izvesr zakone i da sarađuju s lokalnim carskim vlastima preti d „uništi legitimnu vlast, i da svet vrati u haos i varvarstvo – čak i da „obori carevinu i samog cara".

Počinjući svoj odgovor, Origen prkosno dovodi u p tanje moralnu legitimnost carske vlasti:

> Nije iracionalno osnivati udruženja u suprotnosti s postojećim zakonima, ako to čovek čini zbog istine. Jer baš kao što su dobročinitelji oni koji se tajno udružuju kako bi ubili tiranina koji je zgrabio državne slobode, tako i hrišćani, pod tiranijom... đavola, osnivaju društva u suprotnosti s đavolskim zakonima, protiv njegove moći, kao bi zaštitili ljude koje su podstakli na pobunu protiv varvarske i despotske vlade.⁷⁰

Origen ovde ipak ne poistovećuje totalno carski zako sa đavolom; on drugde čak hvali *pax Romana* što je pokc ravajući se proviđenju čuvala mir za vreme Isusovog živo ta. Međutim, za Origena su đavolom nadahnuti svi zako ni i ljudi koji su neprijateljski nastrojeni prem hrišćanima. Ali hrišćani će pobediti sve svoje neprijatelj Isus je umro, objašnjava Origen, „da bi uništio velikog *dc* *imon*a, u stvari vladara *daimon*a, koji u ropstvu drži duše celog ljudskog roda."[71] Ko pogleda empirijske dokaze, priznaće, kaže on, da porast hrišćanstva, mada nailazi na jednodušno protivljenje ljudskih, civilnih i vojnih, vlasti, ukazuje na postojanje nove, ogromne sile koja sada deluje u svetu:

> Ko se pozabavi pitanjem videće da je Isus započeo i uspešno izršio dela izvan ljudskog domašaja. Jer sve se protivilo širenju njegovog učenja u svetu: vladari u svakom periodu, njihove glavne vojskovođe i generali, svi, čak i ljudi, uopšteno rečeno, s najmanjim uticajem, takođe vladari raznih gradova, armija i naroda.[72]

Origen priznaje da hrišćanski pokret za svoj zapanjujući uspeh mora uglavnom da zahvali siromašnima i nepismenima, ali to je samo zato „što nepismenih prirodno ima više nego obrazovanih". Ipak, „bilo je obrazovanih i inteligentnih pojedinaca" – tu je mogao pomenuti Justina, Tatijana, i sebe – „koji su posvetili svoje živote hrišćanskoj veri". Tako, uprkos svim preprekama, Origen nastavlja,

> naš Isus, prezren zbog svog seoskog porekla – prezren što nije ni Grk [što znači, civilizovan], prezren što ne pripada i nijednoj uglednoj naciji, prezren što je siromašne, radne žene, [ipak] uzdrmao je celi civilizovani svet.[73]

Isusov uticaj prevazilazi čak uticaj „Pitagore ili Platona, a da i ne govorimo o nekom vladaru ili vojskovođi u svetu".

Zaprepašćujući preokreti u svetskoj istoriji empirijski su dokaz da Božji Duh, delujući kroz Isusa, pobeđuje Satanu. Slažući se s Matejom i Lukom, Origen kaže da:

> sledeća činjenica dokazuje da je Isus sveto i božansko biće: Jevreji zbog njega već dugo trpe strahovite katastrofe... Jer koja je druga nacija, osim Jevre-

ja, izgnana iz svoje prestonice, iz svetilišta gde se ljudi klanjaju senima predaka? Pravo je da potpuno iščezne grad u kojem je Isus patio, i da jevrejska nacija bude zbačena... I s pouzdanjem možemo reći da Jerusalim nikad neće biti obnovljen, i nikad neće biti kao nekad.[74]

Ako su patnje Jevreja Božja kazna, šta su patnje hrišća na? Šta su uopšte patnje nevinih, ljudi koji pate zbog bo lesti, katastrofa ili ljudske surovosti? Ovde je Origen no dosledan. Ovako teški problemi su, kaže on, nerešivi su „jer su pitanja o neobjašnjivoj dubini kosmičkog ustro stva."[75] Za razliku od mnogih hrišćana kasnijeg doba, Or gen ne pripisuje jednostavno patnje nevinih „Božjoj vo lji". „Nisu", kaže on, „svi događaji posledica Božje volje i božanskog proviđenja". Neki događaji su, kaže on, „slu čajni, uzgredni rezultat" delatnosti proviđenja; a izvesn događaji se dešavaju kad ljudi, i natprirodna bića, krše bo žansko ustrojstvo kosmosa i namerno nanose štetu. Mno ge manifestacije ljudskog zla, kao naizgled slučajne pr rodne katastrofe kao što su poplave, vulkani i zemljotre delo su „zlih *daimones* i zlih anđela."[76] Kelsa bi ovakv tvrdnje duboko uznemile, jer, budući filosof platoniča on slavi „jednog boga koji vlada nad svima". Ovde pag nin Kels zastupa monoteizam protiv hrišćanskog načir mišljenja koji on sasvim ispravno definiše kao hrišćans praktični dualizam:

> Ako čovek pretpostavi da cela priroda i celina kosmosa funkcionišu prema Božjoj volji, i da ništa ne može delovati u suprotnosti s njegovim ciljevima, onda čovek mora takođe pretpostaviti da su anđeli i *daimones*, heroji – sve kosmičke sile potčinjene volji jedinog Boga koji vlada svime.[77]

Kels podstiče i hrišćane da se klanjaju jednom Bogu i da prihvate sve što providenje donosi kao manifestaciju njegove dobrote. Zastupajući ovakav monoteizam, Kels se slaže ne samo s drugim, filiozofski nastrojenim intelektualcima kao Marko Aurelije, nego takođe s milionima ljudi širom carstva – većinom nepismenih – koji se klanjaju bogovima. Himne pevane u Izidinim hramovima, službe pred velikim Serapidovim oltarima, pojanje u procesijama u čast Helija i Zevsa i molitve na Hekatinim festivalima često poistovećuju određeno božanstvo kojem se vernici klanjaju s celinom božanskog bića. U vreme Marka Aurelija, kaže klasičar Ramzi MakMalen, za mnoge je jedinstvo svih bogova i *daimones* u jednom božanskom izvoru bilo datost.[78]

Pagane je od hrišćana manje razdvajao monoteizam, budući da su mnogi pagani težili ka monoteizmu, već više suštinski konzervatizam paganske religije. Paganski ritual vezuje pojedinca za određeno mesto u svetu, i od vernika zahteva da ispuni sve obaveze koje sudbina, usud, ili „bogovi" daju. Kao što smo videli, Marko Aurelije stalno sebe podseća da pobožnost znači poštovanje porodičnih, društvenih i nacionalnih odgovornosti. Pitajući se da li se bave sudbinom pojedinca, Marko Aurelije izjavljuje:

> Ako su se bogovi savetovali o meni, onda su se dobro savetovali... čak i ako nisu posvetili svoju misao meni, posvetili su je kosmosu; i stoga ja moram pozdraviti i primiti sve događaje koji iz toga proističu. A čak i ako bogovi ništa ne haju za ljudske brige, ja sam racionalno i političko biće. Imam grad, zemlju; budući Marko, imam Rim; budući ljudsko biće, imam kosmos; prema tome, jedino dobro koje priznajem je dobrobit ovih zajednica.[79]

Videli smo koliko je Marko Aurelije morao da se bori da bi prihvatio obaveze, iako je bio svestan svojih privile-

SATANINO ZEMALJSKO CARSTVO

gija i odgovornosti. Međutim, mnogi njegovi savremen ci su bili manje motivisani da prihvate svoje odgovornc sti. Kako se teritorija Carstva širila, vojna obaveza i infla cija su sve više pritiskali stanovništvo, a milioni rimski građana su uživali sve manji broj privilegija. Štaviše, rastu ći broj ljudi bio je lišen prednosti građanstva, istovreme no trpeći ogroman pritisak poreza i vojne obaveze. Ca Karakala je 213. godine izdao ukaz dajući rimsko građar stvo svim slobodnim stanovnicima Carstva, ali pravi efek tog ukaza je teško oceniti.

Hrišćanski pokret je nudio radikalnu alternativu – moz da jedinu pravu religijsku alternativu, pored judejstva, rimskom carstvu. Pritužbe rimskog senatora Tacita proti Jevreja pogotovo su važile za hrisćane, te otpadničke sekta še:

Kad se dočepaju ljudi, prvo ih nauče da prezru svoje bogove, zanemare gradove, omrznu svoje porodice; oni zanemaruju sve što mi smatramo pobožnošću.[80]

Kako smo videli, hrišćani nisu samo učili preobraćen ke da porodične, društvene i nacionalne veze nisu sveto nego da su đavolske prepreke stvorene da podrede naro „rimskim običajima", to jest, demonima.

Hrišćanska poruka je opasna, piše Kels, ne zato što ve ruju u jednog Boga, nego zato što skreću od monoteizm svojim „bogohulnim" verovanjem u đavola. Među „nepo božnim greškama" hrišćana, kaže Kels, greška koja poka zuje najveće neznanje „izmišljanje bića koje se suprotstav lja Bogu, i koje oni nazivaju 'đavolom', ili, na hebrejskor jeziku, 'Satanom'". Takve ideje, kaže Kels, nisu ništa dru go nego ljudske izmišljotine, i bogohulno ih je ponovlja ti: „svetogrđe je reći... da najveći Bog... ima protivnik koji sputava njegovu sposobnost da čini dobro". Kels j užasnut što hrišćani, koji tvrde da se klanjaju jednom Bo gu, „nepobožno dele Carstvo Božje, dižući u njemu pobunu, kao da postoje protivničke strane u božanskoj sferi, od kojih jedna oseća neprijateljstvo prema Bogu!"[81]

Kels optužuje hrišćane da „izmišljaju pobunu" (jedno od značenja grčke reči *stasis* jeste „ustanak") na nebu kako bi opravdali pobunu ovde na zemlji. Optužujući hrišćane da svojim nepoštovanjem bogova „deklarišu pobunu", on kaže da je takva pobuna u prirodi „ljudi koji su se odsekli od civilizacije. Jer u svojim tvrdnjama oni u stvari projektuju sopstvena osećanja na Boga."[82] Kels ismeva Pavlovo upozorenje (*1 Korinćanima* 10:20) hrišćanima da ne jedu hranu prinetu bogovima kako ne bi „uzimali pričešće sa *daimones*": „Ne možete piti čaše Gospodnje i čaše đavolske; ne možete imati zajednice u trpezi Gospodnjoj i u trpezi đavolskoj" (*1 Korinćanima* 10:21). Pošto su *daimones* životodavne sile svim prirodnim procesima, tvrdi Kels, hrišćani prema tome ne mogu ni jesti ništa – ni preživeti – bez pričešća sa *daimones*. Kels izjavljuje:

> kad god oni jedu hleb, piju vino, ili dotaknu voće, zar oni to ne primaju – kao i vodu koju piju i vazduh koji dišu – od izvesnih elemenata prirode?[83]

Zato, dodaje on:

> moramo ili ne živeti, to jest ne doći na svet, ili živeti, dajući hvalu, žrtve ovim *daimones*, koji su postavljeni da vladaju kosmosm; a mi to moramo celog života kako bismo stekli njihovu blagonaklonost.[84]

Kao što vlastodršci na zemlji, bilo da su to Persijanci ili Rimljani, upozorava Kels hrišćane, preuzimaju akciju protiv podanika koji preziru njihovu vlast, tako će i vladajući *daimones* svakako kazniti nepokorne. Kels se ironično slaže sa hrišćanima koji se žale da *daimones* izazivaju progone; on tvrdi da oni to čine s razlogom:

SATANINO ZEMALJSKO CARSTVO

Zar ne vidiš, moj uvaženi gospodine, da čovek koji „svedoči" tvom [Isusu] ne samo što huli na njega i proteruje ga iz svakog grada, nego si i ti sam, njemu, moglo bi se reći, hapšen, kažnjavan, vezivan za kolac, a on, koga ti nazivaš „Božjim Sinom" uopšte se ne sveti zlotvorima?[85]

Origen priznaje da je to istina i kaže da je u takvim tre nucima pobeda zlih sila zamisliva. „Istina je", kaže on, „c ljudi koji osuđuju, izdaju i s uživanjem progone hrišćar imaju duše ispunjene zlom", jer ih na njihova dela nateru ju *daimones*.[86] Ipak, za mučenike, patnja i smrt nisu kata trofalni poraz, kao što se to drugima čini. Naprotiv,

Napuštajući telo obasuto slavom, duše umirućih za hrišćansku veru uništavaju demona i osujećuju njihovu zaveru protiv čovečanstva.[87]

Znajući to, sami demoni se ponekad povlače, iz strah da će ubijajući hrišćane sebe oterati u propast. Stoga, ka že Origen, progoni se dešavaju samo povremeno. Ali ka da obodreni *daimones* ponovo usmere svoj bes na hrišća ne, „duše pobožnih će opet uništiti zlotvorovu armiju" Ponašanje i dela zemaljskih sudija odražava, kaže Origer ovo demonsko saznanje da hrišćani pobeđuju umiruć Sudije,

žale kada hrišćanin izdrži napade i muke, a raduju se njegovom porazu [kad popusti]. I oni nisu motivisani čovekoljubljem.[88]

Origen sam doživljava mučeništvo nakon hapšenja Cezareji za vreme Dekijevog progona 251. godine. Odb vši sudijino naređenje da se odrekne svoje vere, Origen više puta mučen. Okivaju ga i zatvaraju u mračnu ćeliji Mučitelji mu najpre iščašuju udove i lancima vezuju za do blo. Drugom prilikom ga prlje, preteći mu najstrašnijir pogubljenjem. Jedan od njegovih ožalošćenih drugova dirnut starčevom hrabrošću, piše da su Origenove muke okončane nakon što je „apsolutno odbio da ga osudi na smrt", ali ne iz saosećanja, već u nadi da će se Origen javno odreći svoje vere. Ta se nada izjalovila, i sudija ga je oslobodio. Ali nešto kasnije Origen je umro od posledica mučenja i zatočeništva u ledenoj ćeliji.

Kels upozorava da „ludilo" koje odvraća hrišćane od „njihovih religijskih dužnosti i tera ih da bez oklevanja vređaju cara i guvernere", u stvari mogu uništiti Carstvo, podriti vladavinu zakona i strmoglaviti svet u anarhiju. Zato Kels od hrišćana zahteva da slede primer pobožnih i rodoljubivih građana:

> i pomognu caru u njegovom radu za opšte dobro, sarađuju s njim u pravednim nastojanjima, i brane ga, ako je to neophodno.[89]

Origen s prezirom odbacuje takve predloge. On odgovara da hrišćani *zaista* pomažu svojim molitvama, koje „pobeđuju sve *daimones* koji započinju ratove i... remete mir... stoga, mada mi ne možemo biti njegovi saborci, mi se odista borimo u carevo ime."[90] (Tertulijan, pišući u Severnoj Africi, kaže da mnogi hrišćani *zaista* služe vojsku; naravno, hrišćanski stav prema vojnoj obavezi je očigledno zavisio od situacije.)[91] Govoreći o javnoj službi, Origen kaže: „u svakoj zemlji priznajemo nacionalnu organizaciju", Božju crkvu. Origen zna da njegova borba da spase duše umanjuje Sataninu moć; i on završava svoju polemiku protiv Kelsa pozdravljajući svog zaštitnika Ambrozija koji je pre deset godina izdržao suđenje, zatvor i mučenje.

Progonjeni hrišćani kao što je Origen, tvorci su radikalne tradicije koja je potkopavala religijsku potporu države, smatrajući da religija pripada sferi savesti. Ova tradicija, koja prebacuje religiju iz političke sfere u sferu savesti, imaće ogroman uticaj na državnu politiku Zapada. Krštenje ljudima daje pristup novim, nedoglednim dimenzija-

SATANINO ZEMALJSKO CARSTVO

ma realnosti: Carstvu Božjem, gde Božji ljudi nalaze sv(
pravi dom; i Sataninoj kneževini, koju ljudi vide kao kra
nju moralnu realnost – osnovicu „ovog sadašnjeg zlog d(
ba". Mada nevernici kao što je Kels ismevaju hrišćane št
veruju u apsurdne i detinjaste fantazije, mnogi preobrać(
nici u vizijama Božjeg Carstva nalaze svoje mesto, i nov
razumevanje sveta u kojem su rođeni.

Ovo ne znači da su hrišćani, kako ih je Kels zamišlja(
pobunjenici i zaverenici. Justin i ostali uporno tvrde da s
većina hrišćana dobri građani, da većina bez sumnje ne ž(
li sukob sa vlastima, trudeći se da sledi uputstva novoz:
vetnih poslanica, kao što je *Prva Petrova*, koje hrišćansk(
terminologiji prilagođavaju antičke konvencije građansl
vrline:

> „Budite dakle pokorni svakoj vlasti čovečijoj, Gospoda radi: ako caru, kao gospodaru. Ako li knezovima, kao njegovim poslanicima za osvetu zločincima, a za hvalu dobrotvorima. Jer je tako volja Božja da dobrim delima zadržavate neznanje bezumnih ljudi, kao slobodni, a ne kao da biste imali slobodu za pokrivač pakosti, nego kao sluge Božje. Poštujte svakog: braću ljubite, Boga se bojte, cara poštujte" (*1 Petar* 2:13–17).

Međutim, revolucionarni element *zaista* postoji u hrišća1
skom učenju: reč je o privženosti prvenstveno Bogu. T:
kva privrženost može dovesti do dveju lojalnosti u čov(
ku; ova privrženost dovodi svakog vernika u dilemu ko
većini pagana ne bi pala na pamet: koju porodicu i ko
građanske dužnosti prihvatiti, a koje odbaciti.

Na primer, Tertulijan, u čijem je svetu sloboda vero
spovesti, kao što je mi znamo, slobodom religije bilo str:
no ili nepoznato, ipak zahteva takvu slobodu za sebe i pr(
koreva careve što „oduzimaju religijsku slobod
[*libertatem religionis*], tako da više ne smem ispovedati v(

ru kako ja želim, nego sam primoran da to činim protiv svojih sklonosti."[92] Kao što smo rekli, Origen se usuđuje da, braneći hrišćane od optužbi da krše zakon, tvrdi kako ljudi, koje sputava loša državna vlada, ne samo što s pravom krše njene zakone, nego takođe s pravom dižu ustanak na tirane:

> Nije iracionalno osnivati udruženja u suprotnosti s postojećim zakonima, ako to čovek čini zbog istine. Jer baš kao što su dobročinitelji oni koji se tajno udružuju kako bi ubili tiranina koji je zgrabio državne slobode, tako i hrišćani, pod tiranijom... đavola, osnivaju društva u suprotnosti s đavolskim zakonima, protiv njegove moći, kao bi zaštitili ljude koje su podstakli na pobunu protiv varvarske i despotske vlade.[93]

Takva ubeđenja ne proističu iz ideje o „individualnim pravima" – taj pojam se pojavio nekih petnaest vekova kasnije, u doba Prosvećenosti. Umesto toga, ovde je reč, ukorenjenom osećanju da ljudi, krštenjem, kao upisani u knjigu „nebeskog građanstva", pripadaju Bogu, i nisu više potčinjeni „vladarima ovog sadašnjeg zlog doba", vlasti ljudskih i demonskih sila koje njima često upravljaju.

Vek nakon što su Jevanđelja napisana, hrišćani podešavaju politički i religijski diskurs tog teksta okolnostima paganskog progona. Božji narod je sad protiv Sataninog, a hrišćani su se identifikovali kao saveznici Božji, delujući protiv rimskih sudija i paganskih masa, definisanih kao predstavnici Satane. U isto vreme, kao što ćemo videti u sledećem poglavlju, crkvene vođe, uznemirene pojavom disidenata *unutar* hrišćanskog pokreta primećuju kako se Satana infiltrira među najintimnije neprijatelje – druge hrišćane, ili, kako su ih zvali, jeretike.

VI

Unutrašnji neprijatelj: Demonizacija jeretika

Tokom drugog veka, hrišćanski pokret je tako uspešno pr vlačio prebraćenike da su se počela postavljati nova pitan o kvalifikacijama koje čoveku omogućuju da „bude hrišć nin". U provincijskim gradovima širom Carstva, hrišća: ske grupe su dobile mnoge hiljade novih preobraćenik Naročito u gradovima, preobraćenje je izazivalo sukobe domaćinstvima. Kada bi očevi bogatih domaćinstava pr šli u hrišćanstvo, oni bi često zahtevali da njihove poroc ce i robovi prihvate krštenje. Međutim, u hrišćanstvo ¡ mnogo češće prelazili žene, trgovci, vojnici i stotine hilj da robova zaposlenih u rimskim stanovima, luksuzni kućama i palatama. Možda je bilo preobraćenika i u car vom domaćinstvu. Tertulijan, pišući u Kartagini, u seve noj Africi (oko 180. godine) hvali se svojim paganskim s vremenicima: „mi smo od juče, a ispunili smo sval mesto vašeg sveta: gradove, ostrva, tvrđave, naselja, tržr ce, kasarne, plemena, palatu, Senat i forum."[1]

Preobraćenici, naravno, pretpostavljaju da krštenje sp ra grehove, isteruje zle duhove, i na čoveka prenosi Du Božji, koji pretvara grešnika u saveznika Hristovog i nj govih anđela. A šta onda? Šta mora hrišćanin činiti da bio „na strani anđela" na ovom svetu? Šta zapravo trel činiti, na primer, ako je kršteni hrišćanin oženjen paga kom, ili je vojnik koji se zakleo na vernost caru, ili je ro Za većinu pagana krštenje člana porodice ili roba bilo nesreća koja predskazuje razdor u domaćinstvu. Sam Tertulijan opisuje kako pagani odstranjuju preobraćenike:

> Muž izbacuje ženu iz kuće; otac se odriče sina; gospodar, nekad plemenit, sada naređuje robu da mu se ne pojavljuje na oči; svakome je velika uvreda biti nazivan tim mrskim imenom [hrišćanin].[2]

Hrišćani su se pitali da li preobraćenici treba da održe uobičajene društvene i porodične odnose, ili da ih raskinu, sledeći Isusove reči u Jevanđeljima: „Ako ko dođe k meni i ne mrzi svojega oca, mater, ženu decu, i braću, i sestre i samu dušu svoju, ne može biti moj učenik" (*Luka:* 14:26). Kako je pokret rastao i postajao raznolikiji širom Carstva, ljudi su davali raznolike odgovore na ova pitanja. Dešavalo se da je u jednom gradu bilo više grupa, s malim varijacijama u tumačenju „jevanđelja". Ove grupe bi se često međusobno sukobljavale sa žestinom koja je podsećala na porodične svađe. Sam apostol Pavle, dve generacije ranije, pokušava da ućutka dva svoja rivala, ljut što mu se ovi učitelji suprotstavljaju. Pavle ih naziva Sataninim slugama:

> Jer takvi lažni apostoli i prevarljivi poslenici pretvaraju se u apostole Hristove. I nije čudo, jer se sam satana pretvara u anđela svetla. Nije dakle ništa veliko ako se i sluge njegove pretvaraju kao sluge pravde". (*2 Korinćanima* 11:13–15).

„Ali", dodaje Pavle zloslutno, „svršetak će im biti po delima njihovim". Hrišćani su strepeli od Sataninih napada spolja – to jest, od neprijateljskih pagana – mnogi su verovali da su opasniji Satanini upadi među najintimnije neprijatelje, druge hrišćane, ili, kao što većina definiše ljude s kojima se ne slaže, među jeretike.

Unutar pokreta, ljudi su počeli da razvijaju organizacione sisteme kako bi iznutra ujedinili hrišćane i povezali ih

sa drugim hrišćanskim grupama širom rimskog sveta. P(
red opštepriznatog Isusovog autoriteta, hrišćani su pr
znavali autoritet apostola Petra, koji je po tradiciji pošt(
van kao prvi vođa hrišćana u Rimu, i autoritet Pavl
osnivača crkava od Grčke do Male Azije. Dve ili tri gen
racije posle Pavla, izvesni hrišćani su pisali poslanice pr
pisane Petru i Pavlu, među kojima su *Prva Petrova poslan*
ca i Pavlove *Poslanice Timotiju*. Ove poslanice, kasni
uključene u *Novi zavet*, za koje mnogi veruju da su ih n
pisali sami apostoli, predstavljaju pokušaj da se sagra
most između apostola i novije generacije hrišćana. Na pr
mer, u njima se kaže da je Pavle „položio ruke" na svc
mladog preobraćenika Timotija da ga rukopoloži ka
„nadglednika" ili „episkopa" pastve, odnosno, kao svc
naslednika. Ove su poslanice pisane kako bi se pokaza
da biskupima kao što je Timotije legitimno pripada „ap(
stolski" autoritet nad njihovim pastvama.

Autori *Prve Petrove poslanice* i *Prve Pavlove poslanice T*
motiju takođe žele da umanje pagansko neprijateljstv
prema hrišćanima, modifikovanjem izvesnih strogih pr
vila koja Jevanđelja pripisuju Isusu. Smatrajući da je neo
hodan kodeks svakodnevnog ponašanja koji će pruž
moralnu orijentaciju ljudima koji su u braku, koji ži
konvencionalnim društvenim životom, ne želeći da
odreknu svojih obaveza (što, po Luki, Isus zahteva
autori ovih poslanica koristili su paganske kataloge gr
đanskih vrlina kako bi sačinili nove, „hrišćanske" moral;
pravilnike. Kao što stručnjak za *Novi zavet* Dejvid Ba
ističe, te poslanice predstavljaju Petra i Pavla kako, što
teško poverovati, podstiču vernike da prihvate rims)
konvencije.[3] Tako, na primer, u *Prvoj Petrovoj poslani*
„Petar" govori vernicima: „Budite dakle pokorni svak
vlasti čovečijoj, Gospoda radi: ako caru, kao gospodar
(2:13). „Petar" takođe insistira da vernici prihvate glavi
odgovornosti domaćeg života: „Tako i vi žene budite p

korne svojim muževima, da ako koji i ne veruje Reči..." (3:1); a muževi će „poštovati žene kao slabiji sud" (3:7). Robovi moraju služiti gospodare, kao da služe samog Gospoda, a gospodari, za uzvrat, ne smeju zlostavljati svoje robove; deca moraju roditelje slušati i podrediti im se. (22:18–22; 5:5). Na sličan način, u *Prvoj poslanici Timotiju,* „Pavle" daje Timotiju moralni savet, da ga mladi biskup prenese svojoj pastvi.

Ali, nisu svi prihvatali te moralne pravilnike, niti vođe koje su ih nametale. Oko 90 godine n. e., pojavljuje se čuveno pismo pripisano Klementu koji je, po mišljenju mnogih, drugi ili treći rimski biskup, posle apostola Petra. Upućeno hrišćanima u grčkom gradu Korintu, gde je bila crkva koju je osnovao sam Pavle, pismo se obraća zajednici u kojoj vlada uzbuna zbog pitanja rukovodstva.[4] U pismu, biskup Klement izražava žaljenje što „nekolicina brzopletih i samovoljnih ljudi"[5] odbija da se povinuje višoj vlasti sveštenika, koji su, kaže on, njihove prave vođe. Takvi disidenti započinju, kako Klement kaže, „strašnu i nesvetu pobunu"[6] u okviru crkve. Odbacivši izvesne sveštenike, postavljene da upravljaju pastvom, ovi disidenti očigledno prigovaraju da je razdvajanje „sveštenstva" od „laika" – drugim rečima, razdvajanje grupe ljudi navodno na položajima vlasti, od grupe koju sveštenici zovu „narodom" (na grčkom, *laos*) ne samo bez presedana, nego je za hrišćane neprihvatljivo.

Osporavajući optužbu disidenata da su sveštenički rangovi nešto novo, Klement, kao i Pavle, autor *Prve poslanice Timotiju,* tvrdi da su sami apostoli „svoje prve preobraćenike postavljali za biskupe i đakone". Klement se poziva na autoritet proroka Isaije, iznoseći neverovatnu tvrdnju da je u drevna vremena Isaija već odobrio „položaj" biskupa i đakona. Klement citira *Isaiju* 60: 17 („... postaviću ti za *upravitelje* mir, a za *nastojnike* pravdu"), i tumači ključ-

ne termine kao grčke reči „biskupi" i „đakoni", kao po
poru svojoj tvrdnji.

Klement se takođe poziva na *Pavlove poslanice Timot*
ju, tvrdeći da su „sami apostoli postavljali svoje prve pr(
obraćenike za 'biskupe' i 'đakone'". Iako savremenik aut(
ra *Jevanđelja po Mateju* i po *Luki*, koji opisuju jevrejsl
visoke sveštenike kao Isusove neprijatelje, Klement po(
stiče hrišćane da oponašaju jevrejsko sveštenstvo. Meć
hrišćanima, kao i ranije među Jevrejima, kaže Klemen
visoki sveštenici i njima podređeni sveštenici božanski s
rukopoloženi za posebne dužnosti, dok „laika pravi
vezuju za laike."[7] Klement čak podstiče svoje hrišćane (
slede primer rimske armije:

> Braćo, služimo u našoj armiji... Smatrajmo ljude
> koji služe našim generalima... Ne mogu svi biti pre-
> fekti, tribuni, kenturioni, komandanti, ili slično, ali
> svako u svom rangu sprovodi zapovesti cara i gene-
> rala.[8]

Kasnije su hrišćani zaista prihvatili iz rimske vojne adm
nistracije praksu organizovanja u oblasti (biskupije), k(
jima rukovodi centralni nadzornik (biskup), i ta organiz
ciona strategija se primenjuje i danas.

Govoreći kao biskup, Klement tvrdi da disidentski st:
proističe iz arogancije i ljubomore. „Čak su i apostoli", k
že on „znali da će biti borbe oko titule biskupa". Ali Kl
ment predlaže lek za ovu situaciju: svako se mora „potčir
ti sveštenicima", prihvatajući od sveštenika kaznu ;
neposlušnost, „klečeći srcem i klanjajući se [svešteničkc
superiornosti". Nadajući se možda da će se disidenti p(
koriti, Klement ih ne povezuje sa Satanom, što će religi
ske vođe kasnije činiti tvrdoglavijim disidentima.

Ishod ove debate nam nije poznat; nijedan disidents
odgovor nije sačuvan. Ali, tokom drugog veka nove er
dok su ovakvi sukobi morili crkve širom Carstva, mnoį

crkvene vođe koje su prihvatale ispravno „apostolsko nasleđe" prepisivale su Klementovo pismo, šireći ga po celom rimskom svetu. Uz Klementovo pismo, biskupi su slali spise sakupljene u zbirku zvanu „apostolski očevi crkve". Mi malo znamo o nastanku ove zbirke; međutim, ona očigledno podvlači rastući autoritet sveštenstva, i pastvi nameće detaljne i praktične moralne pravilnike.

Većina hrišćana očigledno je prihvatila, uz nastajući „kanon" *Svetog pisma*, ovaj drugi „kanon" crkvene tradicije. Izvesni spisi iz zbirke „apostolskih očeva" revidiraju određena radikalna kazivanja, težeći da ih ublaže za novi talas preobraćenika. Reč je o kazivanjima kao što su: „Ne možete Bogu služiti i Mamonu" (*Matej* 6:24); „Ko ište od tebe, podaj mu (*Matej* 5:42); „Prodaj sve što imaš i razdaj siromasima... i hajde za mnom" (*Luka* 18:22). U „apostolskim očevima" nalazi se čuveni hrišćanski priručnik nazvan *Učenje dvanaestorice apostola*, koji ovako parafrazira Isusovo učenje: „Voli Gospoda i svog suseda; i ne čini drugima što ne želiš da drugi čine tebi."[9] Ispreplićući kazivanja iz *Propovedi na Gori* i lukave savete, *Učenje* kvalifikuje Isusovo kategoričko naređenje „Ko ište od tebe, podaj mu", dodajući, „Neka ti se novac oznoji u ruci dok ne saznaš kome ga daješ."[10] *Učenje* preinačuje i proširuje neke od *Deset zapovesti*, tvrdeći da „Druga zapovest apostolskog učenja glasi: 'Ne ubij; ne vrši preljubu'", precizirajući da to u praksi znači „ti [muški rod] ne smeš imati seksualne odnose s mladim dečacima; i ne vrši preljubu; ne kradi; ne pomaži ženama da pobace; ne ubijaj novorođenčad".[11]

Barnabino pismo, takođe spis u „apostolskim očevima" pripisuje slično moralno učenje Pavlovom drugu i kolegi propovedniku. *Barnaba*, kao i *Učenje*, poziva se na tradicionalno jevrejsko učenje o „dva puta" – „putu svetlosti", koji sadrži spisak dobrih dela, i „putu mraka", koji sadrži zla dela.[12] Po *Barnabinom* tumačenju, *Deset Božjih zapove-*

UNUTRAŠNJI NEPRIJATELJ 18

sti moraju biti upotpunjene s najmanje četrdeset specifič nih naredbi. Među ovim naredbama su: upozorenje pro tiv arogancije vlasti; opomena ljudima koji zastupaju pra va „bogatih" protiv prava siromašnih; osuda seksualni grehova već pomenutih u *Učenju*: „[muški] snošaj s deča cima", „preljuba" (što se verovatno odnosi na vanbračn seksualnu aktivnost ma koje vrste) i pobačaj.[13] *Barnaba* ta ko formuliše moralni pravilnik koji će dominirati hrišćar skim učenjem generacijama, čak milenijumima.

Barnaba stavlja opisane, suprotne životne puteve kontekst borbe koju u „sadašnjem zlom vremenu" Bož Duh vodi protiv Satane."[14] Podsećajući hrišćane da j „Gospod na vas izlio Duh Božji,"[15] *Barnaba* ih podstiče n moralnu budnost, kako „đavo ne nađe načina da uđe" crkvu, mada su „dani zli, a zlotvor još uvek na vlasti". Nagovarajući hrišćane da prihvate modifikovanu verzij jevrejskih etičkih stavova i prakse, *Barnaba* opominje hr šćane da ne krenu putevima Jevreja, koji su, kaže or „skrenuli zato što ih je zli anđeo naveo na grešku".[17] Nc vi Božji ljudi moraju „izbeći put mraka" i prihvatiti „pu svetlosti", jer „nad jednim su anđeli Božji svetlonosci, nad drugim, anđeli Satanini".

Mada većina preobraćenika prihvata episkopske instru kcije koje preciziraju šta hrišćani moraju – a šta ne smej – činiti, izvesni hrišćani, verovatno manjina, dovode auto ritet sveštenstva i biskupa u pitanje i odbacuju ovakvo pra ktično moralisanje. Oko 180 godine n.e., Irenej, pretendu jući, kao biskup pastve u Lionu, na autoritet apostolsko nasleđa, napisao je ogroman, petotomni napad na hrišć ne koji su skrenuli s pravog puta. Irenej ove hrišćane na ziva jereticima, optužujućii ih da su Satanini tajni agenti. Na početku ovog njegovog veoma uticajnog dela, pozna tog pod naslovom *Protiv jeresi*, Irenej primećuje da „po grešno mišljenje nikad ne biva izraženo otvoreno", ka jednostavna ludorija, nego „prerušena na pametan i dose ljiv način."[19] Postoje ljudi, kaže Irenej, koji tvrde da su hrišćani, i svi ih smatraju hrišćanima, a koji propovedaju „ambis ludosti i svetogrđa protiv Hrista."[20] Takvi lažni vernici, „koriste ime Isusa Hrista [samo] kao mamac", kako bi propovedali doktrine nadahnute Satanom, „trujući slušaoce gorkim i zloćudnim otrovom zmije, velikog podbadača na otpadništvo".[21] Irenej sugeriše da se ti ljudi protive moralnom učenju biskupa zato što ih razdire strast; poneki, kaže on, „predaju se telesnoj požudi s najvećom pohlepom."[22]

Već skoro dva milenijeuma, većina hrišćana slepo veruje Ireneju, prihvatajući tvrdnju da su mnogi od ljudi koje on naziva jereticima bili prevarni, razvratni ili i jedno i drugo. Međutim, nakon što su mnogi spisi tih takozvanih jeretika otkriveni u Gornjem Egiptu, 1945. godine, blizu mesta Nag Hamadi, hrišćani čije su spise biskupi suzbijali, sada, u stvari po prvi put u istoriji, mogu govoriti u svoje ime.[23] Čitajući njihove spise, nalazimo u njima verovanja koja su na prvi pogled krajnje neobična. Ali, takođe, nalazimo verovanja koja su, reklo bi se, formulisali ljudi strasnog, radoznalog duha, koji su ispitivali razne puteve duhovnog razvoja. Jedan od najradikalnijih spisa jeste *Svedočanstvo istine*, tekst koji pokreće primarno pitanje koje reformatori hrišćanstva postavljaju već skoro dva milenijuma, od gnostičkog učitelja iz drugog veka n. e. Valentina, do Franje Asiškog, Martina Lutera, Džordža Foksa, osnivača kvekerskog Društva Prijatelja i Meri Bejker Edi: Šta je „Jevanđelje?" Šta je „istinsko svedočanstvo o Hristu i njegovoj poruci?" Kao i budući reformatori, anonimni autor *Svedočanstva istine* počinje svoj tekst obraćanjem ljudima, „onima koji umeju slušati, ne samo ušima, nego svojim razumevanjem". Ne samo što ne odobrava razvrat, *Svedočanstvo* od hrišćana traži asketizam. Autor *Svedočanstva* piše kao čuvar istinskog jevanđelja. On veruje da je velika većina hrišćana – reč je o ljudima koji prihvataju

vođstvo „apostolskih očeva" i njihovu razvodnjenu mora
nost – zapala u moralnu grešku. „Mnogi su tražili istinu
nisu je mogli pronaći jer ih je savladao 'stari otrov' farise
i učitelja zakona."²⁵

Većina hrišćana, kaže ovaj učitelj, bez razmišljanja pr
hvata opis postanka sveta u *Knjizi Postanja*, po kojem tvo
rac govori muškarcu i ženi: „rađajte se i množite se...
učiniću da semena tvojega bude kao praha na zemlji" (*Po
stanje* 1:28; 13:16).²⁶ Ali, prigovara ovaj učitelj, ovi hrišć
ni ne shvataju da je jevanđelje u potpunoj suprotnosti s
zakonom: „Sin Čovečiji došao je iz sfere neiskvarljivo
sti",²⁷ i stigao na svet da okonča stari poredak i otpočr
novi. On poziva ljude koji mu pripadaju da se preobraze
„Ovo je istinsko svedočanstvo: kada čovek upozna sebe
Boga koji vlada istinom, on će biti spasen."²⁸ Ali, upozna
ti Boga znači odbaciti sve ostalo: „Niko ne poznaje Bog
istine izuzev onog ko odbaci sve što je od ovog sveta".
Jedino odricanje osposobljuje čoveka da odbaci svoje st
ro, lažno ja ispunjeno strahom, pohlepom, gnevom, po:
udom i zavišću, i ponovo otkrije svoje pravo ja u Gospo
du. Istinski hrišćanin bira put kojeg se kloni većir
takozvanih hrišćana. Pravi hrišćanin, kaže ovaj autor,

> razmišlja o energiji koja protiče kroz celu vasionu, i
> koja silazi na njega... i on je učenik svog duha... On
> otpočinje ćutnju u sebi... on odbacuje raspravu i
> polemiku... on je strpljiv sa svakim, s ljudima se op-
> hodi kao s jednakim, ali se takođe od njih odvaja.³⁰

Hrišćani kao što je Mučenik Justin, jedan od crkven
otaca, takođe prihvata ovakvo stremljenje ka samokor
troli. Justin se od srca divi hrišćanima koji praktiku
odricanje i celibat; on izdvaja za posebnu pohvalu ml
dog aleksandrijskog preobraćenika koji upućuje petici
Feliksu, guverneru,

tražeći dozvolu da ga hirurg kastrira. Jer hirurzi su rekli da im je zabranjeno to da čine bez guvernerove dozvole. A kad je Feliks apsolutno odbio da potpiše takvu dozvolu, mladić je prihvatio celibat.[31]

Origen, takođe poštovani crkveni otac, toliko je bio rešen da pobedi strasti da se u mladosti sam kastrirao, nikoga ne pitajući za dozvolu, a ponajmanje guvernera.

Mada autor *Svedočanstva* i ne pominje kastraciju, on ipak kaže da jedino ljudi koji odbace „svet u celini", „odbace ceo svet", a naročito seksualnu aktivnost i trgovačke transakcije, uspeju da upoznaju Boga. Za većinu hrišćanskih crkava, od drugog veka do danas, takvo odricanje je savet koji je teško poslušati i koji vodi moralnom savršenstvu. Ovo moralno savršenstvo postiže samo herojska nekolicina. U pravoslavnim crkvama širom sveta to su jedino monasi, a u rimokatoličkim crkvama, svi sveštenici i biskupi, i kaluđeri i kaluđerice. No autor *Svedočanstva* daleko je radikalniji od hrišćana kao što su Justin i Origen, jer on kaže da odricanje nije samo za divljenje, nego je osnovna dužnost svakog pravog hrišćanina. On zna, naravno, da velika većina hrišćana veruje da je Bog stvorio bića muškog i ženskog pola, naredivši im: „rađajte se i množite se" (*Postanje* 1:28). Ali autor *Svedočanstva*, razmišljajući o sopstvenom otuđenju od „svetovnih" hrišćana, iznenada oseća kako razume Isusovo upozorenje učenicima da se „čuvaju otrova pisara i fariseja". Isusove reči ne treba shvatiti doslovno: one se ne odnose na jevrejske učitelje; shvaćne simbolično, one se takođe odnose na *hrišćanske* učitelje kao što je autor *Barnabe,* a i na *Učenje dvanaestorice apostola,* koji se pozivaju na *Sveto pismo* kako bi odobrili običan zivot.

Prema *Svedočanstvu,* „pisari i fariseji" i „slepe vođe", na koje Isus skreće pažnju, nisu niko drugi do većina hrišćana, koji se, budući obmanuti, ne mole Bogu već natprirodnim, ali manje nego božanskim, „vladarima". Autor

UNUTRAŠNJI NEPRIJATELJ

Svedočanstva shvata da Isusovo upozorenje znači sledeće vernici se moraju kloniti uticaja „zabludele požude anđe i demona".³² Ovde je reč o palim anđelima koji su zapa u grešku zbog sopstvene požude. *Svedočenje* čak tvrdi da Bog kome se većina hrišćana moli, Bog hebrejske *Biblij lično* jedan od palih anđela – u stvari poglavar palih anđe la, od čije je tiranije Hristos došao da oslobodi čovečai stvo. Jer, kako *Svedočanstvo* objavljuje, „reč Sina Čoveč jeg... odvaja nas od greške anđela".³³

Što *Barnaba* kaže za Jevreje, i što većina hrišćana kaž za pagane – da ih je prevario zli anđeo, autor *Svedočansti* kaže za *druge hrišćane*. Kao milioni razočaranih hrišćar tokom dvehiljadugodišnje istorije hrišćanstva, ovaj rad kalno odbacuje većinu hrišćana kao otpadnike, pronalaze ći ih u tekstu jevanđelja kao „fariseje i pisare", ili barei kao njihove naivne i lako zavodljive učenike. Četrnae stoleća kasnije, Martin Luter, na primer, gledaće na svoj bivšu braću rimokatoličke hrišćane kao na „fariseje i pis: re" za koje je Isus učenicima govorio da ih se čuvaju. Dc većina vernika u Hristu i njegovoj poruci vidi silu koja (savladati snage zla u svetu, neki hrišćani disidenti još c drugog veka tvrde da su sile zla preuzele sâmo Jevanđelj

Ali autor *Svedočanstva istine* radikalniji je od „protestı jućih" hrišćana Reformacije i docnijih perioda. Ubeđen c je Hristova poruka u potpunoj suprotnosti sa „zakonom – to jest hebrejskom *Biblijom*, ovaj učitelj postavlja radika na pitanja:

Šta je svetlost? A šta tama? A ko je stvorio svet? A ko je Bog? A ko su anđeli?... A šta je upravljanje (svetom)? Zašto su jedni bogalji, a drugi slepi, jedni bogati, a drugi siromašni?³⁴

Prilazeći priči u knjizi *Postanja* sa ovakvim pitanjima, ov pisac „pronalazi" da ona otkriva istinu samo kad je čove čita naopako, shvativši da je Bog u stvari zločinac i da zmija božanska! Na primer, *Svedočanstvo* ističe da u *Postanju* 2:17 Bog zapoveda Adamu da ne jede voće s drveta usred raja, upozoravajući: „jer u koji dan okusiš s njega, umrećeš". Ali zmija govori Evi suprotno: „Nećete vi umreti; Nego zna da će vam se u onaj dan kad okusite s njega otvoriti oči, pa ćete postati kao bogovi i znati što je dobro što li zlo" (3:4–5). Ko kaže istinu? pita *Svedočanstvo*. Kad su Adam i Eva poslušali zmiju, „Tada im se otvoriše oči, i videše da su goli" (3:7). Oni nisu umrli „u onaj dan", kao što ih je Bog upozorio. Umesto toga, oči su im se otvorile znanju, kao što je zmija obećala. No, kad je Bog shvatio šta se desilo, prokleo je zmiju i nazvao je 'đavolom' (*Postanje* 3:14–15).[35] Budući da je Adam stekao božansko znanje, Bog ga izbacuje iz Raja, „kako ne bi pružio ruku da okusi plod s drveta života, i živeo zauvek" (*Postanje* 3:22), stičući tako i večni život i znanje.

„Kakav je to bog?... Svakako se pokazao kao zlobni zavidljivac,"[36] kaže autor *Svedočanstva*. Ne samo da je taj Bog ljubomoran na sopstveno stvorenje, nego je takođe osvetoljubiva neznalica. A šta je zmija, koju Bog proklinje i naziva je „đavolom"? Prema *Svedočanstvu istine*, zmija, koja je dovela Adama i Evu do duhovnog prosvetljenja, u stvari je *Hristos,* koji se prerušen pojavljuje u raju kako bi Adama i Evu oslobodio od „greške anđela"[37] – to jest, greške na koju navode zlonamerni natprirodni „vladari", izigravajući Boga na ovom svetu.

Drugi anonimni hrišćanski učitelj, čiji su spisi takođe pronađeni u Nag Hamadiju, razgovara sa učenikom koji hoće da zna šta je „veliki apostol" Pavle mislio kad nas je upozorio da „naš rat nije s krvlju i telom, nego s poglavarima i vlastima, i su upraviteljima tame ovog sveta, s duhovima pakosti ispod neba" (*Efešanima* 6:12). Da bi odgovorio na učenikovo pitanje, ovaj učitelj piše tajno otkrovenje nazvano *Stvarnost vladara,* koje naglašava, kaže on: „Jer ti jer pitaš o stvarnosti (kosmičkih) vladara."[38]

Učitelj govori o vladarima, objašnjavajući da je „njiho
učitelj (Bog hebrejske *Biblije*) slep; zbog njegove moć
neznanja i arogancije, on je rekao... 'Ja sam Bog, i drugo
nema'."³⁹ Ali učitelj tad kaže:

> Rekavši to, ogrešio se o svemir. I čuo se glas odoz-
> go, iznad sfere apsolutne moći, koji reče: „Grešiš, Sa-
> mael" (što znači „bog slepih")... A on reče: „Ako je
> neko drugi postojao pre mene, neka mi se pokaže!"
> I odmah, Mudrost ispruži prst i uvede svetlost u ma-
> teriju... A on reče svom porodu: „Ja sam bog celi-
> ne". A Život, kći Vere-Mudrosti, uzviknu: „Grešiš,
> Saklas(e) – (što znači „budala"). I dok mu disaše u
> lice, njen dah postade vatreni anđeo, i taj anđeo ga
> sveza i baci u Tartar ispod ambisa.⁴⁰

U kosmosu koji ovaj učitelj opisuje đavola i nema,
nema ni potrebe za njim: „Gospod" – Bog Jevreja kao
većine hrišćana – sam deluje kao vođa palih anđela koji za
vode i porobljavaju ljudska bića. Proglašavajući se uzviše
nim i jedinim Bogom vasione on se „ogrešuje o celinu",
odbija da sebe shvati kao deo mnogo šire božanske rea
nosti. Njegovo hvalisanje ga otkriva kao neznalačko bić
nižeg ranga, čija ga moć dovodi do prekomernog ponos
(*hybris*) i uništenja.

Prema *Stvarnosti vladara*, Samael i njegove kolege „vla
dari tame", a ne pravi Bog, stvaraju Adamovo fizičko tel
(*Postanje* 2:7), „stavljaju ga u vrt Edenski, da ga radi i d
ga čuva" (*Postanje* 2:15), a zatim ga uspavljuju i od njegc
vog rebra prave mu ženskog partnera (*Postanje* 2:21–22
Isti vladari zabranjuju Adamu da jede voće s Drveta zna
nja, da mu ono ne otvori oči za istinu, jer su bili ljubc
morni i želeli da njime vladaju. Kada su im se Adam i Evi
prosvetljeni ženskim duhovnim principom, koji se Evi pc
javljuje u zmijskom obličju, usprotivili, vladari su prokle
ženu i zmiju, i isterali Adama i Evu iz raja:

Štaviše, bacili su čovečanstvo u veliku zabunu i život ispunjen argatovanjem, dirinčenjem, kako čovečanstvo, zauzeto svetskim poslovima, ne bi imalo prilike da se posveti svetom duhu.[41]

Prema autorima ovih učenja, ljudska situacija – rad, brak i rađanje dece – nije dar božanskog blagoslova, već znak ropstva kosmičkim silama, silama koje ljudskim bićima onemogućuju da spoznaju svoje urođene sposobnosti da postignu duhovno prosvetjenje. Ovi radikalni hrišćani veruju da je većina ljudi, uključujući tu većinu hrišćana, postala plen vladara i stoga, poput većine Jevreja i pagana, živi u seksualnom, društvenom i ekonomskom ropstvu.

Međutim, postoje ljudi – u ovu grupu autori ubrajaju sebe – čije su se oči otvorile, i koji postaju svesni božanskog izvora svih ljudskih, i njih samih, izvora duboko skrivenog u običnom iskustvu. Prototip duhovno probuđene osobe jeste Evina kći Norea. Kad su „vladari" pokušali da je zavedu i prevare, Norea doziva Boga i prima božansku pomoć. Anđeo Elelet (čije hebrejsko ime znači „razumevanje") objašnjava joj kako su ove korumpirane i ograničene sile zavladale svetom, uveravajući je da ona ne pripada njima, već višim silama – Ocu celine, njegovoj emanaciji i „kćeri" Mudrosti, i božanskom Životu:

> Ti i tvoje dete ste iz više sfere; ove duše potiču iz neuništive svetlosti. Stoga vam vladari ne mogu prići, zbog duha istine koji je u njoj; a svi koji znaju ovaj metod žive besmrtni usred umirućeg čovečanstva.[42]

Ljudi u kojima je „duh istine" izbegavaju brak, posao ili ma koju drugu svetsku zamku kako bi ostali „generacija kojom niko ne gospodari", slobodna „da se posveti svetom duhu."[43]

Tajna knjiga Jovanova, takođe dobro poznato „otkrovenje" pronađeno u Nag Hamadiju, sadrži krajnje maštovito mitološko tumačenje *Knjige Postanja;* svrha tog tumačenja je da objasni kako ljudi bivaju vezani za sterilne nezadovoljavajuće živote. Nakon što je Adam stvoren objašnjava *Tajna knjiga*, glavni vladar i njegovi savezni izvršavaju tri napada da savladaju i zarobe Adamovu ducu. Najpre glavni vladar „zavodi [Evu] ... začevši joj dv sina", Kaina i Avelja. Tako se od tog vremena „polni odnos vrši do dana današnjeg, zbog glavnog vladara", koji u Evu „usadio polni prohtev". Ipak, budući da su mnog uprkos snazi polnog prohteva,[44] izmicali njegovoj vlast glavni vladar je „zajedno sa svojim moćnicima skova plan" da potčini čak i najjače ljudske duhove: vladari „vrš preljubu s Mudrošću i rađaju gorku sudbinu."[45] Od tac je sudbina neraskidivi okov:

> Od te sudbine dolaze nam svaki greh, svaka nepravda, svetogrđe, zaborav, i neznanje, svi teški uslovi, ozbiljni prekršaji, i veliki strahovi. I celo postanje biva tako zaslepljeno da ne spoznaje Boga koji je iznad sviju.[46]

Pošto vladari, i pored pojave sudbine, osećaju nelagodnost jer im se vlast nad ljudima čini nesigurnom, oni planiraju treću zaveru. Glavni vladar „šalje svoje anđele ljudskim kćerima"[47] (videti *Postanje* 6:2) da se s njima par rađaju decu i žive zajedno; da ih nauče kako da kopaju zl to, srebro, gvožđe i bakar. Tako *Tajna knjiga* opisuje b du običnog ljudskog života, bedni život čoveka zarobljj nog radom, teranog nagonskom strašću, potčinjeno sudbini, istrošenog naporom da zaradi novac i nagomi bogatstvo. Tako vladari drže ljudska bića pod svojom vl šću

> i bacaju ljude koji ih slede u veliku zabunu. Ljudi doživljavaju starost ne znajući za radost; umiru ne mogavši da saznaju istinu i spoznaju Boga... I tako

su oni porobili celu vasionu, od osnivanja sveta do danas.⁴⁸

Izvesni hrišćani, pristalice većine, odgovaraju ovim ekstremistima. Tertulijan, preobraćenik iz severnoafričkog grada Kartagine i savremenik Irenejev (oko 180. godine n.e.), slaže se sa Irenejem da sve ljude koji skreću od većinskog konsensusa treba osuditi kao „jeretike". Ova dva crkvena oca ističu da je glavna odlika prave crkve jednodušnost – slaganje u pitanjima doktrine, morala i rukovodstva. Tertulijan kaže, citirajući Pavla, da hrišćani treba „svi da govore i misle isto".⁴⁹ Ko se odvaja od konsensusa jeretik je po definiciji, jer, kao što Tertulijan ističe, grčka reč *hairesis* koju prevodimo kao „jeres" doslovno znači „izbor". Prema tome, „jeretik" je „onaj koji bira."⁵⁰ Tertulijan primećuje da se jeretici u stvari ponose time što se razlikuju od većine, smatrajući to za dokaz sopstvenog uvida u suštinu stvari. On kaže jetko:

> Kad god naiđu na nešto novo, odmah to svoje uobraženje nazivaju „duhovnim darom", jer oni ne cene jedinstvo, već različitost... Shodno tome, veoma su često podeljeni iznutra, spremni da kažu, zaista sasvim iskreno, prilikom diskusije o nekim tačkama svoje vere: „To nije tako"; i „Ja to drukčije razumem"; i „Ja to ne prihvatam."⁵¹

Ali, Tertulijan ističe da izbor ne valja, jer izbor uništava jedinstvo grupe. Da bi iskorenili jeres, crkvene vođe, kaže Tertulijan, ne smeju ljudima dopustiti da postavljaju pitanja, jer „pitanja čine ljude jereticima";⁵² naročito pitanja kao: Odakle dolazi zlo? Zašto je zlo dopušteno? I koje je poreklo ljudskih bića? Tertulijan želi da spreči takva pitanja i da svim vernicima nametne isto *regula fidei*, „pravilo vere" ili verovanje. Tertulijan zna da će se „jeretici" bez sumnje protiviti, govoreći da je sam Isus podsticao ljude da postavljaju pitanja: „Ištite, i daće vam se; tražite, i naćićete; kucajte, i otvoriće vam se" (*Matej* 7:7). Ali, Tertulijan nema strpljenja s takvim ljudima: „Gde se završava potraga? Čovek traži da bi našao; a pronalazi da bi verovao."⁵³ Pošto sada crkveno pravilo vere daje jednostavan neposredan odgovor na sva pitanja, kad ljudi, kažeTertulijan, i dalje traže, reč je o čistoj tvrdoglavosti:

> Uklonite onoga koji uvek traži, jer on nikad ništa ne nalazi ; jer ništa ne može biti nađeno tamo gde on traži. Uklonite onoga ko uvek kuca, jer gde on kuca uvek je mrak, i nema nikog da otvori; uklonite onog ko uvek pita, jer on pita onoga ko ne čuje.⁵⁴

Pravi hrišćanin, izjavljuje Tertulijan, donosi odluku da „ne zna ništa... što se kosi sa istinom vere". Ali kada ljudi „uporno traže da postavljamo pitanja o problemima koji ih se tiču", Tertulijan kaže „mi imamo moralnu obavezu da ih pobijemo... oni kažu da mi moramo postavljati pitanja kako bi se povela rasprava, ali o čemu?" Kad „jeretici" prigovaraju govoreći da hrišćani moraju raspravljati stvarnom značenju *Svetih spisa,* Tertulijan izjavljuje da vernici moraju odbaciti svaku takvu raspravu. Takva rasprvljanja samo izazivaju „mučninu u stomaku ili mozgu." Pored toga, kaže Tertulijan, takve rasprave slabe pravo verni stav:

> Ako se s njima zaista upustite u raspravu, gledaoci, pod uticajem rasprave, nisu više sigurni koja je strana u pravu... čovek koji više nije siguran... biće zbunjen videvši da vi ne napredujete u raspravi, i da je protivnička strana vama ravna... *i on će napustiti raspravu još nesigurniji, s još manjom sposobnošću da odredi koja je strana jeretička... Jer, bez sumnje, oni takođe imaju šta da kažu; oni će nas optužiti da dajemo pogrešno tumačenje, pošto oni, baš kao i mi, tvrde da je istina na njihovoj strani* (podvukao autor).⁵⁶

Umesto da uključe jeretike u raspravu o *Svetim spisima*, Tertulijan kaže, „ispravno misleći" (doslovno značenje reči „ortodoksan") hrišćani moraju jednostavno reći da su *Sveti spisi* njihovo isključivo vlasništvo:

> Jereticima ne treba dozvoliti da nam prigovaraju kad citiramo *Svete spise*, jer mi... dokazujemo da oni nemaju nikakve veze sa *Svetim spisima*. Budući jeretici, oni ne mogu biti pravi hrišćani.[57]

Ali kako jeretici pronalaze tako domišljate i ubedljive argumente u *Svetim spisima*? Njima nadahnuće dolazi, kaže Tertulijan, od „đavola, naravno, čije lukavosti iskrivljuju istinu.[58] Satana je ipak autor svih veština duhovnog ratovanja, uključujući tu i lažna tumačenja. Pavlovo upozorenje o „duhovnim silama zla u na nebu", koje *Stvarnost vladara* primenjuje na biblijskog Boga i njegove anđele, Tertulijan shvata u suprotnom smislu: Pavle, kaže on, tu govori o đavolu koji izmišlja lažna tumačenja *Svetih spisa* da bi doveo ljude u zabludu.[59] Odbacujući izbore, pitanja i rasprave o duhovnim tumačenjima, Tertulijan propisuje jednodušno prihvatanje pravila vere. Da bi se to postiglo, neophodno je potčinjavanje odgovarajućoj crkvenoj „disciplini" – to jest, sveštenicima koji su pravi naslednici apostola.[60] Tertulijanovi „recepti", da su bili primenjivani, mogli bi delovati protiv radikalnih pisaca *Svedočanstvo istine*, *Stvarnosti vladara* i *Tajne knjige Jovanove*. U svakom slučaju, grupe čije ideje ovi tekstovi iznose ostale su marginalne u hrišćanskom svetu. Ove grupe su privukle jedino malobrojne hrišćane koji su poštovali jevanđelje koje od čoveka traži da raskine ne samo sa svetom, već i sa hrišćanskom većinom.

Drugi jeretici – koje Tertulijan i Irenej kao takve osuđuju – bili su mnogo manje radikalni i baš zato mnogo opasniji za nastajuće crkvene vlasti i njihove zastupnike. Među njima se ističu sledbenici Valentina, hrišćanskog

UNUTRAŠNJI NEPRIJATELJ

učitelja iz Egipta, koji se preselio u vreme Justinove smr ti, oko 140. godine n. e. Valentin se nije sporio sa crkve nom vlašću; u stvari, ako možemo verovati Tertulijanu Valentin je „očekivao da postane biskup, budući čove. sposoban, pametan i elokventan."[61] Ali, Valentin „raskid s pravovernom crkvom",[62] kaže Tertulijan, zato što je dru gi postavljen za biskupa. Kao i Klement, Tertulijan kaž da ljudi koji osporavaju episkopsku vlast čine to iz zavist ili zbog nezadovoljene ambicije.

Kršteni hrišćanin, Valentin prihvata veroispovest učestvuje u zajedničkom hrišćanskom bogosluženju. Al: posle krštenja, Valentin sanja vizionarski san u kojem m se Logos priviđa u obliku novorođenčeta.[63] On tu vizij tumači kao podsticaj da otpočne duhovno istraživanje Čuvši o učitelju po imenu Teuda, koji je, prema sopstenc tvrdnji, primio tajno učenje lično od apostola Pavla, Va lentin postaje njegov učenik. Naučivši sve što je mogao o Teude, Valentin sam postaje učitelj. Kao učitelj, Valenti: proširuje svoje znanje i dopunjuje ga svojim duhovnim is traživanjima. Pored toga, on podstiče svoje učenike da ra zvijaju sopstvenu unutrašnju sposobnost duhovne spo znaje.

Valentinova namera bila je da drži srednji kurs izmeđ dveju krajnosti – jednu krajnost predstavljaju ljudi ko priznaju samo većinsko versko učenje; drugu krajnos predstavljaju autori fragmenata *Svedočanstva istine* i *Stvar nosti vladara*, koji odbacuju većinsko učenje kao lažno i is kvareno. Podrazumevajući da su krštenje i ispovedanj opšte vere u Boga i Hrista neophodni za početnike u ve ri, on ipak podstiče svoje vernike da prevaziđu i učenj hrišćanskih propovednika i doslovna tumačenja *Svetih sp: sa* kako bi ispitali dublje značenje Jevanđelja. Tako, veru je on, čovek može napredovati od vere k razumevanju, tc jest ka *gnosi*. Ta se reč često prevodi kao „znanje", ali pre vod je pomalo varljiv, jer *gnosa* se razlikuje od intelektua nog znanja (o kojem, na primer, govori rečenica „oni *znaju* matematiku") koje u grčkom označava reč *eidein* (iz koje mi izvodimo reč *ideja*). Engleski jezik je neobičan u svojoj jezičkoj grupi budući da u njemu jedan jedini glagol („to know") izražava različite vrste znanja. Moderni evropski jezici imaju jednu reč za intelektualno, a drugu za lično znanje: francuski jezik, na primer, razlikuje *savoir* i *connaître*; španski, *saber* i *conocer*; italijanski, *sapere* i *conoscere*; nemački, *wissen* i *kennen*. Grčka reč *gignosko*, iz koje nastaje *gnosis*, označava lično znanje (kao, na primer, u rečenici „Mi *znamo* Hrista" ili u kazivanju delfskog proročišta „Spoznaj samog sebe"). Termin *gnosis* bi možda trebalo prevoditi rečima „uvid" ili „mudrost". Jedan gnostički učitelj ovako podstiče svoje učenike da traže gnosu u sebi:

> Napustite traganje za Bogom, za kosmosom i sličnim. Umesto toga, počnite od sebe. Zapitajte se ko to u vama prisvaja sve kad kaže „moj duh", „moje srce", moj Bog. Pronađite izvore ljubavi, radosti, mržnje i žudnje... . Ako pažljivo ispitate sve to, vi ćete naći [Boga] u sebi.[64]

Drugi učitelj kaže da *gnosa* otkriva „ko smo bili i ko smo postali; kuda idemo, odakle smo došli, šta je rođenje, a šta preporod."[65] Gnostički hrišćanin konačno „saznaje" da Hristovo Jevanđelje može shvatiti dublje od shvatanja zajedničkog svim hrišćanima. Krenuvši putem *gnose*, čovek u jevanđelju vidi više od poruke o pokajanju i oproštaju. *Gnosa* postaje put duhovnog buđenja, put kojim čovek nalazi božansko u sebi. Tajna *gnose* je u sledećem: kad čovek upozna sebe na najdubljem nivou, on upoznaje Boga kao izvor svog bića. Autor *Jevanđelja po Filipu*, sledbenik Valentinov, opisuje *gnosu* kao prirodno prevazilaženje vere. Kao što se letina skuplja zahvaljući harmoničnom delovanju prirodnih elemenata vode, zemlje, vetra i svetlosti, ta ko, kaže *Filip*,

> Božja zemljoradnja ima četiri elementa – veru, nadu, ljubav i *gnosu*. Vera je naša zemlja, u koju puštamo korenje. Nada je voda pomoću koje nas podižu; ljubav je vetar pomoću kojeg rastemo. A *gnosa* je svetlost pomoću koje sazrevamo [ili: „postajemo zreli"].[66]

Za razliku od radikalnih hrišćana *Stvarnosti vladara* i *Svete knjige Jovanove*, Valentin i njihovi sledbenici ne odb cuju moralne norme koje propovedaju sveštenici i biskup Oni ne preziru i ne izvrću hebrejsku *Bibliju*, niti otvoren osporavaju autoritet sveštenika i biskupa. Oni ih prihvat ju, ali s bitnim određenjem: moralni, crkveni i duhov konsenzus obavezan je za većinu hrišćana, ali ne za one k ji su prevazišli samu veru i postigli *gnosu* – to jest, posta duhovno „zreli".

Valentin i njegovi sledbenici takođe prihvataju, ka početnicima neophodno, moralno ustrojstvo koje nam ću biskupi, propisujući dobra dela i prokazujući loša. A Valentin i njegovi sledbenici u crkvi vide dva različita tip hrišćanina.[67] Većinu hrišćana oni nazivaju „crkvenim" „psihičkim" hrišćanima (to jest, ljudima koji funkcioni na nivou *psihe*, ili duše). „I oni kažu", Irenej žučno neg duje, „da smo mi crkveni ljudi takve osobe."[68] Međutir prema valentinskom mišljenju, ljudi koji pođu kroz dr go, tajno posvećenje nazvano „iskupljenje", od tog trenu ka sebe smatraju zrelim, „duhovnim" hrišćanima, koji s od puke vere napredovali do duhovnog saznanja, ili *gn se*.

Budući da su Valentin i njegovi sledbenici javno pi mali krštenje, prisustvovali zajedničkom bogosluženju ispovedali istu veru, većina hrišćana ih je smatrala potp no bezopasnim vernicima, a oni sami su se s tim slaga

Međutim, jednu generaciju nakon Valentinove učiteljske aktivnosti u Rimu njegov pokret dobija priličan broj sledbenika širom hrišćanskog sveta, a naročito među obrazovanijim članovima crkve. Tertulijan se žali da su često „najverniji, najmudriji i najiskusniji članovi crkve „ti koji prelaze drugoj strani".[69] Užasnut, Irenej nailazi na aktivne valentinske učitelje među svojom pastvom u Lionu, i ovi učitelji su pozivali vernike na tajne sastanke, gde bi mogli postavljati pitanja o veri i raspravljati o njenom „dubljem značenju".[70] Na tim sastancima, održavanim bez biskupovog odobrenja, ti valentinci propovedaju ideje koje Irenej smatra bogohulnim. Po valentinskom učenju, na primer, Bog tvorac opisan u *Postanju* nije ni jedini Bog, kao što većina hrišćana veruje – niti je zloćudni, degradirani vođa palih anđela, kao što radikalni hrišćani uobražavaju. Po Valentinu, Bog je antropomorfna slika istinskog božanskog izvora, temelja svekolikog bića, neizrecivi, neopisivi izvor koji Valentin takođe definiše rečima „dubina" ili „ambis". U svojim pokušajima da prizove predstave tog izvora, Valentin ga opisuje kao suštinski dinamičan i dijadičan, božanski „Otac svega" i „Majka svega".[71] Vernici prisutni na ovim sastancima takođe su mogli čuti da je biskup – Irenej lično – mada je dobar čovek, hrišćanin ograničenog razumevanja, koji ne napreduje od vere ka *gnosi*.

U delu *Protiv jeresi* Irenej kaže kako mu je poznato da Valentinovi sledbenici sebe smatraju za ljude koji reformišu crkvu i podižu nivo duhovnog razumevanja; međutim, nastavlja on, nikakvo dobro koje oni postignu ne može nadoknaditi štetu koji oni nanose „komadajući veliko i slavno telo Hristovo",[72] crkvu. Kao biskup, Irenej uviđa da se gnostički hrišćani svojim duhovnim istraživanjem odvajaju od ostalih hrišćana, što efektivno cepa zajednicu. Budući da su podmukla unutrašnja grupa, njihovo prisustvo ugrožava krhku strukturu moralnog i organiza-

cionog konsensusa kojim Irenej i njemu slični poglava[ri]
pokušavaju da ujedine hrišćanske grupe širom sveta. Do[k]
se valentinski hrišćani slažu da su biskupove moralne po[d]
uke neophodne duševnim hrišćanima, oni sebe smatraj[u]
izuzetkom, prisvajajući slobodu da donose sopstvene od[]
luke o delima koja su biskupi zabranjivali. Neki valentir[s]
ski hrišćani, kaže Irenej, s porodicama i prijateljima pose[]
ćuju paganske festivale, ubeđeni da ih to ne može uprljat[i.]
Drugi, optužuje on, prisustvuju gladijatorskim borbama [i]
vrše, kako Irenej kaže, flagrantne seksualne prekršaje.
Kao primer, Irenej navodi Marka, valentinskog učitelj[a]
aktivnog u „našoj oblasti u dolini Rone". Irenej ga naziv[a]
zavodnikom koji spravlja posebne afrodizijake kako bi pr[i]
vukao mnogobrojne žene koje „je on uprljao i koje s[u]
ispunjene strašću za njim". Među tim ženama je i „supr[u]ga jednog od naših đakona, žena velike lepote",[74] koja [je]
u stvari napustila kuću da bi putovala s Markovom gr[u]pom.

Ali, kad Irenej opisuje Markovu stvarnu tehniku zavo[]
đenja, mi vidimo da on govori u metaforama. Bisku[pa]
uznemiruje, između ostalog, izuzetna privlačnost Valent[inovog]
novog učenja za žene-vernike, koje su tokom drugog v[e]
ka sve više bile isključivane iz aktivnog učešća u Irenej[]
ovoj crkvi. Marko, kaže Irenej, „zavodi žene", time što [ih]
poziva da učestvuju u davanju pričešća. Marko takođe s[a]
stavlja molitve za pričešće upotrebljavajući „zavodljive r[e]
či" kao što su molitve Milosti, i božanskoj Majci, zajedn[o]
s božanskim Ocem.[75] Još gore, Marko polaže ruke na ž[e]
ne, moleći Sveti duh da siđe na njih, a pored toga podst[i]
če žene da proriču.[76] Kad Irenej optužuje Markove sledb[e]
nike za preljubu, on priziva tradicionalnu biblijsk[u]
predstavu učešća u „nedozvoljenim" religijskim obredim[a.]
Proroci Osija, Isaija i Jeremija, na primer, često koriste r[e]
či „preljuba" i „prostitucija" kao metafore da okrive dr[u]
ge za „nevernost" Božjem zavetu.[77]

Izvesni valentinski spisi otkriveni u Nag Hamadiju, među njima *Jevanđelje istine* i *Jevanđelje po Filipu*, sadrže odgovor na optužbe da su valentinci bili nemoralni. U jednom od malobrojnih sačuvanih fragmenata s njegovim učenjem, sam Valentin, kaže, tumačeći Hristovo kazivanje „Jedino je Bog je dobar", i da, udaljeno od Božje milosti, ljudsko srce služi kao „stanište za mnoge demone. Ali kada Otac, koji je jedini dobar, na to baci pogled, on sve osvetli i pročisti svojim svetlom, tako da je čovek s takvim srcem blagosloven, jer vidi Boga."[78] *Jevanđelje istine*, čiji je autor možda Valentin, daje sledeće etičko uputstvo gnostičkim hrišćanima:

> Govorite o istini sa onima koji je traže, a o *gnosi* sa onima koji su grešeći počinili grehove. Pomozite onima koji su posustali, i pružite ruke bolesnima. Nahranite gladne i dajte odmora umornima... Jer vi ste prizvano razumevanje. Kad tako postupi, snaga postane snažnija... Nemojte postati đavolovo stanište, jer vi ste ga već uništili.[79]

Jevanđelje po Filipu predlaže alternativu opštehrišćanskom shvatanju dobra i zla kao kosmičkih suprotnosti.[80] U ovom jevanđelju, za razliku od jevanđelja *Novog zaveta,* Satana se uopšte ne pojavljuje. Umesto toga, božanski Otac i Sveti duh, radeći u slozi, upravljaju svim događajima, čak i delatnostima nižih kosmičkih sila, tako da, na kraju, kao što Pavle kaže: „A znamo da onima koji ljube Boga sve ide na dobro, koji su pozvani po namerenju" (*Rimljanima* 8:28). *Jevanđelje po Filipu* na originalan način kritikuje pristup moralnosti koji svi ostali hrišćani, pravoverni i radikalni, praktikuju. Iako se suštinski ne slažu, i pravoverni i radikalni hrišćani pretpostavljaju da je za moralnost neophodno *propisivanje* i *prokaživanje* izvesnih činova. Autor *Filipa,* međutim, želi da odbaci sve spiskove „dobrih" i „loših" dela – drugim rečima, osnovu tradicionalne hrišćanske moralnosti. Jer, ističe ovaj autor, kad identifikujemo suprotnosti kao što su „svetlost i tama, ž vot i smrt, dobro i zlo" reč je u stvari o parovima među zavisnih termina od kojih svaki podrazumeva svoju su protnost.[81]

U nameri da prebaci hrišćansku moralnu disciplinu novi ključ, autor *Filipa* primenjuje priču o drvetu pozna vanja dobra i zla kao parabolu koja pokazuje ispraznos tradicionalnog prilaza moralnosti. Po *Filipu*, „zakon je dr vo"; zakon, kao i drvo znanja, tvrdi da omogućuje „po znavanje dobra i zla"; međutim, ono ne dovodi ni do ka kvog moralnog preobražaja. Umesto toga, ono „stvar smrt za one koji su jeli njegov plod. Jer, rekavši: 'Jedi ove nemoj jesto ono,' ono je postalo početak smrti."[82]

Kako bi pokazao da je nemoguće razlikovati dobro o zla na jednostavan i kategoričan način, *Filip* priča drug parabolu, o domaćinu odgovornom za imanje na kojer žive deca, robovi, psi, svinje i stoka. Domaćin, koji sva kom obezbeđuje odgovarajuću ishranu, jeste slika „učen ka Božjeg", koji „shvata duševna stanja [svake osobe] i go vori svakome" na odgovarajući način, shvatajući da ljud imaju različite potrebe i nalaze se na različitim stupnjevim duhovne zrelosti.[83] *Filip* odbija da raspravlja o seksualnoi životu, na primer, o pitanju da li je za hrišćane bolji bra ili celibat. Formulisane kao suprotnosti, ove alternative sa činjavaju lažnu dihotomiju. Ovaj autor kaže: „Niti strahu te od tela, niti ga volite. Ako ga se budete bojali, ono o zavladati vama; ako ga budete voleli, ono će vas proždra ti i paralizovati".[84] *Filip* prihvata Pavlovo saznanje da je z jednog čoveka brak odgovarajuća „dijeta", a za drugog celibat.

Mada odbacuje običnu dihotomiju dobra i zla, ovaj au tor ne zanemaruje etička pitanja, i nikako ne dovodi u p tanje njihovu važnost. Za njega se pitanje da li je izvesta čin „dobar" ili „rđav" ne postavlja; važno pitanje je kak pomiriti slobodu koju nam *gnosa* donosi sa hrišćanskom dužnošću da volimo druge. Ovde autor misli na kazivanje iz *Jevanđelja po Jovanu:* „I poznaćete istinu, i istina će vas izbaviti" (8:32), a i na kazivanja apostola Pavla o ljubavi i *gnosi* u *Prvoj poslanici Korinćanima* (poglavja 8 i 9). Pavle tu kaže da je on, zbog sopstvene *gnose,* slobodan da jede i pije šta želi, slobodan da putuje sa sestrom hrišćankom kao sa suprugom i slobodan da živi kao jevanđelista na račun zajednice. Ipak, kaže Pavle, „pošto nema svako *gnosu",* (*Prva poslanica Korinćanima* 8:7–13), on se dragovoljno lišava tih sloboda, u korist čovekoljublja, kako ne bi uvredio potencijalne probraćenike ili nezrele hrišćane. Autor *Filipa* sledi Pavla kada postavlja centralno pitanje: Kako da hrišćanin izbegne greh? Kako čovek da živi u skladu i s *gnosom* i s *agape,* ljubavlju.

Centralna tema *Jevanđelja po Filipu* je preobražujuća moć ljubavi: ono što će čovek postati zavisi od toga kome je njegova ljubav upućena.[85] Čovek čija je ljubav sazrela pazi da ne izazove ničiju patnju: „Blagosloven je onaj koji nikome ne nanosi bol".[86] Isus Hristos je paradigma čoveka koji ne vređa i ne žalosti ljude, nego snaži i blagosilja svakoga koga sretne, bilo da je „veliki ili mali, vernik ili nevernik".[87] Gnostički hrišćanin mora uvek ljubavlju prema drugima ograničiti slobodu koju *gnosa* daje. Autor takođe kaže da s radošću iščekuje doba kada će se sloboda i ljubav spontano usklađivati, tako da će duhovno zrela osoba biti slobodna da sledi svoje prave želje, ne strahujući da će to nekoga ožalostiti. Umesto da naređuje: „jedi ovo, nemoj jesti ono", kao što je činilo prethodno drvo, „drvo" zakona, pravo drvo *gnose* daje potpunu slobodu:

> Tamo gde ja sve jedem nalazi se drvo znanja... Taj je vrt mesto gde će mi reći: „jedi ovo, ili ne jedi ono, kako god hoćeš."[88]

Kad *gnosa* bude bila usklađena s ljubavlju, hrišćanin će b
ti slobodan da učestvuje ili ne učestvuje, u skladu sa sv(
jom najdubljom željom.

Međutim, za većinu hrišćana, sledeći esenski način m
šljenja, duhovni razvoj je unutrašnji dvoboj između si
dobra i zla. Antonije, veliki hrišćanski asketa i jedan c
vodećih pustinjskih otaca koji je živeo u Egiptu ok
250-355. godine n.e. učio je svoje duhovne naslednike i n
stavljače monaške tradicije da predstave Satanu kao aps(
lutno najintimnijeg neprijatelja, neprijatelja koga naziv
mo našim sopstvenim *ja*. *Život Antonijev*, delo koje je
četvrtom veku napisao aleksandrijiski biskup Atanasij
opisuje kako Satana kuša Antonija govoreći kroz njego\
misli i impulse, kroz maštu i žudnju. *Filip*, međutim r
pribegava Satani kad objašnjava čovekovu sklonost ka gr
hu. Ali, stoga ne treba zaključiti, kao što to čine neki pr
voverni hrišćani, da valentinski hrišćani naivno veruju k
ko ne moraju se angažuju u moralnoj borbi – budući c
su, navodno, „iznad dobra i zla", u suštini nesposobni ;
greh. Nasuprot tome, *Filip* uči da u svakoj osobi leži sk
ven „koren zla". To je *Filipovo* tumačenje tradicionalnc
jevrejskog učenja o *jetzer 'hara*, ili, kako rabini kaž
„zlom impulsu". Sve smo dok smo nesvesni „korena zl:
u nama, *Filip* kaže, on je moćan; ali kad je spoznat, on
uništen". Autor nastavlja:

> Što se nas tiče, neka svako kopa duboko do korena
> zla u sebi, i iz srca iščcupa koren. On će biti iščupan
> ako ga prepoznajemo. Ali ako ga ne prepoznajemo,
> on se ukorenjuje u našim srcima i rađa svoje plodo-
> ve u našim srcima. Gospodari nama i porobljava
> nas. Zarobljava nas, tako da „činimo ono što ne že-
> limo da činimo," [videti *Rimljanima* 7:14–15]. Nje-
> gova moć raste jer ga nismo spoznali.[89]

Osnovno za *gnosu* jeste „poznavanje" sopstvenog potenicijala za zlo. Prema *Filipu*, prepoznavanje zla u sebi predstavlja po definiciji individualni proces: čovek ne može drugome diktirati šta je dobro a šta zlo; umesto toga, svako se mora potruditi da razume svoju unutrašnju sferu kako bi prepoznao dela koja proističu iz „korena zla" koji se sastoji iz impulsa kao što su gnev, zavist, požuda, pohlepa. Uvidevši da određeni čin dolazi od jednog takvog impulsa, čovek gubi energiju neophodnu za sprovođenje bilo kog čina. Da bi počinio zlo delo – bilo da je to gnevna tirada, ubistvo ili objava rata, čovek, čini se, mora verovati u iluziju da je delo opravdano, da čovek deluje iz pravih razloga. Autor *Filipa* optimistički veruje da „istina... nadvladava čovekovu težnju da ignoriše svoje greške".[90] Ovakvo saznavanje istine zahteva napor koji prevazilazi intelektualni proces. Neophodan je preobražaj čovekovog bića, preobražaj načina života: „Ako znamo istinu, mi nalazimo njene plodove u sebi; ako tome priđemo, mi doživljavamo svoje ispunjenje".[91]

Za zrelog hrišćanina, kaže *Filip*, doktrina i moralna pravila institucionalne crkve od drugorazrednog su značaja, možda čak irelevantni. Ipak, za razliku od mnogih protestantskih hrišćana kasnijih vremena, valentinski hrišćani ne odbacuju crkvene strukture. Umesto toga, oni ih, kako kažu, koriste kao temelj, baš kao što hrišćani kao celina tvrde da grade na temeljima judejstva. Autor *Filipa*, u stvari, kao i autor *Svedočanstva*, na jednom mestu upotrebljava termine „hebrejski" i „hrišćanski" kad vrši poređenje između ljudi koji su primili samo *preliminarno* otkrovenje i onih koji su primili punije otkrovenje *gnose*.

Tako pisac *Filipa* kritikuje ljude koje naziva Jevrejima, definišući ih kao „apostole i apostolski narod", jer, na primer, ne razumeju značenje bezgrešnog začeća. Mnogi doslovno shvataju bezgrešno začeće, kao da se Isusovo „bezgrešno začeće" odnosi na stvarno začeće i trudnoću. *Filip* ismeva takvo verovanje:

> Neki kažu: „Marija je začela od Svetog duha". Oni greše. Oni ne znaju šta govore; jer kad je ikada žensko začelo od ženskog.⁹²

Prema tumačenju u *Filipu*, Isus, rođen od Marije i Josifa, njegovih ljudskih roditelja, ponovo je rođen od Svetog duha, ženskog elementa božanskog bića (jer je hebrejska reč duh, *Ruah*, ženskog roda) i od oca „Oca na nebu" kome se Isusovi učenici, kako ih učitelj podstiče, obraćaju u molitvi („Oče naš koji si na nebesima... "). Ali, autor dodaje, samo spominjanje ženske duhovne moći „predstavlja veliku anatemu za Jevreje, koji su apostoli i apostolski narod".⁹³

Takvi ljude vide krštenje kao ponovno rođenje kroz Sveti duh, ali oni ne razumeju da to podrazumeva ponovno rođenje i od nebeskog Oca. Tako, kaže *Filip*,

> kad smo bili Jevreji, imali smo... jednu majku. Ali, postavši hrišćani, imamo i oca i majku.⁹⁴

Prema tome, ne doživljavaju svi krštenje na isti način. Neki ljudi se, kaže autor, „uranjaju u vodu [krštenja], izlaze ne primivši ništa",⁹⁵ a ipak kažu: „Hrišćanin sam". Za takve ljude, prema *Filipu*, naziv „hrišćanin" nije ništa više do obećanje da će im možda nešto biti podareno u budućnosti. Za druge, međutim, krštenje je trenutak preobraženja „To je tako kad čovek doživljava misteriju".⁹⁶ Ko je ponovo rođen od nebeskog Oca i nebeske Majke ponovo postaje celovita osoba, primajući natrag onaj deo ljudskog ja koji je izgubljen na početku vremena: „Duh, koji je sadrug čovekove duše". Čovek tada ponovo postaje celovit i , sveta osoba, i duhom i samim telom".⁹⁷ Takvog čoveka više ne možemo zvati hrišćaninom, „jer on više nije hrišćanin već Hristos".⁹⁸

Govori li ovaj spis o specifičnim, praktičnim pitanjima? U tom pogledu, *Jevanđelje po Filipu* podseća na *Jevanđelje po Tomi*. U *Jevanđelju po Tomi*, Isusovi učenici traže precizna, posebna uputstva: "Želiš da mi postimo? Kako da se molimo? Treba li da dajemo milostinju? Po kojem propisu da se hranimo?" Po Mateju i Luki, Isus daje precizne odgovore na takva pitanja. Ali, prema *Jevanđelju po Tomi*, on jednostavno kaže: "Ne laži i ne čini ono sto mrziš."[99] Isusov odgovor je ironičan, jer čoveku govori da se osloni na sebe. Ko drugi nego ja može znati kad lažem ili šta mrzim? *Jevanđelje po Filipu*, takođe, naizgled dajući prednost asketizmu (očigledno sledeći Pavlovo mišljenje, u *Prvoj poslanici Korinćanima* 7:1–40), da je celibat bolji od braka, ne daje specifična uputstva u vezi s polnim životom. Nije toliko bitno, dakle, šta čovek čini; važan je kvalitet njegove namere. *Jevanđelje po Filipu* ostaje dosledno svojoj nenormativnosti, ne računajući sledeća dva izuzetka: prvo, gnostički hrišćanin mora ljubavlju ograničiti slobodu koju *gnosa* daje; drugo, vernik mora biti stalno svestan svog potencijala za zlodela, jer samo takva budnost može hrišćanina – gnostičkog hrišćanina takođe – osloboditi od nevoljnog robovanja grehu.

Irenej i drugi optužuju valentinske hrišćane da su dualisti, ali *Jevanđelje po Filipu* pokazuje da to nije slučaj. Autor ovog spisa napušta i modifikovani dualizam kojim se odlikuje velika većina hrišćanskih učenja – dualizam zasnovan, kao što smo videli, na ubeđenju da je angažovan u neprestanoj borbi protiv Satane. Umesto da zamišlja zlo kao tuđu, spoljnu silu koja ugrožava i napada ljude, autor *Filipa* od svakog pojedinca traži da spozna zlo iznutra i da ga svesno iskoreni.

Biskup Irenej, rešen da zaustavi širenje gnostičkog pokreta u crkvama, shvatio je da mere koje predlaže Tertulijan neće zaustaviti valentince. Irenej kaže da nije dovoljno zahtevati da svi vernici ispovedaju istu veru i prihvate mo-

ralna uputstva od biksupa i sveštenstva, lukavi „jeretici" t
dragovoljno čine, bar javno. Niti je dovoljno jednostavn
zahtevati da hrišćani prihvate autoritet svih sveštenika i bi
skupa. Među valentincima ima mnogo sveštenika, ljud
koji su, moglo bi se reći, na njihovoj strani. Irenej obja
šnjava: „Ima pojedinaca za koje mnogi veruju da su sve
štenici, ali koji... se s prezrenjem odnose prema naređenji
ma, ... čineći zlodela u tajnosti"[100] – baš kao ljudi koji s
u stvari posvećeni u *gnosu*. Irenej izjavljuje da vernici mc
raju prihvatiti samo *izvesne* sveštenike – sveštenike koji n
samo što su propisno rukopoloženi, nego takođe jasn
odbijaju tajno učenje i odbijaju da učestvuju u privatnir
sastancima koje nije odobrio biskup. Stoga je, Irenej za
ključuje, „neophodno slušati sveštenike koji su u crkvi, kc
ji su, uz apostolsko nasleđe, primili sigurni dar istine". L
isto vreme,

> takođe je neophodno s podozrenjem gledati na dru-
> ge [sveštenike] koji odstupaju od prvobitnog apo-
> stolskog nasleđa, i koji se skupljaju ma gde; i treba
> ih smatrati jereticima ili šizmaticima ili hipokritima
> ... koji seku crkvu napola i remete njeno jedin-
> stvo.[101]

Ti će, Irenej upozorava, dobiti božansku kaznu: nebesk
vatra će ih progutati.

Najzad, Irenej osuđuje valentinsku teologiju kao poć
muklu strategiju nadahnutu samim Satanom. Irenej za
ključuje svoje petotomno delo *Protiv jeresi* izgovarajući,
ime Boga, reči božanske osude:

> Stoga, neka osobe koje skrnave tvorca, otvorenim
> neslaganjem ... ili izopačavanjen značenja [*Svetih
> spisa*], osobe kao što su valentinci i svi lažno nazva-
> ni gnostici, budu prepoznati, od strane svih koji sla-
> ve Boga, kao agenti Satanini. Njihovim posred-
> stvom, Satana je, čak sada, ne ranije, viđen kako

> govori protiv Boga... istog Boga koji je pripremio večiti oganj za svaku vrstu otpadništva.[102]

Kao što na početku vremena Satana, uz zmijinu pomoć, odvodi ljudska bića na stranputicu, „tako sada", kaže Irenej, „ovi ljudi, ispunjeni satanskim duhom, zavode Božji narod". Boreći se protiv svih „jeretika", Irenej učestvuje u gradnji crkvene strukture koja do dana današnjeg održava pravoverno hrišćanstvo. Irenej doprinosi gradnji te strukture svojom tvrdnjom da samo on ima pristupa „apostolskoj doktrini i jasnoj manifestaciji Hristovog tela (to jest, crkve), u skladu sa episkopskim nasleđem", kao i sasvim upotpunjenom sistemu doktrine."[103]

Zaključak

Opisana vizija kosmičke borbe, između dobrih i zlih sil prvobitno potiče iz jevrejskih apokaliptičkih spisa, a razv le su je, kao što smo videli, sektaške grupe kao što su es(ni kao oružje za borbu protiv udruženog – prema njihov(percepciji – neprijateljskog fronta. Ova dihotomna k(smologija, radikalno revidirajući raniji monoteizam, ist(vremeno definiše dihotomno društvo, podeljeno na sfer „sinova svetlosti", udruženih sa anđelima, i sferu „sino\ tame", u savezu sa silama zla. Isusovi sledbenici usvajaj istu šemu. Kao što smo videli, Marko tumači priču o Is\ su kao sukob između Božjeg Duha i Satanine moći – isp(ljene u zlim duhovima i lošim ljudima koji se protive Is\ su. Svako se jevanđelje na svoj način poziva r apokaliptički scenario kad opisuje sukobe između Isus(vih sledbenika i grupa koje jevanđelista definiše kao pr(tivnika. Takođe smo videli da preobraćenici, kako hrišća\ ski pokret postepeno gubi svoj jevrejski karakter i presta da bude progonjena manjina u jevrejskom svetu, prilag(đavaju svoju sektašku terminologiju novim neprijateljim U ove neprijatelje spadaju pagansko sudstvo i rulja ogorčenoj borbi protiv rastućeg hrišćanskog pokreta; i r\ zne grupe hrišćanskih disidenata takođe nazvanih jeretic ma – koje Pavle zove „Sataninim slugama".

Hrišćani kasnijih vremena koriste verbalno oružje isk(vano u prvom veku u svojim borbama protiv novih nep\

jatelja. Ali, to ne znači da hrišćani jednostavno zamenjuju jednog neprijatelja drugim. Hrišćanska tradicija teži da ih sakuplja. Kada preobraćenici iz paganstva, kao što je, na primer, mučenik Justin, koristi terminologiju koja opisuje Satanu i demone protiv rimskih tužilaca i „jeretika", oni često slepo preuzimaju neprijateljske karakterizacije jevrejske većine koje nalaze u jevanđeljima. Sam Justin „Jevreje", to jest, stare Izraelite, njegove poštovane pretke hrišćanske, ali s krajnjim nipodaštavanjem govori o svojim savremenicima „Jevrejima", koje ne naziva Izraelitima, zbog njihovog slepila za Božje otkrovenje i zbog njihovog „nerazumevanja" sopstvenih *Svetih spisa*. Justin žigoše Jevreje koristeći terminologiju uveliko preuzetu iz Matejeve polemike protiv fariseja, i često ponavlja, za svoje nejevrejske čitaoce, Lukin refren u *Delima apostolskim,* da su „Isusa razapeli Jevreji". I Origen, mada prvenstveno zaokupljen borbama protiv rimskog progona i protiv „jeretika", karakteriše Jevreje, na osnovu mišljenja izraženog u *Jevanđelju po Mateju,* kao narod kojem je Bog presudio zbog odbacivanja svog Mesije. Origen tako sudi o Jevrejima iako priznaje da je tokom svojih opširnih razgovora s jevrejskim učiteljima mnogo naučio o hebrejskom jeziku i tumačenjima *Svetih spisa*.

Stavovi koje izražavaju Justin i Origen nisu samo njihovi. Njih spremno prepoznaje većina hrišćana od drugog do dvadesetog veka zato što su im izvor poznata jevanđelja *Novog zaveta*. Tokom vekova, hrišćani koriste istu polemičku terminologiju protiv sve šireg kruga neprijatelja. Na primer, u šesnaestom veku, Martin Luter, osnivač protestantskog hrišćanstva, kao „Satanine agente", žigoše sve hrišćane koji su ostali verni rimokatoličkoj crkvi, sve Jevreje koji odbijaju da priznaju Isusa kao Mesiju, sve ljude koji su u seljačkim ratovima bili na strani protiv aristokratsko-zemljoposedničke moći, a i sve „protestantske" hrišćane koji nisu luterani.

ZAKLJUČAK

Ne kažem da su opisi borbe dobra i zla u Jevanđeljim fundamentalno manihejski, u uobičajenom smislu te reč to jest da predstavljaju dobro i zlo kao ravnopravne pro tivnike. Hrišćanska tradicija u velikoj meri nalazi svoj snagu u ubeđenju da je Hristos, mada se vernik često os(ća opsednutim zlim silama, već izvojevao odlučnu podb(du. Antonije, jedan od vodećih pustinjskih isposnika, čc vek čuven po svojoj borbi s demonima, govori svoji sledbenicima:

> Nakon Gospodovog boravka među nama, Neprijatelj je pao, a njegova moć je oslabljenja. On svoj poraz ne prima ćutke... nego nastavlja da preti kao tiranin.[1]

U svom opisu iznenandnog susreta sa ogromnom, vis(kom prilikom, Antonije kaže da je upitao uljeza: „Ko ti?" Čuo je odgovor: „Ja sam Satana". Antonije je hrabr prekoreo Neprijatelja, podsećajući ga:

> „Hristos je došao i učinio te nemoćnim. On te je oborio i ogoleo". Čuvši Spasiteljevo ime, nestao je, jer nije mogao izdržati goruću vrelinu Njegovog imena... Ako đavo i prizna da je nemoćan, mi moramo prezreti i njega i njegove demone... Neprijatelj sa svojim psima ima samo određen broj lukavstava... Ne smemo gubiti hrabrost, ne smemo podlegnuti kukavičluku duše, ne smemo sami izmišljati strahove... Moramo biti hrabri, moramo uvek biti radosni kao ljudi koji znaju da su spaseni. Imajmo da umu da je s nama Gospod koji ga je pobedio i pokorio.[2]

Ubeđenje da je Hristos pobedio Satanu, za hrišćar znači da su u svim njihovim borbama uloži definisani ve(nošću, a pobeda izvesna. Učesnici ove kosmičke drame r mogu izgubiti. Ljudi koji umru kao mučenici doživljav;

ju još veći trijumf, znajući da će proslaviti pobedu zajedno sa svim Božjim ljudima i nebeskim anđelima. Tokom cele istorije hrišćanstva, ova vizija nadahnjuje bezbrojne ljude da ustanu protiv nepobedivog neprijatelja u ime pravde u koju veruju, da čine dela, koja, van svog religijskog konteksta, mogu ličiti na jalovo junačenje. Ova apokaliptička vizija naučila je čak svetovno nastrojene ljude da tumače istoriju zapadne kulture kao moralnu istoriju koja opisuje borbu dobra i zla u svetu.

Filosofski nastrojeni hrišćani kao što je Avgustin često potcenjuju mitološku prirodu apokaliptičkog diskursa i izjavljuju da, govoreći ontološki, zlo i Satana ne postoje. Na toj ravni filosofskog mišljenja, pravoverno hrišćanstvo ne odstupa od monoteizma. Ipak, sam Avgustin, kao mnogi drugi filosofski obrazovani propovednici, često pominje Satanu u propovedima i molitvama i priznaje, kad se obraća ljudima suočenim s teškoćama, da se hrišćani u ovom svetu još uvek bore protiv zla u situacijama doživljenim kao demonski napad.

Vizija kosmičkog rata toliko je ubedljiva da prožima maštu miliona već dve hiljade godina. Od vremena Rima do krstaških ratova, od protestantske reformacije do današnjeg dana, hrišćani se pozivaju na tu viziju kako bi razumeli progon i protivljenje njihovim idejama u bezbrojnim istorijskim kontekstima. Do dana današnjeg, mnogi hrišćani – rimokatolici, protestanti, evangelisti i pravoslavci – pozivaju se na figuru Satane kad govore protiv „pagana" (u koje mogu da spadaju pripadnici nehrišćanskih religija širom sveta) i „jeretika" (to jest drugih hrišćana s kojima se oni ne slažu), kao i protiv ateista i nevernika. Milioni muslimana se takođe pozivaju na slične apokaliptičke vizije, u kojima dobro i zlo, bar kako ih hrišćani razumeju, razmenjuju strane, tako da hrišćanski Božji narod, postaje, za mnoge muslimane, saveznik „velikog Satane".

ZAKLJUČAK

Mnogi religiozni ljudi koji više ne veruju u Satanu, bezbroj drugih, koji ne pripadaju nijednoj religijskoj tradiciji, nesvesno prihvataju kulturno nasleđe ideje o kosmičkoj borbi dobra i zla. To je slučaj, na primer, kad ljudi tumače društvene i političke konflikte kao sukob sila dobra i zla u svetu. Mada je Marksova ekstremna i totalno materijalistička verzija ove apokaliptičke vizije već skoro potpuno zastarela, preživela sekularizovani vid te verzije osnovica je mnogih društvenih i političkih pokreta, religijskih i antireligijskih, u novijoj istoriji Zapada.

Sve dok je hrišćanski pokret progonjena, osumnjičena manjina u jevrejskim zajednicama Rima, hrišćani, kao eseni, bez sumnje nalaze utehu, sigurnost i solidarnost verovanju da su njihovi neprijatelji, kao što Matejev Isus definiše fariseje, „sinovi pakla", i već faktički „osuđeni na pakao". Ova čovekova vizija je snažna – zbog čovekovog ubeđenja da je na Božjoj strani, a, takođe, zbog verovanja da su njegovi protivnici osuđeni na propast. Reči koje Matej pripisuje Isusu karakterišu njegove protivnike kao prokleti narod, koji je božanski sudija već predao „večnom ognju pripremljenom za đavola i njegove anđele".

Ipak, među hrišćanskim izvorima iz prvog veka takođe nalazimo definicije protivnika koje bitno odstupaju od satanske paradigme. Mada Matejev Isus napada fariseje žučno ih osuđuje, a Jovan na jednom mestu karakteriše Isusove protivnike kao Satanin porod, izvor Q, koji Matej koristi, takođe ističe da čovek može protivniku drukčije prići. Na primer, prema izvesnim kazivanjima pripisanim Isusu, on ističe neophodnost pomirenja s protivnicima:

> Ako se, prinoseći dar oltaru, setiš da je tvoj brat kivan na tebe, ostavi dar ispred oltara i idi; prvo se pomiri s bratom, a onda prinesi dar (5:23–24).

Takođe *Matej* 5:43–45:

„Čuli ste da je kazano: ljubi bližnjega svojega, i mrzi neprijatelja svojega. A ja vam kažem: Ljubite neprijatelje svoje, blagosiljajte one koje vas kunu, činite dobro onima koji vas mrze i molite se Bogu za one koji vas gone; da budete sinovi Oca svojega".

Moliti se za svoje neprijatelje znači verovati da su oni, bez obzira na bol koji su naneli, u stanju da se pomire i sa Bogom i samim sobom. Pavle, pišući nekih dvadesetak godina pre jevanđelista, zastupa još tradicionalnije jevrejsko verovanje da Satana deluje kao Božji posrednik, ne da bi ljude kvario, nego da bi ih kušao. Jednom prilikom Pavle čak predlaže da izvesna hrišćanska grupa preda Satani jednog od svojih zabludelih članova, ne zato što žele da ga pošalju u pakao, nego u nadi da će se on pokajati i promeniti. Pavle se takođe nada i čezne za pomirenjem između njegove „braće Izraelita" i nejevrejskih vernika.

Mnogi hrišćani, vernici u prvom veku, vernici kao što su Franja Asiški u trinaestom, i Martin Luter King Mlađi, u dvadesetom veku, veruju da stoje na strani Boga, ne osetivši potrebu da demonizuju svoje protivnike. Njihova religijska vizija nadahnula ih je da se usprotive politici i silama koje su videli kao zle, često rizikujući sopstveno blagostanje i živote. Međutim, ovi ljudi nisu zahtevali prokletstvo za svoje protivnike, već su se molili za pomirenje s njima.

Međutim, prema hrišćanskoj teoriji i praksi, dominira verovanje da su njihovi neprijatelji zli i neiskupljivi. Zaključujući ovu knjigu, izražavam nadu da će moj rad doprineti razumevanju bitke unutar hrišćanske tradicije. Reč je o borbi između duboko ljudskog ubeđenja da su „drugi" zli i ubeđenja izraženog Isusovom tvrdnjom da je pomirenje božanstveno.

Napomene

UVOD

[1] Martin Buber, citirano u diskusiji s Malkolmom Dajmondon profesorom religije na univerzitetu Prinston, maj, 1994.

[2] Neil Forsyth. *The Old Enemy: Satan and the Combat Myth* Princeton: Princeton University Press, 1987.

[3] Walter Wink, *Unmasking the Powers: The Invisible Forces the Determine Human Existence*. Philadelphia: Fortress Press, 1986; (G. Jung. *Answer to Job*. Translated by R. F. C. Hull. London: Rc utledge and Kegan Paul, 1954.

[4] Jeffrey B. Russell, *The Devil: Perceptions of Evil from Antiqui; to Primitive Christianity*, Ithaca, NY: Cornell, University Press, 197(

[5] Robert Redfield. „Primitive World View". In Redfield, e(*The Primitive World and Its Transformations*, p. 92. Ithaca: Corne University Press, 1953.

[6] Jonathan Z. Smith, „What a Difference a Difference Makes' In Jacob Neusner and Ernest S. Frerichs, eds, *To See Ourselves / Others See Us: Christians, Jews, „Others" in Late Antiquity*, pp. 3–4 Chico, CA: Scholars Press, 1985.

[7] William Scott Green, „Otherness Within: Towards a Theoi of Difference in Rabbinic Judaism". In Jacob Neusner and Erne: S. Frerichs, op. cit., pp. 46–69.

[8] Čak i Talmud, u poznatom citatu, kaže da je jevrejski sud ost dio Isusa na smrt. Vidi b. Sahn. 107b i paralelne pasuse, b. Sotha 4; i j. Hag. 2.2., deo Gemare o Sanh. 10.2. Za raspravu o ovom pitanji vidi E. Bammel, „Christian Origins in Tradition". *New Testamer Studies* 13 (1967): 317–35; takođe vidi David R. Catchpole. *The Trial Jesus: A Study in the Gospels and Jewish Historiography from 1770 to th*

Present Day. Leiden: E. J. Brill, 1971 (fascinantna i detaljna rasprava o istoriji tumačenja ovog pasusa).

⁹ Barnabas Lindars, *New Testament Apologetic: The Doctrinal Significance of the Old Testament Quotations*. London: SCM Press, 1973.

¹⁰ James Robinson, *The Problem of History in Mark*. London: SCM Press, 1957. Reprint. Philadelphia: Fortress Press, 1982.

¹¹ Albert Schweitzer, *The Quest of the Historical Jesus: A Critical Study of Its Progress from Reimarus to Wrede*. London: A. and C. Black, 1926.

¹² Josef Jacobs, *Jesus as Others Saw Him*. New York: B. G. Richards, 1925; H. Danby. „The Bearing of the Rabbinical Code on the Jewish Trial Narratives in the Gospels". *Journal of Theological Studies* 21 (1920): 26–52; C. G. Montefiori. *The Synoptic Gospels I*. 2nd rev. ed. London: Macmillan, 1927; Richard W. Husband. *The Prosecution of Jesus: Its Date, History and Legality*. Princeton: Princeton University Press, 1916; Josef Blinzler. *The Trial of Jesus: Jewish and Roman Proceedings Against Jesus Christ*. Translated by I. and R. McHugh. 2nd rev. ed. Westminster, MD: Newman, 1959.

¹³ Simon Bernfield, Zur „ltesten Geschichte des Christentums". *Jahrbücher für Jüdische Geshcichte und Literatur* 13 (1910): 117.

¹⁴ Hans Lietzmann, *Synopsis of the First Three Gospels*. Translated by F. L. Cross. 9th re. ed. Oxford: Basil Blackwell, 1986; Martin Dibelius. *Die Formgeschichte des Evangeliums*. Tübingen: 1919. Reprint (translation) 1971; Dibelius. *From Tradition to Gospel*. New York: Scribner, 1965; John Donahue. *Are You the Christ?* Missoula, MT: Society of Biblical Literature, 1973.

¹⁵ Paul Winter, *On the Trial of Jesus*. 2nd ed. Berlin: De Gruyter, 1974. Takođe videti M. Radin. *The Trial of Jesus of Nazareth*. Chicago: University of Chicago Press, 1931; J. Klausner. *Jesus von Nazareth, Seine Zeit, Sein Leben ind Seine Lehre*. 2nd ed. Berlin: Jüdischer Verlag, 1934; E. G. Hirsch. *The Crucifixion from the Jewish Point of View*. Chicago: Bloch Publishing and Printing, 1921.

¹⁶ Fergus Millar, „Reflections on the Trial of Jesus". In P. R. Davis and R. White, eds. *A Tribute to Geza Vermes: Essays on Jewish and Christian Literature and History*, pp. 355–81. Sheffield: JSOT Press, 1991.

¹⁷ *The Trial of Jesus; the Jewish and Roman Proceedings against Jesus Christ Described and Assessed from the Oldest Accounts*. Westminster, MD: Newman, 1959. Vidi, na primer: A. N. Sherwin-White,

Roman Society and Roman Law in the New Testament. Oxford: O
ford University Press, 1983; T. A. Burkill. „The Condemnation of J
sus: A Critique of Sherwin-White's Thesis". *Novum Testamentum*
(1970): 321–42; R. E. Brown. *The Death of the Messiah: From Geths
mane to the Grave*. New York: Doubleday, 1994.
[18] Vidi Winter, op. cit.; Dibelius, op. cit.; G. Volkmar. *Die Eva*
gelien. Leipzig: Fues' Verlag, 1870; J. Norden. „Jesus von Nazareth
der Beurteilung der Juden einst und jetzt". *Jüdisxhe Literarisxhe Z
itung* (18. 6. 1930): 25; S. Grayzel. *A History of the Jews*. Philadelphi
Jewish Publication Society of Americam 1947; J. Isaac. *Jésus et Isra*
Paris: A. Michel, 1948; G. Bornkamm. *Jesus von Nazareth*. Stuttgai
Kohlhammer, 1956; E. P. Sanders. *Jesus and Judaism*. Philadelphi
Fortress Press, 1985. U ovom delu, autor kaže da su „Isusa pogub
Rimljani kao tobožnjeg 'kralja Jevreja'" (p. 294) i da je unutrašnji s
kob među Jevrejima bio „glavni uzrok Isusove smrti" (p. 296; cf. p
294–316). Takođe vidi značajan članak o novijim istraživanjima ovc
problema G. S. Sloyan. „Recent Literature on the Trial Narratives
the Four Gospels". In T. J. Ryan, ed. *Critical History and Biblical F
ith: New Testament Perspectives*, pp. 136–76. Villanova: Villanova Ur
versity Press, 1979.

POGLAVLJE I

Za stručniju obrada materijala u ovom poglavlju, vidi Elaine Pagels. „T
Social History of Satan, Part II: Satan in the New Testament Gospels". j
urnal of the American Academy of Religions 52/1 (February 1994): 201–41.

[1] Josephus, *The Jewish War* 1.1. Loeb edition. Vol. II. Translate
by S. St. J. Thackeray. London: Heinemann, 1926. Odlična anali
Josifovih dela može se naći u Shaye J. D. Cohen. *Josephus in Galil
and Rome: His Vita and Development as a Historian*. Leiden: E
Brill, 1979.
[2] Josephus, *Life of Josephus* 4. Loeb edition. Vol I. Translated l
H. St. J. Thackery. London: Heinemann, 1927.
[3] Josephus, *The Jewish War* 4.128.
[4] Ibid., 4.146.
[5] Ibid., 5.5.
[6] Ibid., 5.430.
[7] Ibid., 5.19.

⁸ O problemu datiranja *Jevanđelja po Marku* vidi Dennis E. Nineham, *The Gospel of Mark*. Baltimore: Penguin, 1963; Vincent Taylor. *The Gospel According to St. Mark*. 2nd ed. London: Macmillan, 1966.

⁹ Za opširniju obradu videti E. Pagels. *The Gnostic Gospels*. New York: Random House, 1979. (*Gnostička jevanđelja*. Preveo Zoran Minderović. Beograd: Rad, 1981, 2006); za sažeto izdanje i prevod originalnih tekstova videti James M. Robinson, ed. *The Nag Hammadi Library in English*. New York: Harper, 1977. Koptski tekstovi, prevodi i stručne beleške mogu se naći u 20 tomova *Nag Hammadi Studies*. Leiden: E. J. Brill.

¹⁰ Tacitus, *Annals* 15.44. Loeb edition. Translated by J. Jackson. Cambridge, MA: Harvard University Press, 1931.

¹¹ Citirano u sjajnoj raspravi Brent D. Shaw, „Bandits in the Roman Empire". *Past and Present* 165 (November 1984): 3–52. Takođe vidi G. Humbert. „Latrocinium". In C. Davemberg and E. Daglio, eds. *Dictionnaire des antiquités grecques et romaines* III, 2 (1904): 991–91; R. MacMullen. „Brigandage". Appendix B. In *Enemies of the Roman Order: Treason Unrest, and Alienation in the Empire*. Cambridge, MA: Harvard University Press, 1967. E. J. Hobsbawm skreće pažnju na „socijalni banditizam" (*Bandits*. London: Penguin, 1969.) Anton Block kritikuje njegov stav u „The Peasant and the Brigand: Social Banditry Reconsidered". *Comparative Studies in Society and History* 14 (1972): 494–504. Vidi Richard A. Horsley. *Bandits, Prophets and Messiahs: Popular Movements in the Time of Jesus*. Minneapolis: Winston Press, 1985.

¹² O terminu *lēstēs* kod Josifa, opširnije kod: Richard A. Horsley. „Josephus and the Bandits". *Journal for the Study of Judaism* 10 (1979): 37–63.

¹³ Među najnovijim radovima je Raymond E. Brown. *The Death of the Messiah*. New York: Doubleday, 1994.

14 U nedavnom radu, Ched Myers zastupa ranije datiranje (68. godina n.e.): *Binding of the Strong Man*. Maryknoll, NY: Orbis Books, 1981.

¹⁵ Datiranje Jevanđelja još uvek je nerešeno pitanje među stručnjacima. Nameravam da sledim konsensus, i ne želim da prilažem originalne argumente o datiranju.

¹⁶ Za sjajnu analizu Isusovih kazivanja u Pavlovim tekstovima vidi H. Koester. *Ancient Christian Gospels: Their History* and Development. London: SCM Press; and Philadelphia: Trinity Press, 1990.

[17] Josephus, *Jewish Antiquities* 18.63. Loeb edition. Vol. 9. Tra slated by L. H. Feldman. Cambridge, MA: Harvard Universi Press, 1965.
[18] Vid. infra.
[19] Philo. *Embassy to Gaius*. Pp. 301–02. Loeb edition. Vol. 1 Translated by F. H. Colson. London: Heinemann, 1962.
[20] James M. Robinson, *The Problem of History in Mark*. Londo SCM Press, 1957.
[21] Ibid., p. 80: „Isusova misija... sastoji se u tome što on progl šava novo stanje stvari (1:15) i što snagom duha istrajava u bor protiv Satane."
[22] Mary Smallwood, *The Jews under Roman Rule from Pompey Diocletian*. Leiden: E. J. Brill, 1981.
[23] I Makabejci 2.
[24] Robinson, op. cit.
[25] Na primer, G. Vermes. *The Dead Sea Scrolls: Q-mran in Pe spective*. London: Collins, 1977. Takođe uporediti revizionistički st kod L. H. Schiffmann. *The Eschatological Community of the Dead S Scrolls*. Atlanta: Scholars Press, 1989.
[26] Idiomatika grčkog teksta sugeriše da je Isusova porodica – *l peri auto* – pokušala da ga uhvati (3:21) i da je porodica tvrdila da on lud (3:22). Mnogi prevodioci, međutim, smatrajući očigledi tumačenje teksta neprihvatljivim, prevode tekst na taj način što : begavaju da pripišu ovakve tvrdnje Isusovoj porodici. Izdanje Bib je *The Standard Revised Edition*, na primer, dodaje sugestiju da njegova porodica želela da ga zaštiti od neprijateljskog podozrer nepoznatih: „Kad je njegova porodica to čula, oni su otišli da spreče, jer su ljudi govorili: 'On je skrenuo pameću'."
[27] E. Best, „The Role of the Disciples in Mark". *New Testame Studies* 23 (1977): 377–401; T. J. Weeden. *Mark: Traditions in Confli* Philadelphia: Fortress Press, 1971; Elizabeth Struthers Malbon. „I sciples/Crowds/Whoever: Mark on Characters and Readers". *N vum Testamentum* 28, 2 (1986): 104–30.
[28] Vidi Georg Bentram, *Die Leidengeschichte Jesu und der Ch stuskult*. FRLANT N.F. 22. Göttingen Vandenhoeck und Rupre ht, 1922.
[29] Dennis Nineham, o tekstu *Jevanđelja po Marku* 14:53–71. *The Gospel of St. Mark*. Baltimore: Penguin, 1967: „Sudski proces k ji je doveo do Isusove... smrti predstavljen je kao delo Jevreja. Rir ljani su takođe učestvovali, ali cilj ovog teksta je da pokaže da Jevr

ji snose osnovnu i pravu odgovornost, i da su Jevreji, budući svesni šta čine, preko svojih zvaničnih predstavnika javno odbacili i uništili svog Mesiju". Autor takođe govori o razlozima zbog kojih treba dovesti u pitanje istoričnost Markovog opisa procesa (pp. 400–412); vidi takođe Rudolf Bultmann, *The History of the Synoptic Tradition*. Translated by John Marsh. Rev. ed. New York: Harper and Row, 1968; vidi takođe Eta Linnemann, *Studien zur Passiongeschichte*. FRLANT 102. Göttingen: Vandenhoeck und Ruprecht, 1970; John R. Donahue, S.J., *Are You the Christ? The Trial Narrative in the Gospel of Mark*. Missoula, MT: SBL Press, 1973. Suprotan stav zastupa David Catchpole u *The Trial of Jesus: A Study in the Gospels and Jewish Historiohraphy from 1770 to the Present Day*. Leiden: E. J. Brill, 1971. Ovaj autor zaključuje da Lukina verzija suđenja pred Sanhedrinom „igra ključnu ulogu u istorijskoj rekonstrukciji suđenja Isusu". (p. 278). Vidi takođe Raymond E. Brown, *The Death of the Messiah*. Vol. 1: *From Gethsemane to the Grave*. New York: Doubleday, 1994.

[30] Ne znamo tačno kako je Sanhedrin funkcionisao tokom prvog veka budući da opisi potiču iz kasnijeg perioda. Vidi David Goldblatt. „Sanhedrin". In *Encyclopedia of Religion*.

Zahvaljujem se profesoru Luisu Feldmanu (Louis Feldman) na pismu od maja 1994. u kojem govori o ovom problemu. Takođe mu zahvaljujem što mi je pokazao rukopis neobjavljenog članka „Commenst on the Physical Death of Jesus."

[31] Vidi analizu u: David Catchpole, *The Trial of Jesus*. Takođe: Raymond Brown. *Death of the Messiah*. Vol 1.

[32] Fergus Millar, „Reflections on the Trial of Jesus". In P. R. Davies and R. T. White, ed. *A Tribute to Geza Vermes: Essays on Jewish and Christian Literature and History*, pp. 355–81. JSOT Suppl. Series 100. Sheffield: Academia, 1990.

[33] Videti bibliografu u belešci 29. Tipična je opaska (Nineham) da opis suđenja pred Pilatom „nikako nije izveštaj svedoka; reč je u stvari o seriji tradicionalnih naracija, od kojih svaka sadrži bar neko opravdanje za Rimljane". (*The Gospel of St. Mark*, p. 411.)

[34] Paul Winter, *On the Trial of Jesus*. 2nd ed. Berlin and New York: Walter de Gruyter, 1974.

[35] Bentram, *Die Leidengeschichte Jesu*, passim; John R, Donahue. *Are You the Christ?* Missoula, MT: Society of Biblical Literature, 1973.

[36] Brown. *Death of the Messiah*, p. 696.

[37] Philo. *Embassy to Gaius*, pp. 301–02.

[38] Smallwood. *The Jews Under Roman Rule*, pp. 161–62.
[39] E. Stauffer, „Zur Münzprägung des Pontius Pilate". *La Nouvelle Clio* 1–2 (1949–1950).
[40] Brown, *Death of the Messiah*, p. 700.
[41] Vidi Smallwood, op. cit., za analizu i reference.
[42] Josephus, *War* 2.175–77.
[43] B. C. McGinny, „The Governorship of Pontius Pilate: Messiahs and Sources". *Proceedings of the Irish Biblical Association* 10 (1986 64.
[44] Josephus. *Antiquities* 2.169–74.
[45] Brown. *Death of the Messiah*, p. 703.
[46] Josephus, op. cit. 18.85–87.
[47] Winter, *On the Trial of Jesus*, p. 88.
[48] Vidi Howard C. Kee. *Who Are the People of God?* New Haven Yale University Press.

POGLAVLJE II

[1] Detaljnjiju i stručniju obradu ove materije čitalac može naći E. Pagels. „The Social History of Satan, the 'Intimate Enemy': Preliminary Sketch". *Harvard Theological Review* 84:2 (1991): 105–2

[2] Vidi M. Hengel, *Judaism and Hellenism*. London: 1974. Autor (p. 209) tvrdi da su apokaliptički spisi delo pobožne manjine koja s odvojila od zvaničnog kulta. Vidi takođe M. Barker. „Some Reflections on the Enoch Myth". *Journal for the Study of the Old Testament* 15(1980):7–29. Njen članak tumači *Prvu knjigu Enohovu* kao delo grupe koja neguduje zbog jerusalimske obredne prakse. Ona takođe ističe da je ta knjiga možda uticala na docniji razvoj hrišćanske tradicije.

[3] Vidi naročito lucidne članke: Jonathan Z. Smith, „What Difference a Difference Makes"; William S. Green, „Otherness Within: Towards a Theory of Difference in Rabbinical Judaism". In Jacob Neusner and Ernest. S. Frerichs, ed. *To See Ourselves as Others See Us: Christians, Jews, „Others" in Late Antiquity*. Chico, CA Scholars Press, 1985.

[4] Vidi Morton Smith, *Palestinian Parties and Politics that Shaped the Old Testament*. New York: Columbia University Press; pogotovu pp.62–146. Takođe Paul Hanson. *The Dawn of Apocalyptic* Philadelphia: Fortress Press, 1975.

⁵ Jon D. Levenson. *Creation abd the Persistence of Evil: The Jewish Drama of Divine Omnipotence*. San Francisco: Harper and Rowm 1971. Zahvalna sam Džonu Kolinsu (John Collins) što mi je skrenuo pažnju na ovu knjigu.

⁶ Ibid., p. 44.

⁷ Mnogi stručnjaci ovo primećuju. O ovoj temi, vidi Neil Forsyth, *The Old Enemy: Satan and the Combat Myth*. Princeton: Princeton University Press, 1987. Ovaj autor tvrdi: „U zbirci dokumenata... koja je hrišćanima poznata kao *Stari zavet*, reč [Satana] se nikad ne pojavljuje... kao naziv za protivnika; ... naprotiv, kad se Satana pojavi u *Starom zavetu*, on je, mada zadužen za čudne poslove, član nebeskog dvora". Videti takođe članak *Démon* u *Le Dictionnaire de spiritualité*, pp. 142–46. Paris: Beauchesne, 1957; H. A. Kelly. „Demonology and Diabolical Temptation". *Thought* 46 (1965): 165–70.

⁸ M. Delcor, „Le myhe de la chute des anges et l'origine des géants comme explication du mal dans le monde dans l'apocalyptique juive: Histoire des traditions". *Revue de l'histoire des religions*. 190: 5–12; P. Day. *An Adversary in Heaven: Satan in the Hebrew Bible*. Atlanta: Scholars Press, 1988.

⁹ Forsyth, *The Old Enemy*, p. 113.

¹⁰ Opširnije kod: Day. *An Adversary*, pp. 69–106.

¹¹ Forsyth, op. cit.

¹² Treba skrenuti pažnju da 2 *Samuilo* 24:1–17 saopštava drukčiju verziju priče. U toj verziji, sam Gospod, a ne „*satan*" nateruje Davida da pravi popis stanovništva. O tome govori Morton Smith. *Palestinian Parties and Politics that Shaped the Old Testament*. New York: Columbia University Pressm 1971. Vidi takođe Forsyth, op. cit.

¹³ Pagels, „The Social History of Satan, the 'Intimate Enemy': A Preliminary Sketch". *The Harvard Theological Review* 84:2(1991): 112–14.

¹⁴ Paul Hanson, *The Dawn of Apocalyptic*. Philadelphia. Fortress Press, 1975.

¹⁵ Videti odličan opis ovih događaja u Victor Tcherikover, *Hellenistic Civilization and the Jews*. New York: Atheneum, 1970.

¹⁶ 1 Makabejci 2.

¹⁷ Tcherikover, op. cit., pp. 132–74.

¹⁸ Ibid., pp. 253–65.

¹⁹ Neki stručnjaci pripisuju ovu promenu hrišćanima. Na primer Knut Schäferdick. „Satan in the Post Apostolic Fathers". Takođe vi-

deti *Theological Dictionary of the New Testament* 7 (1971): 163–65. Dru gi s pravom tvrde da demonologija i angelologija potiču iz prehr šćanskih izvora i predlažu drukčija tumačenja, kao što primećuje I Pagels „The Social History of Satan, the 'Intimate Enemy'", p. 10; Takođe videti: Harold Kuhn. „The Angelology of the Non-Cano nical Jewish Apocalypses". *Journal of Biblical Literature* 67 (1948) 217; Claude Montefiore. *Lectures on the Origin and Growth of Religi on as Illustrated by the Religion of the Ancient Hebrews*. London: Wi lliams and Norgate, 1892; George Foote Moore, *Judaism in the Fir. Centuries of the Christian Era*. Vol. 1: *The Age of the Tannaim*. Cam bridge, MA: Harvard University Press, 1927.

[20] Teško je reći koja je verzija starija – *Postanje* 6 ili *Prva knjig Enohova* 6–11. Vidi na primer J. T. Milik. *The Books of Enoch: Arama ic Fragments of Q-mran Caves*. Oxford: Clarendon, 1976; George W E. Nickelsburg, „Apocalyptic and Myth in *1 Enoch* 6–11". *Journal (Biblical Literature* 96 (1977): 385–405; Margaret Barker. „Some Re flections on the Enoch Myth". *JSOT* 15 (1980): 7–29; Philip S Alexander. „The Targumim and Early Exegesis of the 'Sons of God in Genesis 6". *Journal of Jewish Studies* 23 (1972): 60–71.

[21] Tema rivalstva između anđela i ljudi sjajno je obrađena u Pe ter Schäfer, *Rivalität zwischen Engeln und Menschen: Untersuchunge: zur rabbinsichen Engelvorstellung*. Berlin and New York: D Gruyter. 1975. Ovu temu u jednom delu islamske tradicije obrađuj Peter Awn. *Satan's Tragedy and Redemption: Iblie in Sufi Psycholog)* Leiden: E. J. Brill, 1983.

[22] Obratiti pažnju na stručnu debatu citiranu u belešci 20 o dati ranju *Postanja* 6. U ovome sledim stručnjake koji vide *1 Enoh* 6–1 kao proširenu verziju *Postanja* 6–14. Vidi Philip S. Alexander an Paul Hanson, „Rebellion in Heaven, Azazel, and Euhemenistic He roes in *1 Enoch* 6–11". *Journal of Biblical Literature* 96 (1977): 195–23:

[23] George W. E. Nickelsburg. „Apocalyptic and Myth in *1 Enoc. 6–11". *Journal of Biblical Literature* 96 (1977): 385–405.

[24] David Suter, „Fallen Angels, Fallen Priest: The Problem c Family Purity in *1 Enoch* 6–16". *Hebrew Union College Annual* 5 (1979): 115–35. Vidi George W. E. Nickelsburg, „The Book of Enoc in Recent Research". *Religious Studies Review* 7 (1981): 210–17.

[25] John Collins, *The Apocalyptic Imagination: An Introduction t the Jewish Matrix of Christianity*. New York: Crossroad, 1984.

[26] Mnogi su se bavili ovim pitanjem. Vidi Howard C. Kee. *Wh Are the People of God?*

²⁷ George W. E. Nickelsburg. „Reveaked Wisdom as a Criterion for Inclusion and Exclusion". In Neusner and Frerichs, eds. *To See Ourselves As Others See Us*, p. 76.

²⁸ Vidi George W. E. Nickelsburg, „Riches, the Rich, and God's Judgment in *1 Enoch* 92–105 and the Gospel According to Luke". *New Testament Studies* 25 (1979): 324–49.

²⁹ Govoreći o *Priči o Čuvaru*, Forsyth tvrdi da je ona zasnovana na „teologiji koja se radikalno razlikuje od teologije Postanja". Na primer, tvrdi on, „u Enohu se zlo čovečanstvo uopšte ne pominje. Umesto toga, ljudska patnja je objašnjena revoltom anđela i njihovog gigantskog roda". Međutim, moje čitanje Enoha sugeriše drukčije tumačenje. U literaturi Enohove tradicije može se primetiti da su autori svesni odnosa između ljudskog i anđeoskog greha, i da taj taj odnos možda sadrži mogućnost napetosti i kontradikcije. Pažnju na taj pasus treba skrenuti svima koji žele da oslobode ljude svake odgovornosti za prestupe anđela. Vidi Martha Himmelfarb, *Tours of Hell: An Apocalyptic Form in Jewish and Christian Literature*. Philadelphia: University of Pennsylvania Press, 1983.

³⁰ Ovakva identifikacija se često pojavljuje u kasnijim jevrejskim izvorima, i može se naći u Septuaginoj verziji *I Knjige Dnevnika* 16: 26.

³¹ Josephus, *Life*, 10.

³² Pliny the Elder, *Natural History*. Loeb edition. Vol. 2, 5.15, 73. Videti analizu Plinijevog opisa Esena u J. P. Audet. „Q–mran et la notice de Pline sur les Esséniers". *Revue biblique* 68 (1961): 346–87; D. F. Graf. „Pagan Witness to the Essenes". *Biblical Archeologist* 40 (1977): 125–29.

³³ L. H. Schiffman, *Archaeology and History in the Dead Sea Scrolls*. Sheffield: JSOT Press, 1989.

³⁴ G. Vermes, *The Dead Sea Scrolls: Q–mran in Perspective*. Atlanta: Scholars Press, 1989.

³⁵ Vidi F. F. Bruce, „The Romans Through Jewish Eyes". In M. Simon, ed. *Paganisme, Judaïsme, Christianisme*, pp.3–12. Paris: E. de Boccard, 1978; G. Vermes, *Post Biblical Jewish Studies*. Leiden: E. J. Brill, 1975.

³⁶ S. David Sperling, „Belial". Karel van der Toorn, *Dictionary of Deities and Demons*. Leiden: E. J. Brill.

³⁷ Vidi, na primer Matthew Black, *The Scrolls and Christian Origins*. New York: Scribner, 1961.

[38] Carol Newsome, *Songs of Sabbath Sacrifice: A Critical Edition* Atlanta: Scholars Press, 1985.

[39] Yigael Yadin, koji je uradio izdanje kumranskog teksta *War Scroll* (Ratni svitak), kaže da ovaj tekst, kao i drugi kumranski spis „bitno proširuje naše poznavanje jevrejske angelologije – koja oblast od neprocenjive važnost za judejstvo tog vremena" (*Scroll* 229). Ali ovaj autor nam ne kaže u čemu se ta važnost sastoji. Prepo znavanje duhova, čovekova sposobnost da razume međuodnos na prirodnih sila, dobrih i zlih, suštastveno je za esensko razumevan sopstvenog identiteta, a i za njihove pokušaje da identifikuju drug Odbacivši tradicionalne oblike jevrejskog identiteta, pre kao neade kvatne nego kao pogrešne, eseni u svojim opisima borbe između ar đeoskih i demonskih sila svakom pojedincu i svakom Jevrejinu i sva koj jevrejskoj grupi određuju precizno mesto u kontekstu te borbe.

[40] Pomenuti autor prepostavlja da je Knez Svetlosti „Mihailo knez izraelski". Vidi *The Scroll of War of the Sons of Light against th Sons of Darkness*. Oxford: Oxford University Press, 1962. Međutim ov pretpostavka ne uzima u obzir sektaštvo koje dominira kumranskir tekstovima. Naprotiv, kao što Džon Kolins primećuje: „U QM, M hailo više nije jednostavno Knez Izraela već predvodnik Sinova Sve losti. Praktično tumačenje ove nove definicije moglo je da zavisi o članova pastve, ali izvesno je tumačenje u principu bilo oslobođen etničkih elemenata. Belijal, takođe, nije više knez neke određene nac je... Umesto toga, on predstavlja zlo u svetu, poput Satane i Mast me u *Proslavama*... Uvođenje ove nove terminologije umesto term nologije koja podrazumeva tradicionalne nacionalne i socijalne vez bitno proširuje mogućnosti primenjivanja eshatološkog diskursa. Pr ciznije rečeno, ova nova terminologija nam ukazuje na međuodno kosmičke drame... s moralnim sukobom dobra i zla u svakom poj dincu" (*The Apocalyptic Imagination*, pp. 128–31).

POGLAVLJE III

[1] George W. E. Nickelsburg, „Revealed Wisdom as a Criteric for Inclusion and Exclusion: From Jewish Sectarianism to Ear Christianity". In Jacob Neusner and Ernest S. Frerichs, ed. *To S Ourselves As Others See Us: Christians, Jews, „Others" in Late A tiquity*, p. 73.. Chico, CA: Scholars Press, 1985.

[2] Ibid.

³ Wayne A. Meeks, „Breaking Away: Three New Testament Pictures of Christianity's Separation from the Jewish Communities". In Neusner and Frerichs, op. cit., pp, 94–115.

⁴ Drukčije tumačenje Pavlovih stavova o Jevrejima i judejstvu čitalac može naći u: John Gager, *The Origins of Anti-Semitism: Attitudes toward Judaism in Pagan and Christian Antiquity*. Oxford: Oxford University Press, 1983; Lloyd Gaston, „Paul and the Torah", In A Davies, ed. *Anti-Semitism and the Foundation of Christianity*, pp. 48–71. New York: Paulist Press.

⁵ K. Stendahl, *The School of St. Matthew*. Uppsala: C. W. K. Gleerup, 1954.

⁶ Wayne Meeks, *The First Urban Christians: The Social World of the Apostle Paul*. New Haven: Yale University Press, 1983.

⁷ O ovom procesu govori H. Koester. *Ancient Christian Gospels: Their History and Development*. London: SCM Press; and Philadelphia: Trinity Press.

⁸ Vidi J. Kloppenborg, *The Formation of Q*. Philadelphia: Fortress Press, 1987. Ovaj autor predlaže revizionističko tumačenje razvitka izvora Q.

⁹ G. R. S. Mead, *Fragments of a Faith Forgotten*. Reprint. New York: University Books, 1960. Ova knjiga sažeto iznosi ono što su stručnjaci znali o ovim fragmentima početkom ovog veka. Vidi Morton Smith, *Clement of Alexandria and a Secret Gospel of Mark*. Cambridge: Harvard University Press, 1973.

¹⁰ O pasusima u gnostičkim izvorima u kojima se pominju žene govori: E. Pagels, *Gnostička jevanđelja*. Takođe videti: Karen King, ed. *Images of the Feminine in Gnosticism*. Chapel Hill: University of North Carolina Press, 1986.

¹¹ Za detaljnije objašnjenje nekih implikacija ovog otkrića videti E. Pagels, *Gnostička jevanđelja*.

¹² O originalnim jeziku govori: Bentley Layton, „Introduction to the Gospel of Thomas. NHC [Nag Hammadi Codex] II.2". In B. Layton, ed. *Nag Hammadi Codex II. 2–7, together with Brit. Lib. Or. 4926 (1) and P. Oxy. 1, 654, 655*. Vol. 1, Nag Hammadi Series 20. Leiden: E. J. Brill, 1989.

¹³ Koester, *Ancient Christian Gospels*, pp. 49–172.

¹⁴ Irenaeus, *Libros Quinque Adversus Haereses*. W. W. Harvey. Cambridge: Typis Academicis, 1857. Vol. 1, 3.11.9. Ubuduće citirano kao: *Against Heresies* (Protiv jeresi).

¹⁵ Ibid, uvod.

¹⁶ Za analizu Matejevog izvora, videti rezime u: Wayne A. M(eks, „Breaking Away", pp. 108-13; Alan F. Segal. „Matthew's Jewis Voice", 3-27. In David Balch, ed. *Social History of the Matthean Con munity*. Minneapolis: Fortress Press, 1991. Takođe, u istom tomι Anthony J. Saldarini. „The Gospel of Matthew and Jewish-Christ an Conflict", pp. 38-62; Robert H. Gundrey. „A Responsive Evaluation of the Social History of the Matthean Community in Roma Syria", pp.62-67; William R. Schoedel. „Ignatius and the Receptic of the Gospel of Matthew in Antioch", pp.129-77; Rodney Starl „Antioch as the Social Situation for Matthew's Gospel", pp. 189-21ι takođe videti: J. Andrew Overman, *Matthew's Gospel and Formatiι Judaism: The Social World of the Matthean Community*. Philadelphi: Fortress Press, 1990; Amy Jill Levine, *The Social and Ethnic Dimens on of Matthean Salvation History:* Go Nowhere among the Gentile: (Matt. 10:56). Lewiston, NY: Edwin Mellen, 1988.

¹⁷ Mary Smallwood, *The Jews under Roman Rule from Pompey : Diocletian*. Leiden: E. J. Brill, 1983.

¹⁸ Jacob Neusner je svojim originalnim istraživačkim radom vι oma doprineo boljem razumevanju ovog procesa; vidi, na primι *Formative Judaism: Religious, Historical, and Literary Studies*. Brow Judaic Studies, No. 91. Chico, CA: Scholars Press, 1983.

¹⁹ Videti lucidne analize u: Alan F. Segal. „Matthew's Jewish V(ice" i J. Andrew Overman. *Matthew's Gospel's and Formative Judaisn*.

²⁰ Alan F. Segal, *Rebecca's Children: Judaism and Christianity ι the Roman World*. Cambridge: Harvard University Press, 1986; Alɜ F. Segal, op. cit.

²¹ Vidi Raymond E. Brown, *The Birth of the Messiah: A Con mentary on the Infancy Narratives in Matthew and Luke*. New Yorl Doubleday, 1977.

²² Ibid.

²³ Matej, međutim, u svojoj naraciji Hristove muke prekida ҫ svojim uobičajenim pominjanjem fariseja. Umesto toga, on sleι Markovu naraciju i predstavlja glavne sveštenike, pisare i crkver starešine kao Isusove glavne protivnike.

²⁴ George W. E. Nickelsburg, „The Genre Function of Mark Passion Narrative". *Harvard Theological Review* 73 (1980): 174.

²⁵ Za dalju raspravu videti, na primer Michael J. Cook, „Jesus an the Pharisees – The Problem As It Stands Today". *The Journal Ecumenical Studies* 15 (1978): 441-60; D. Garland. *The Intention Matthew 23*. Leiden: E. J. Brill, 1979; J. Andrew Overman. *Matthen*

Gospel and Formative Judaism; Klaus Pantle-Schreiber. „Anmerkungen zur Ausenandersetzung von *ekklesia* und Judentum im Matth„usevangelium". *Zeitschrift für Neutestamentliche Wissenschaft* 80 (1989): 419–41.

[26] Luke T. Johnson, „The New Testament: Anti-Jewish Slander and the Conventions of Ancient Polemic". *Journal of Biblical Literature* 108 (1989): 419–41.

POGLAVLJE IV

[1] David B. Gowler, *Host, Guest, Enemy, and Friend: Portraits of the Pharisees in Luke and Acts*. New York: Lang, 1991; David A. Neale, *None But Sinners: Religious Categories in the Gospel of Luke*. Sheffield: JSOT Press, 1991; Robert L. Brawley, „The Pharisees in Luke-Acts: Luke's Address to Jews and His Irenic Purpose". Ph.D. dissertation. Princeton Theological Seminary, 1978; Jack T. Sanders, *The Jews in Luke-Acts*. Philadelphia: Fortress Press, 1987; Joseph R. Tyson, *Images of Judaism in Luke-Acts*. Columbia: University of South Carolina Press, 1992.

[2] Vidi Susan Garrett, *The Demise of the Devil: Magic and the Demonic in Luke's Writings*. Minneapolis: Fortress Press, 1989.

[3] David Catchpole, *The Trial of Jesus: A Study in the Gospels and Jewish Historiography from 1770 to the Present Day*. Leiden: E. J. Brill, 1971; Richard W. Husband, *The Prosecution of Jesus: Its Date, History and Legality*. Princeton: Princeton University Press, 1916; G. S. Sloyan, *Jesus on Trial: The Development of the Passion Narratives and Their Historical and Ecumenical Implications*. Philadelphia: Fortress Press, 1973; R. E. Brown, *The Death of the Messiah: From Gethsemane to the Grave*. New York: Doubleday: 1994.

[4] Catchpole, op. cit.

[5] Richard A. Horsley, „Josephus and the Bandits", *Journal for the Study of Judaism*. 10 (1979): 37–63.

[6] Alfred F. Loisy. *Les Evangiles Synoptiques*. 1907–1908.

[7] O *Jevanđelju po Jovanu:* J. Louis Martyn, *History and Theology in the Fourth Gospel*. 2nd ed. Nashville: Abingdon, 1978; Norman R. Petersen, *The Fourth Gospel*. Valley Forge, PA: Trinity Press, 1993; C. H. Dodd, *The Interpretation of the Fourth Gospel*. Cambridge: Cambridge University Press, 1953.

[8] Martyn, op. cit; takođe vidi William Horbury, "The Benedict on of the Minim and Early Jewish-Christian Controversy". *Journal Theological Studies* 33 (1982): 19–61; T. C. G. Thornton. "Christian Understandings of the Birkath ha-Minim in the Eastern Roman Empre". *Journal of Theological Studies* 38 (1987): 419–31; Asher Finkel. "Yaneh's Liturgy and Early Christianity". *Journal of Ecumenical Studi* 18:2 (1981): 231–50; Alan F. Segal. "Ruler of This World: Attitud about Mediator Figures and the Importance Sociology for Self-Definition". In E. P. Sanders, ed. *Jewish and Christian Self-Definition*. Vc 2, pp. 245–68. Philadelphia: Fortress Press, 1980.

[9] Wayne A. Meeks, "The Man from Heaven in Johannine Sectarianism". *Journal of Biblical Literature* 91 (1972): 50.

[10] Gustave Hoennecke. "Die Teufelsidee in den Evangelien *Neutestamentische Studien: Für Georg Henrici zu seinem 70.* Leipzig J. C. Heinrichs, 1912.

[11] Raymond Brown, *The Gospel According to John.* Anchor Bib Commentary. Vols. 29/29a. Garden City, NY: Anchor Bible, 1966.

[12] Ibid.

[13] Raymond Brown, "Incidents that Are Units in the Synopt Gospels But Fispersed in St. John". *Catholical Biblical Quarterly* (1961).

[14] Rudolph Bultmann, *Das Evangelium Johannis.* Göttinge Vandenhoeck und Ruprecht, 1941. Translated by G. R. Beasle Murray. *The Gospel of John: A Commentary.* Oxford: Basil Blackwe 1971.

[15] Ibid., p. 321.

[16] Vidi, na primer Robert Brachter, "The 'Jews' in the Gospel John". *Practical Papers for the Bible Translator* 26/4 (1975): 365–409;] Alan Culpepper, "The Gospel of John and the Jews". *Expository Tim* 84 (1987): 273–88; C. J. Cuming, "The Jews in the Fourth Gospels *Expository Times* 60 (1948–49): 290–92; Reginald Fuller, "The 'Jews' the Fourth Gospel". *Dialog* 16 (1971): 37; Malcolm Lowe, "Who We the 'Ioudaioi'?" *Novum Testamentum* 18/2 (1976): 101–30; Massey She herd, "The Jews in the Gospels of John: Another Level of Meaning *Anglican Theological Review Supplementary Series* 3 (1974): 96; Jol Townsend, "The Gospel of John and the Jews: The Story of a Re gious Divorce". In Alan Davies, ed. *Anti-Semitism and the Foundar ons of Christianity*, pp. 72–97. New York: Paulist Press, 1979; Urban von Wahlde, "The Johannine 'Jews': A Critical Survey". *New Test ment Studies* 28 (1982): 33–60.

[17] Rudolph Bultmann, op. cit., p. 59.
[18] Heinrich Schneider, „The Word Was Made Flesh: An Analysis of Revelation in the Fourth Gospel."
[19] Samuel Sandmel, *Anti-Semitism in the New Testament*. Philadelphia: Fortress Press, 1978.
[20] Fuller, op. cit., p. 20.
[21] Fergus Millar, „Reflections on the Trial of Jesus". In P. R. Davis and R. White, eds. *A Tribute to Geza Vermes: Essays on Jewish and Christian Literature and History*. pp. 355–81. Sheffield: JSOT Press, 1990.
[22] Rosemary Reuther, *Faith and Fratricide: The Theological Roots of Anti-Semitism*. Minneapolis: Seabury Press, 1974.
[23] Husband, op. cit., pp. 173–41.
[24] Sandmel, op. cit., p. 115.
[25] Dennis Nineham, *The Gospel of St. Mark*. Baltimore: Penguin Books, 1967.
[26] Dodd, op. cit., p. 97.
[27] Vidi, na primer Paul Winter. *On the Trial of Jesus*. 2nd ed. Berlin: De Gruyter, 1974.
[28] Ibid., pp. 88–89.
[29] J. Andrew Overman. *Matthew's Gospel and Formative Judaism*. Minneapolis: Fortress Press, 1990.

POGLAVLJE V

[1] Vidi W. H. C. Frend, *Martyrdom and Persecution in the Early Church*. Oxford: Blackwell, 1965. Ova knjiga obrađuje progon hrišćana od 50. do 313. godine n.e.
[2] Tacitus. *Annals* 15.44.
[3] Robert L. Wilken, „Pagan Criticism of Christianity: Greek Religion and Christian Faith". In W. Schoedel, ed. *Early Christian Literature and the Classical Intellectual Tradition*, pp. 117–34. Paris: Editions Beauchesne, 1979.
[4] Tertullian, *Apology* 1.
[5] Georges Villes, *La gladiature en Occident des origines ... la mort de Domitien*. Rome: Ecole française de Rome, 1981; Carlin Barton, *The Sorrows of the Ancient Romans: The Gladiator and the Monster*. Princeton: Princeton University Press, 1992.
[6] Tacitus, *Annals* 15.44.

⁷ Vidi H. A. Musurillo, ed. and transl. *The Acts of the Christia Martyrs*. Oxford: Oxford University Press, 1972,

⁸ Vidi Justin Martyr, *Dialogue with Trypho*. Chapters 1–6. Ov su Justinovi opisi događaja; vidi takođe L. Barnard, *Justin Marty His Life and Thought*. London: Cambridge University Press, 1967.

⁹ Pierre Hadot, *Exercices spirituels et philosophie critique*. Pari Etudes augustiniennes, 1981.

¹⁰ Vidi Ramsay MacMullen, *Christianizing the Roman Empire: A 100–400*. New Haven: Yale University Press, 1984. U odeljku pp. 27– autor govori o Justinovom preobraćenju u hrišćanstvo. U mom opis Justinovog života i mišljenja oslanjam se na ovu lucidnu raspravu.

¹¹ Justin Martyr, *Dialogue with Trypho* 7.

¹² Ibid., 8.

¹³ O krštenju u ranohrišćanskom periodu vidi Peter Crame *Baptism and Change in the Early Middle Ages, c. 200–1150*. New Yorl Cambridge University Press, 1993.

¹⁴ Justin Martyr, *First Apology* 61.

¹⁵ Ibid.

¹⁶ A. H. Armstrong, „The Ancient and Continuing Pieties of tł Greek World". In A. H. Armstrong, ed. *Classical Mediterranea Spirituality*, pp. 66–101. London: SCM Press, 1989.

¹⁷ Félix Buffière, *Les mythes d'Homère et la pensée grecque*. Pari Société, d'édition. Vidi poglavlje 5, pp. 136–54. Čitalac će naći fasc nantnu analizu kasnijih tumačenja Homera u Robert Lambertoı *Homer the Theologian*. Berkeley: University of California Press, 1989

18 Odličan rad o Justinu i drugim apologetima jeste H. We *Die Funktionen der b"sen Geisten bein den griechischen Apologeten d zweiten Jahrhunders nach Christus*. Wintermur: Keller, 1957 (pogotc vu pp. 3–32 – o Justinu).

¹⁹ Justin Martyr, *First Apology* 25.

²⁰ Ibid., 14.

²¹ Ibid.

²² Ibid., 27.

²³ Ibid., 28.

²⁴ Ibid., 12.

²⁵ Elaine Pagels, „Christian Apologists and the 'Fall of the Aı gels': An Attack on Roman Imperial Power?". *Harvard Theologic. Review* 78 (1985): 301–25.

²⁶ Vidi P. de Labriolle. *La réaction païenne: Etue sur la polémiqı antichrétienne du Ie au IVe siècles*. 2nd ed. Paris: 1948; Ramsay Ma

Mullen, *Enemies of the Roman Order*. Cambridge: Harvard University Press, 1966.
  ²⁷ Pliny, *Epistle* 10.96. O Plinijevom pismu, vidi: Wilken. *The Christians As the Romans Saw Them*, pp. 15–17; A. N. Sherwin-White. *The Letters of Pliny: A Historical and Social Commentary*. Oxford: Oxford University Press, 1966.
  ²⁸ Justin Martyr. *First Apology* 2,
  ²⁹ Ibid., 1.
  ³⁰ Ibid., 14.
  ³¹ Justin, *Second Apology* 2.
  ³² Ibid., 1.
  ³³ Musurillo, *Acts of the Christian Martyrs*. Chapter 5: „Martyrdom of Justin and His Companions,"
  ³⁴ Fergus Millar, *The Emperor and the Roman World, 31 B.C.–337 A.D*. Ithaca: Cornell University Press, 1977.
  ³⁵ P. A. Brunt, „Marcus Aurelius and the Christians". Vidi takođe Brunt. „Marcus Aurelius and His Meditations". *Journal of Roman Studies* 64 (1974): 1–10 i Wilken, op. cit., pp. 48–67.
  ³⁶ Marcus Aurelius, *Meditations* 1.17.5; o Marku Aureliju uopšte, vidi biografiju A. Birley, *Marcus Aurelius*. Boston: Little, Brown, 1966.
  ³⁷ Vidi 17.
  ³⁸ Andrè-Jean Voelke. *L'idée de volonté dans le Stoïcisme*. Paris: Presses Universitaires de Frances, 1973.
  ³⁹ Marcus Aurelius. *Meditations* 4.44.
  ⁴⁰ Ibid., 3.2.
  ⁴¹ Ibid., 2.16.
  ⁴² Ibid., 9.1a.
  ⁴³ Ibid., 3.15.
  ⁴⁴ Ibid., 8.49.
  ⁴⁵ Ibid., 9.34.
  ⁴⁶ Ibid., 4.15.
  ⁴⁷ Ibid., 4.49.
  ⁴⁸ Ibid., 10.5; takođe 5.1
  ⁴⁹ Ibid., 7.9.
  ⁵⁰ Hans Dieter Betz, *The Greek Magical Papyri*. Chicago: University of Chicago Press, 1986; John G. Gager, *Curse Tablets and Binding Spells*. New York: Oxford University Press, 1992.
  ⁵¹ Apuleius, *The Golden Ass* 11.

⁵² Vidi Wayne Meeks, *The Moral World of the First Christian* Philadelphia: Westminster Press, 1986.
⁵³ Tatian, *Address to the Greeks* 4.
⁵⁴ Ibid.
⁵⁵ Ibid., 7.
⁵⁶ Ibid., 16.
⁵⁷ Ibid., 15.
⁵⁸ Ibid.
⁵⁹ Ibid., 6.
⁶⁰ Ibid., 8.
⁶¹ Ibid., 9.
⁶² Ibid., 11.
⁶³ O promenjenim percepcijama helenizma u Istočnom Carstr vidi Glen W. Bowetsock, *Hellenism in Late Antiquity*. Ann Arbc University of Michigan Press, 1990.
⁶⁴ Tatian, *Address to the Greeks* 23.
⁶⁵ Georges Villes, op. cit., pp. 395–97; Alan Cameron. *Circus Fa tions: The Blues and the Greens at Rome and Byzantium*. Oxford: Cl rendon Press, 1976; Carlin Barton, op. cit.
⁶⁶ Tatian, *Address to the Greeks* 28.
⁶⁷ Vidi Henri Crouzel, *Origen: The Life and Thought of the Fii Great Theologian*. Translated by A. S. Worall. San Francisco: Ha per and Row, 1989; takođe o Origenu vidi Peter Brown, *The Bo and Society: Men, Women, and Sexual Renunciation in Early Chris anity*. New York: Columbia University Press, 1988.
⁶⁸ Origen, *Exhortation to Martyrdom*.
⁶⁹ Vidi Origen, *Contra Celsum*.
⁷⁰ Ibid., 1.1.
⁷¹ Ibid., 1.31.
⁷² Ibid., 1.27.
⁷³ Ibid., 1,29.
⁷⁴ Ibid., 4.22.
⁷⁵ Ibid., 7.68.
⁷⁶ Ibid.; takođe vidi 8.31–32.
⁷⁷ Ibid., 7.68.
⁷⁸ Ramsay McMullen, *Christianizing the Roman Empire*.
⁷⁹ Marcus Aurelius, *Meditations* 6.42.
⁸⁰ Tacitus, *Annals*.
⁸¹ Origen, *Contra Celsum*, 6.42.
⁸² Ibid., 8.2.

[83] Ibid., 8.28.
[84] Ibid., 833.
[85] Ibid., 8.39.
[86] Ibid., 1.43.
[87] Ibid., 1.44.
[88] Ibid., 8.44.
[89] Ibid., 8.73.
[90] Ibid.
[91] Tertulian, *Apology* 42.
[92] Ibid., 28.
[93] Origen, *Contra Celsum* 1.1.

POGLAVLJE VI

[1] Tertullian, *Apology*, chap. 37.
[2] Ibid., chap. [poglavlje] 3.
[3] David L. Balch, *Let Wives Be Submissive: The Domestic Code in 1 Peter*. Chico, CA: Scholars Press, 1982. Takođe vidi John Elliott, *A Home for the Homeless: A Sociological Exegesis of 1 Peter, Its Situation and Strategu*. Philadelphia: Fortress, 1981. Izvanredni detalji o Pavlu mogu se naći u: Dennis Ronald MacDonlad. *The Legend and the Apostle: The Battle for Paul in Story and Cannon*. Philadelphia: Westminster Press, 1983.
[4] Detaljnija obrada ove teme u: Karlman Beyschlag. *Clemens Romanus und der Frühkatholizismus*. Tübingen: Mohr, 1966. Videti takođe Karl Paul Donfried, *The Setting of Second Clement in Early Christianity*. Leiden: E. J. Brill, 1974.
[5] *1 Clement*, chap. 1.
[6] Ibid.
[7] Ibid., chap. 40.
[8] Ibid., chap. 37.
[9] *Teaching of the Twelve Apostles* 1.2.
[10] Ibid., 1.6.
[11] Ibid., 2.2.
[12] *Letter of Barnabas*, chap. 18.
[13] Ibid., chap. 19.
[14] Ibid.
[15] Ibid., chap. 2.
[16] Ibid.

[17] Ibid., chap. 4.
[18] Ibid., chap. 18.
[19] Irenaeus, *Against Heresies* (ed. W. W. Harvey). Cambridge Typis Academicis, 1857. Vidi predgovor.
[20] Ibid.
[21] Ibid., 1.27.1.
[22] Ibid., 1.6.3.
[23] Ova tema je detaljnije obrađena u Elaine Pagels. *Gnostička je vanđelja.*
[24] *Testimony of Truth* (NHC IX, 3) 3.29.6.
[25] Ibid., 29.9–10.
[26] Ibid., 30.20.2–4.
[27] Ibid., 30.18–19.
[28] Ibid., 44.30–45.4.
[29] Ibid., 41.4–7.
[30] Ibid., 43.29–44.16
[31] Justin, *First Apology* 29.
[32] *Testimony of Truth* (NHC IX, 3) 29.15–17.
[33] Ibid., 41.3–4.
[34] Ibid., 41.28–42–14.
[35] Ibid., 47.5–6.
[36] Ibid., 47.14–30.
[37] Ibid., 41.4.
[38] *Hypostasis of the Archons* (NHC II, 4) 86.26–27.
[39] Ibid., 86.27–31.
[40] Ibid., 86.31–87.4; 94.22–95.13.
[41] Ibid., 91.7–11.
[42] Ibid., 96.17–27.
[43] Tema „generacije kojom ništa ne vlada" obrađena je u Micha el Williams, *The Immoveable Race: A Gnostoc Designation and th Theme of Stability in Late Antiquity.* Leiden: E. J. Brill. 1985.
[44] *Apocryphon of John* (NHC II, 1) 24.15–27.
[45] Ibid., 28.11–14.
[46] Ibid., 28.21–29.
[47] Ibid., 29.17–20.
[48] Ibid., 29.32–30.7.
[49] Tertullian, *Prescription against Heretics*, chap. 5.
[50] Ibid., chap. 6.
[51] Tertullian, *Against the Valentinians*, chap. 4.
[52] Tertullian, *Presciption against Heretics.*, chap, 7.

⁵³ Ibid., chap. 8.
⁵⁴ Ibid., chap. 11.
⁵⁵ Ibid., chap. 16.
⁵⁶ Ibid., chap. 18.
⁵⁷ Ibid., chap. 37.
⁵⁸ Ibid., chap. 40.
⁵⁹ Ibid., chap. 18.
⁶⁰ Ibid., chap. 39.
⁶¹ Tertullian, *Against the Valentinians*, chap. 4.
⁶² Ibid.
⁶³ Walther Völker, ed. *Quellen zur Geschichte der Christlichen Gnosis*. Tübingen: J. C. B. Mohr, 1932. Videti „Die Fragmente Valentins", Fragment 7, p. 59.
⁶⁴ Hyppolytus. *Refutation of All Heresis* 8.15.1–2.
⁶⁵ Teodota citira Klement iz Aleksandrije. Vidi *Excerpts from Theodotus* 78.2.
⁶⁶ *Gospel of Philip* (NHC II, 3) 79.22–31.
⁶⁷ Opširnije o ovoj temi u: E. Pagels, *The Johannine Gospel in Gnostic Exegesis*. Nashville, TN: Abingdon Press, 1993.
⁶⁸ Irenaeus, *Against Heresis* 1.6.2.
⁶⁹ Tertullian, *Prescription*, chap. 3.
⁷⁰ Irenaeus, *Against Heresies*. 3.15.2.
⁷¹ Ibid., 1.11.1; 1.21.3.
⁷² Ibid., 4.33.7.
⁷³ Ibid., 1.6.2–3.
⁷⁴ Ibid., 1.13.5.
⁷⁵ Ibid., 1.21.3 .
⁷⁶ Ibid., 1.13.3.
⁷⁷ Vidi, na primer, *Jeremija* 2:1–3: 5; *Osija* 2:104: 19) i *Isaija* 60:1.
⁷⁸ Völker, op. cit., Fragment 2, p. 58.
⁷⁹ *Gospel of Truth* (NHC I, 3) 32.35–33.21.
⁸⁰ Tema je opširnije i detaljnjije obrađena u Elaine Pagels, „The Mystery of Marriage in the Gospel of Philip, Revisited." u Birger A. Pearson, ed. *The Future of Early Christianity: Essays in Honor of Helmut Koester*. Minneapolis: Fortress Press, 1991.
⁸¹ Tema je odlično obrađena u Klaus Koschorke, „Die 'Namen' in Philippusevangelium: Beobachtungen zur Auseinandersetzung zwischen gnostischem und kirchlichem Christentum". *Zeitschrift für Neutestamentliche Wissenschaft* 64 (1973): 307–22.
⁸² *Gospel of Philip* (NHC II, 3) 74.5–12.

[83] Ibid., 80.23–81.14.
[84] Ibid., 66.5–7.
[85] Ibid., 78.24–79.14.
[86] Ibid., 79.34–35.
[87] Ibid., 79.10.
[88] Ibid., 73.33–74.2.
[89] Ibid., 83.133–30.
[90] Ibid., 84.1–6.
[91] Ibid., 84.11–14.
[92] Ibid., 55.23–26.
[93] Ibid., 55.26–30.
[94] Ibid., 52.21–25.
[95] Ibid., 64.22–24.
[96] Ibid., 64.29–30.
[97] Ibid., 77.2–3.
[98] Ibid., 67.26.
[99] *Gospel of Thomas* (NHC II,2) 33.19–20.
[100] Irenaeus, *Against Heresies* 4.26.3.
[101] Ibid., 4.26.2.
[102] Ibid., 5.26.2.
[103] Ibid., 4.33.8.

ZAKLJUČAK

[1] Athanasius, *Life of Anthony* 28.
[2] Ibid., 41.

Čitaocu skrećem pažnju na na izvanredno lucidnu knjigu: John Donnick Crossan, *Who Killed Jesus? Exposing the Roots of Anti-semitism in the Gspel Story of the Death of Jesus*. San Francisco: HarperCollins, 1995. Moja knjiga je već bila završena kad se Krosanovo delo pojavilo, pa je zato ne pominjem u tekstu.

Pogovor

Elejn Pejgels, koja je našim čitaocima vec poznata, autor je zais epohalnih radova u oblasti istorije ranog hrišćanstva. Kako može videti po naslovima njenih glavnih radova, lajtmotiv, ili, bc je rečeno, glavna tema u njenom delu jeste hrišćanski gnosticizan The Johannine Gospel in Gnostic Exegesis: Heracleon's Con mentary on John (1973); The Gnostic Paul: Gnostic Exegesis the Pauline Letters (1975); The Gnostic Gospels [(1979). *Gnostič jevandjelja* (1981)]; The Gnostic Jesus and Early Christian Politi (1981); Adam, Eva and the Serpent [(1988). *Adam, Eva i zmi* (1996)]; The Origin of Satan [(1995). *Poreklo Satane* (1996)].

Kao istoričaru hrišćanstva, njoj pripada izuzetna zasluga što osvetlila i dokumentovano objasnila gnosticizam, po hrišćansk tradiciji definisan kao sumnjiva jeretička sekta s preteranim i telektualnim pretenzijama, kao vid hrišćanstva, ništa manje au entičan od „pravovernog". O gnosticizmu, naravno, posto ogromna literatura, i mnogi su o gnosticima pisali sa simpatij ma; međutim, Elejn Pejgels je, čini mi se, jedinstvena u njen tvrdnji, poduprtoj bogatom istorijskom dokumentacijom, gnosticizam nije „nešto drugo", bizarni ezoterički pogled na sve već izraz duboke i nadahnute religioznosti hrišćana koji nisu hto da prihvate politički diktat zvanične crkve. Koristeći najkoncizni moguću definiciju, moglo bi se reći da gnostičko hrišćanstvo, razliku od „pravovernog", čoveku daje slobodu da opšti s Bogo bez posredstva sveštenstva, crkve, ili kakvog ljudskog autoritet Naravno, moglo bi se tvrditi da je takva represivna „pravove nost" zla, maliciozna, čak satanska, i bilo je gnostika koji su verovali. Elejn Pejgels, međutim, veruje, i objašnjava, da nije r o sukobu svetlosti i tame. U *Poreklu Satane*, ona tumači verski, i telektualni, politički i organizacioni dogmatizam „pravovern hrišćanske crkve kao neizbežne epifenomene dubokog, čak očajnog, procesa građenja instuticionalne strukture koja će hrišćanskom pokretu omogućiti da se odbrani od mora neprijatelja. Naravno, ovo tumačenje ne predstavlja odbranu „pravovernosti," već nam skreće pažnju na činjenicu da je svaka crkvena politika, bez obzira na njene takozvane duhovne pretenzije, u suštini svetski i duboko ljudski fenomen. Bog nije prisutan u crkvenoj politici. U svojoj najnovijoj knjizi, Elejn Pejgels, potvrđujući tezu da u politici, svetovnoj i „duhovnoj", nema Boga, govori o ulozi Satane u čovekovom političkom, društvenom i unutrašnjem životu. Kakvo je poreklo Satane? U *Starom zavetu*, on uopšte nije Knez Tame, već anđeo, član Božjeg dvora, čija je dužnost da služi Bogu time što će kušati čovekovu veru. Satana, kao i sam život, postavlja nam prepreke, prepreke koja kušaju našu vitalnost. Hebrejska reč „ha satan", objašnjava Elejn Pejgels, znači „onaj koji postavlja prepreke". Kako božji sluga postaje božji (i čovekov) protivnik? Reč je o istinskoj „fabulation satanique", literarno-mitološkoj operaciji stvaranja imaginarne ličnosti koja će, ekonomično i efikasno, simbolizovati čovekovu percepciju neprijatelja. Satana je, dakle, šifra, etiketa, stenografski simbol za neprijatelja uopšte. Hrišćani, i mnogi drugi, na primer, lepili su tu etiketu na razne, nekad sasvim različite grupe, prema političkoj pogodnosti. Na samom početku hrišćanskog pokreta, hrišćanske grupe nadevaju titulu Satane svojim političkim rivalima u pokretu. Kasnije, kad je bilo politički oportuno ubediti rimsku vlast da hrišćani nisu antidržavni pokret, Stoga crkva svaljuje krivicu za Isusovo pogubljenje, očiglednu akciju rimske državne političko-kaznene mašine, na Isusove jevrejske rivale, nadajući se da će joj Rim za taj gest uzvratiti tolerantnijim stavom. Tada se proces satanizacije Jevreja vrši u „pravovernim" jevanđeljima, gde se naracija o Isusovom pogubljenju prekraja prema potrebama političke strategije. Kasnije, satansku etiketu dobija Rim, koji demonsku titulu zaslužuje s punim pravom. Međutim, kako Elejn Pejgels ističe, zvanična hrišćanska organizacija nikad ne „penzioniše" stare neprijatelje: svaki je potencijalni Satana! Posle legalizovanja hrišćanstva u Carstvu titulu Satane primaju jeretici, drugi hrišćani. Taj se proces nastavlja kroz istoriju. Na primer, kao jednog od spektakularnih satanizatora, Elejn Pejgels navodi Martina Lutera, koji sa-

tanizuje katolike, pristalice seljaka u seljačkim ratovima i sve pr(
testante koji nisu luterani!

Satana nije samo protejsko imaginarno biće; on je, Elejn Pe
gels nam kaže, takođe duhovni entitet. Šta to znači? Izvodeći ma
storski manevar, hrišćanski apologeti i propagandisti spajaju jedn
svojstvo biblijskog satane (duhovnost) s projektovanom moi
struoznošću fizičkog neprijatelja (drugi; oni koji nisu mi) i stvar:
ju hibridno, kontradiktorno, skandalozno, ontološki iščašeno bić(
Satanu. Pavle kaže u *Poslanici Efešanima*: „Jer naš rat nije s krvlju
telom, nego s poglavarima i vlastima, i s upraviteljima tame ovog
sveta, s duhovima pakosti ispod neba" (6:12). Izmišljanje aps(
lutnog zlog duha može značiti samo jedno: u borbi protiv aps(
lutnog i neiskupljivog zla sva su sredstva dopuštena. Sve je d(
zvoljeno kako bi se uništila neuništiva sila: i više nego sve. Tako
nastao Satana. Međutim, mada znamo da Satana ne postoji, i m;
da je sasvim racionalno tvrditi, poput Sv. Avgustina da zlo ne po
toji, nepostojeći Satana, paradoksalno, poseduje neverovatn
moć manipulacije ljudima, kao što istorija našeg veka potvrđuj
svodeći akademske diskusije o Sataninom ontološkom statusu r
nivo verbalne prašine. No i pored svoje moći, Satana nije imun o
demistifikacije, i Elejn Pejgels je njegov najveći demistifikator. P
njenom tumačenju, Satana je „intimni" neprijatelj, nama blizak,
stvari najbliži, tamna senka koju pripisujemo drugome.

Jungovski pojam senke Elejn Pejgels razvija stavljajući ga
kontekst gnostičkog, po mom mišljenju autentičnog, hrišćans
va. Po njenom mišljenju, jedini spas od satanskog začaranog kri
ga, surovog točka istorije, jeste pomirenje s neprijateljem, pril
vatanje njegove humanosti i iskupljivosti. Ona zaključu
svoju knjigu tvrdnjom da je satanizacija čoveku urođena, dok
pomirenje, prema Isusovim rečima, božanstveno. Božanstveno
je neispitana teritorija; ako nam Elejn Pejgels ne pruža jedno
tavna uputstva za skok iz ljudske u božansku sferu, njen nadal
nuti istorijski diskurs, čiji je fundamentalni ton njena strašna ži•
otodavna teologija, sadrži, za onog koji čita, metafizički putok:
ka svetlosnom prostoru slobode i mira koja, prema hrišćanstvi
budizmu i drugim velikim religijama, predstavlja čovekovo fui
damentalno pravo i autentičnu sudbinu.

Zoran Minderović

Elejn Pejgels • POREKLO SATANE • Drugo izdanje • Izdavačko preduzeće RAD Beograd, Dečanska 12 • Za izdavača SIMON SIMONOVIĆ Grafički urednik MILAN MILETIĆ • Lektor i korektor MIROSLAV STOJKOVIĆ • Štampa Elvod-print, Lazarevac

CIP – Каталогизација у публикацији
Народна библиотека Србије

27-277
2-167.64

ПЕЈГЕЛС, Елејн
    Poreklo Satane / Elen Pejgels ; s engleskog preveo Zoran Minderović. – Beograd : Rad, 2007 (Lazarevac : Elvod-print). – 243 str. ; 20 cm. – (Kolekcija Pečat)

Prevod dela: The Origin of Satan / Elaine Pagels. – Str. 241–243: Pogovor / Zoran Minderović. – Napomene: str. 217–239.

ISBN 978-86-09-00960-0

a) Свето писмо – Тумачења b) Ђаво

COBISS.SR-ID 143153420

www.ingramcontent.com/pod-product-compliance
Lightning Source LLC
Chambersburg PA
CBHW062158080426
42734CB00010B/1743